教育│知│库

活力语文：以核心素养为视角

成时娟

著

光明日报出版社

图书在版编目（CIP）数据

活力语文：以核心素养为视角 / 成时娟著 . -- 北
京：光明日报出版社，2022.9
ISBN 978 - 7 - 5194 - 6820 - 0

Ⅰ.①活… Ⅱ.①成… Ⅲ.①小学语文课—教学研究
Ⅳ.①G623.202

中国版本图书馆 CIP 数据核字（2022）第 177672 号

活力语文：以核心素养为视角
HUOLI YUWEN: YI HEXIN SUYANG WEI SHIJIAO

著　　者：成时娟

责任编辑：刘兴华　　　　　　　责任校对：张月月
封面设计：中联华文　　　　　　责任印制：曹　净

出版发行：光明日报出版社
地　　址：北京市西城区永安路 106 号，100050
电　　话：010 - 63169890（咨询），010 - 63131930（邮购）
传　　真：010 - 63131930
网　　址：http://book.gmw.cn
E - mail：gmrbcbs@ gmw.cn
法律顾问：北京市兰台律师事务所龚柳方律师

印　　刷：三河市华东印刷有限公司
装　　订：三河市华东印刷有限公司
本书如有破损、缺页、装订错误，请与本社联系调换，电话：010-63131930

开　　本：170mm×240mm
字　　数：252 千字　　　　　　印　　张：16
版　　次：2023 年 1 月第 1 版　　印　　次：2023 年 1 月第 1 次印刷
书　　号：ISBN 978 - 7 - 5194 - 6820 - 0
定　　价：78.00 元

前　言

　　一天，我在车上听到一则广播：什么叫幸福……幸福就是……作为一名教龄22年的小学语文老师，我的幸福又是什么呢？日复一日，年复一年，我似乎慢慢失去了最初的梦想和激情。日子一天天在过，工作似乎每天都一样，但我们面对的时代不一样，学生不一样，每一个学生都是独一无二的。近年来，随着我国基础教育课程改革不断深入，我们的教学观念也不断地改变，作为一名语文老师，我们的每一天都应该是崭新的，充满挑战与期待的。我们只有自己心中充满对语文教学的热爱，才能激发学生的学习活力，才能和孩子们一同享受语文学习的快乐，教学相长，和谐共进。这应该就是我们最大的幸福。

　　从1999年毕业至今，我已在小学语文教学工作的田地里耕耘了22年。从懵懂的探索，带着自己"语文教师"的这个称谓，历经22年的磨砺，走向专业的思考，随着社会的发展，课程的革新，如何顺应时代的发展；如何通过语文学科教学培养学生的语言文字运用能力，提升学生的综合素养，为学好其他课程打下基础；如何为学生形成正确的世界观、人生观、价值观，形成良好个性和健全人格打下基础；如何为学生的全面发展和终身发展打下基础呢？

　　《义务教育语文课程标准》（以下简称《课标》）明确规定了：语文课程致力于为学生的全面发展和终身发展打下基础，提出了语文课程的基本理念为全面提高学生的语文素养，语文课程应激发和培育学生热爱祖国语文的思想感情，引导学生丰富语言积累，培养语感，发展思维，初步掌握学习语文的基本方法，养成良好的学习习惯，具有适应实际生活需要的识字写字能力、阅读能力、写作能力、口语交际能力，正确运用祖国语言文字。语文课程还应通过优秀文化的熏陶感染，促进学生和谐发展，使他们提高思想道德修养和审美情趣，逐步形成良好的个性和健全的人格。"核心素养"其实就是要回答"培养什么样的人"这一教育的最根本问题，因而也将成为我国未来基础教育改革的重点。

小学阶段应培养的语文素养包含四个方面：语言理解与运用、思维发展与提升、审美发现与鉴赏、文化传承与创新。我国文化博大精深，而语文就是一个让学生了解中华民族文化的重要课程，本来就是生活的一部分，是生活的积聚和抒发，语文教材所选的文本是对现实生活的直接反映，绚烂多彩、活力无限的生活是语文学习的不竭之源，我们应该要有强烈的开放意识，树立大语文教学观，拓宽语文学习的领域，营造浓厚开放的语文教学氛围，积极落实新课程理念，鼓励学生大胆创新，以客观求实的态度推动学生用开放的心态来学习语文，获得语文综合素养的提高。

但是，走进语文课堂，依然会发现教学中存在的应试教育的积习，以教材为本，以课本为纲，将学生的视界禁锢于教材，定格在课堂，切断了其与生活的联系，课堂教学沉闷，手段单一，学生学习负担重，教师教学缺乏创新，等等，失去了语文学习的真正意义。这种课堂既不能满足学生自身发展的需求，也难以适应多元化社会发展的需求。因此，优化学生的学习方式，构建充满生命活力的语文课堂显得尤为重要。长期的教学实践让我深切地感受到：只有学生感兴趣、动起来，课堂才有生命力，教学才更高效。因此，我提出"活力语文"的教学主张，建立以学生为主体，以素养为中心，以发展为目的的语文课堂，学生在有交流、有碰撞的学习生活中成长，核心素养也在学习中自然生成。

一、新时代的教学理念

"教师要给学生一滴水，自己要有一桶水。"对于这句话，我一进入师范学院学习的时候就已将它铭记在心。当今，在信息知识技能呈现爆炸态势的时代，身为教师的我们是否拥有一桶"水"？我们怎么把"水"给学生？学生如何取"水"？我们要给学生什么"水"？等一系列的问题，值得我们好好思考。

（一）我们是否拥有一桶"水"——成为一个活力教师

教育是用已有的知识为未来培养人才，教师必须不断感知和吸收新知识、新思想并将其运用到教学实践中，才有可能更好地履行"传道授业解惑"的职责，也才有可能一直胜任这份具有神圣使命的工作，才更有可能一直保持对职业和事业的热情和执着。如果教师的知识积累一直处于一种静止状态，教授旧知识、有限的知识，怎能教出走向未来的学生？

苏霍姆林斯基说："如果你想成为学生爱戴的教师，那你就要努力做到使你的学生不断地在你身上有新发现，如果你过了几年还是依然故我，如果逝去的一天没有给你增加任何的财富，那你可能成为一个令人生厌甚至憎恨的人。你要像怕火一样惧怕精神的僵化。"他还说："只有当每个少年从教育者那儿得到'活水'，他们的才干才能发挥出来。没有'活水'，素质就枯竭衰退。""问渠那得清如许，为有源头活水来"，教师要树立终身学习观念，不断学习，不断充电，不断给自己"注水"，不断吸纳新知识新理念，不断更新教学内容，不断提高自己的知识层次和思维能力。不断地给自己"注水"，还需要具有与时俱进、改革创新的激情，激活潜能，注重研究反思，对症施策，以研促教。在不断更新、更替、更换中，让"水桶"紧紧与知识的海洋相连，使之在任何时候都成为源源不断的"活水"。

（二）我们怎么把"水"给学生——建构一个生命课堂

叶圣陶说："语文教学不仅要教学生'学会知识'，更重要的是要教学生'会学知识'。"虽课改多年，但"填鸭式""灌输式"的语文教学依旧是最为常见的教学方式，以"教"为中心，以"教完"为目的，让教学变得无趣、被动、低效。为了贯彻落实《国家中长期教育改革和发展规划纲要（2010—2020年）》的精神，全面深化课程改革，落实立德树人根本任务，激发广大学生的语文学习热情，增强其综合运用语文知识解决问题的能力，促进其语文核心素养的形成，要让他们自己主动地去探寻"水"之源，从小培养他们"自己找水"的能力。这很重要。语文课堂应成为关注生命、放飞生命、提高生命质量的主阵地，是以学生的发展为本，以提升学生的核心素养为旨，构建教学相长的生命课堂。教师应由传统的知识传授者转变为：学生学习的组织者、学习活动的引导者、与生共长的参与者，要学会放手，解放学生的大脑、眼睛、嘴巴、双手、时间和空间；要启迪学生的想象力，发展学生的思维，激发学生的内生力，培育学生的创新精神，激发创造热情；要用发展的、肯定的、差异性的眼光看待个性鲜明的学生；要让学生站在课堂的中央，让他们成为课堂的主人，学习的主人，让他们在主动、生动、能动、合作、探究的状态和氛围下学习，让课堂听见生命拔节的声音。

（三）学生如何取"水"——激发学习内驱力

点燃孩子对知识的渴望，激发其主动学习，主动汲取知识的热情，这才是教育的最高境界。当语文课堂成为一个以"学"为中心的学堂，那么激发、提高学生取"水"的欲望、能力则是我们课堂教学的目的。爱尔兰诗人叶芝说，教育是点燃一把火。我认为，想要点燃这把火，需要一种力量，而这种力量，就是我们常说的内驱力。《课标》指出："语文教学中，我们要全面提高学生的语文素养，正确把握语文教育的特点，积极倡导自主、合作、探究的学习方式，努力建设开放而有活力的语文课程。"因此在教学中，我们应该创设解决真实情境中的问题，把学习知识与技能和生活连接，以达到学以致用的目的，这样的学习才有意义；学习中，要引导学生积极发现，大胆创新，通过自主、合作、探究，让课堂迸发思维碰撞的火花。

（四）我们要给学生什么"水"——落实学科核心素养

语文乃国学之根，百科之母。面向新时代的育人观，语文学科想培养什么样的学生呢？《课标》指出：语文课程致力于培养学生的语言文字运用能力，提升学生的综合素养，为学好其他课程打下基础；为学生形成正确的世界观、人生观、价值观，形成良好个性和健全人格打下基础；为学生的全面发展和终身发展打下基础。语文课程对继承和弘扬中华民族优秀文化传统和革命传统，增强民族文化认同感，增强民族凝聚力和创造力，具有不可替代的优势。语文课程的多重功能和奠基作用，决定了它在九年义务教育中的重要地位。因此，语文素养既是学生学好其他课程的基础，也是学生全面发展和终身发展的基础。

二、新时代的课程教学

《课标》指出，语文，最重要的任务就是运用语文课本培养学生语文素养。

2017年统编版语文教材总编温儒敏先生在一次座谈会上讲：语文高考最后要实现让15%的人做不完。没有阅读能力的孩子升学要吃大亏。这一重磅消息，轰动语文教育界。自2014年教育部印发《关于全面深化课程改革落实立德树人根本任务的意见》以来，全国各地的课改活动开展得如火如荼，2019年上半年，教育部公布在2019年实行教育改革，秋季新学期，新版义务教育课程标准正式启用，中小学生开始启用新的统编版语文教材。我们发现语文教材有如下改变：

小学古诗文增加到 128 篇，初中古诗文也比原来增加了 51%，而高中的必背古诗文从 14 篇增加到 72 篇；

以前语文考试的卷面大概是 7000 字，教改后将增加至 9000 字，而未来可能增加到 1 万字；

语文试卷中的阅读量将比往年增加 5%~8%，不是题目的数量，而是需要做完的题量；

语文教改后还要求学生的九年课外阅读总量须达 400 万字以上，推荐背诵的优秀篇目共有 136 篇。

从中，我们看到的是古诗文、卷面字数、阅读量题量、课外阅读量和背诵篇目的增加。有人说，这是一个语文为王的时代；也有人说，语文学不好，其他科目会受影响；还有人说，中国人说中国话，语文有什么可学的。不管你赞不赞同这些话，部编版教材的出台，语文的改革，中高考的改革，都在把语文推向高位，这是显而易见的事实。我们经常互相调侃：考的都没讲，讲的都不考，语文考试的范围，简直就是浩如烟海！

我们必须了解改革的风向标。根据教育部基础教育质量监测中心发布的《2019 年国家义务教育质量监测——语文学习质量监测结果报告》，为了客观反映义务教育阶段学生学业质量、身心健康及其变化情况，深入分析影响义务教育质量的主要原因，为转变教育管理方式和改进学校教育教学提供参考，引导社会树立正确的教育质量观，纠正以升学率和分数作为评价学校和学生的唯一标准的做法，推动义务教育质量和学生健康水平的不断提升，2019 年国家义务教育质量监测的是义务教育阶段四年级学生语文学习质量，以及课程开设、条件保障、教师配备、学科教学和学校管理等相关影响因素。其主要测查语文学业表现、语文学习态度、阅读习惯、语文教育教学、学生课业负担、班主任工作负担几个指标；重点测查语文基础、文本阅读、书面表达，识别与推论、整合与解释、评价与鉴赏，学习兴趣、学习信心和学习习惯等。监测显示，学生的语文兴趣、学习自信心、学习习惯、课外阅读时间、课外阅读种类数量、阅读策略的运用、教师教学理念、探究性教学行为使用情况、多媒体教学设备使用情况与学生的语文学习成绩正相关。

这些导向都让我们清晰地看到，语文教改的方向及目标。语文课程应致力于推动学生语文素养的形成与发展，语文素养是学生学好其他课程的基础，也是学生全面发展和终身发展的基础。因此，我们需要自上而下地了解语文的核心素养，然后再去解读统编教材的编写意图，以便更好地运用其实施教学。

（一）核心素养的概念

自2016年《中国学生发展核心素养》发布以来，核心素养、学科核心素养就成为教育研究的热点话题。核心素养以培养"全面发展的人"为核心，分为文化基础、自我发展、社会参与三个方面，综合表现为六大素养：一是人文底蕴，包括人文积淀、人文情怀、审美情趣；二是科学精神，包括理性思维、批判质疑、勇于探究；三是学会学习，包括乐学善学、勤于反思、信息意识；四是健康生活，包括珍爱生命、健全人格、自我管理；五是责任担当，包括社会责任、国家认同、国际理解；六是实践创新，包括劳动意识、问题解决、技术应用。2018年1月16日教育部正式公布的《普通高中语文课程标准（2017年版）》提出了"以核心素养为本，推进语文课程深层次的改革"的基本理念。此概念的形成是十多年来课程改革成果的结晶。"立德树人"的方略和"学生发展核心素养体系"的"顶层设计"，直接引导和催生了这一概念。"语文核心素养"的提出为语文学科找到清晰的定位，减少了长期以来关于语文是什么、语文要教什么、学什么等问题的纷争，是学生在积极的语言实践活动中积累与构建起来，并在真实的语言运用情境中表现出来的语言能力及其品质；是学生在语文学习中获得的语言知识与语言能力，思维方法与思维品质，情感、态度与价值观的综合体现，主要包括语言建构与运用、思维发展与提升、审美鉴赏与创造、文化传承与理解四个方面。其中，学生的思维发展与提升、审美鉴赏与创造、文化传承与理解，都是以语言建构与运用为基础，并在个体言语经验发展过程中得以实现的。这里强调的语言的发展，是与思维的发展、审美与文化的学习相互依存、相辅相成的。

小学语文课本已经改版数年了，学科新课改也谈了数年，那么语文课改体现社会变革对人才观、质量观的要求，建设核心素养不能轻重不分、面面俱到，要找寻到关键素养。对于小学语文教学来说，语文教学需要培养的语文核心素养是"理解""运用""思维""审美"四个维度。小语会理事长陈先云先生提

出了"小学语文核心素养清单":

1. 语言理解能力

能读懂文本的主要内容,了解文本表达上的特点;知道积累优美的、有新鲜感的语言材料,具有初步的语感。

2. 语言运用能力

能根据具体语境(语言情境)和任务要求,在口头和书面语言表达中尝试着运用自己获得的言语活动经验,交流顺畅,文从字顺。

3. 思维能力

能在阅读、表达等言语活动中,主动思考;能运用想象与联想,形成对客观事物的初步认识,对语言和文学形象的初步认识,具有初步的评判意识。

4. 初步审美能力

感受到汉字之美,具有热爱祖国语言文字的情感;感受到人性之美:真善美,具有初步的审美体验。

有了这样的顶层设计,我们再回归 2019 年投入使用的统编版教材,才能更好地理解并实施教学。

(二)统编教材的解读

统编教材的总体目标是提高语文教育教学质量,总体原则是扬长补短,守正创新,夯实基础,提高语文素养。

1. 教材主要体现了三个基于

(1)基于课标的四个坚持:坚持 2011 年版的"四个"课程理念;坚持"三个维度"的课程目标;坚持推进"儿童阅读";坚持培养创新精神和实践能力。

(2)基于课标的四个强调:更加强调语言文字的运用;更加强调识字和写字;更加强调核心价值观的引领,以及中华优秀文化的继承;更加强调多读书、多积累、多实践。

(3)基于课标的四个加强:加强识字写字教学;加强语言文字的训练;加强"儿童阅读";加强培养创新精神和实践能力的培养。

2. 教材突出了七大创新点

(1)选文强调四个标准:经典性、文质兼美、适宜教学、时代性。

（2）更加灵活的单元结构体例：每单元以整体架构，包括人文主题和语文要素双线组元结构，更有利于教与学。

（3）重视语文核心素养，重建语文知识体系：统筹规划学科知识、能力、方法和策略，形成螺旋上升式训练目标体系。

（4）阅读教学实施"三位一体"，区分不同课型：小学阶段单设4个阅读策略，由教读、自读、课外阅读组成一个单元。

（5）把课外阅读纳入教材体制：促进1+X阅读、海量阅读、古诗词诵读。

（6）识字写字教学更加讲究科学性：注重多认少写，识写分开。

（7）提高写作教学的效果：单设8个习作单元聚焦于语言文字运用，注重方法指导。

（三）课堂教学的建议

统编小学语文教科书主编崔峦指出："教什么"比"怎么教"更重要。我们在了解了统编教材的编排理念和特点后，应该这样做。

1. 建立课程目标观

重新学习研究义务教育语文课程标准，了解掌握各学段要求。

2. 建立整体教材观

要理解教材编写理念，对整套教材、整册教材进行解读，全面梳理出不同要素的教学链。

3. 建立整体导学观

每课的导学方案要在充分了解单元人文主题和语文要素的基础上，结合单元导语、课前提示、旁批、泡泡语、课后思考练习题、语文园地、习作要求来制定，保证一课一小得，一单元一大得，日习月进年升，扎实提高语文素养。

4. 建立学生发展观

注重立德树人根本任务，加强语言文字运用，加强语文和生活的联系，注重培养学生的创新精神和实践能力，促进学生的全面发展。

目 录
CONTENTS

第一篇　我的教学感悟

第一章　拼音教学"活"起来

　　汉语拼音教学是第一学段的重要学习内容，拼音是学生识字、阅读不可缺少的工具，是语文学习最重要的部分。但，它也是小学语文教学中最枯燥、最无味的内容之一，是让老师最头疼的教学内容。

　　《课标》中提出，汉语拼音教学要尽可能有趣味性，适宜以游戏为主，和学说普通话、识字教学相结合。统编小学语文教材的拼音编排较之以前发生了很大变化，基于其编排特点，小学拼音教学应该树立新的教学观念：明确功能定位，分步实现目标；围绕拼音主线，促进综合发展；强化实践运用，紧密联系生活；着力突破难点，避免平均用力。在这些观念的指导下，选择恰当的拼音教学策略，给孩子提供一种快乐的情境教学，增强汉语拼音学习的趣味性，让拼音教学"活"起来，使孩子能在玩中学，在乐中学，不要人为地拔高教学要求，从而逐步形成良好的拼读能力。

第一节　这样记住拼音宝宝

　　我们学习的汉语拼音属于符号字母，是由一些固定的字母笔画构成的，其中包括右半圆、左半圆、短竖、长竖等。在教学的过程中，我们最喜欢的还是给这些拼音赋予"生命"，化抽象为形象，化单调为有趣。

　　如对于统编版教材小学语文一年级上册（简称统编版一上）的课后题，可以使用各种工具和方式摆出拼音的形状。因此，我们在教学中，要发挥创意，让拼音教学更加灵动，有活力。

一、拼音手指操

在学习拼音的过程中，我们可以带领学生，通过摆弄手指，做成各个拼音字母的形状，将拼音字母的发音配上音乐，一边学，一边玩。特别是在学习一些形状相近的字母时，这样的方式更启发学生去发现字母的不同之处，更易于辨别。例如，在学习 b、p、d、q 这四个拼音字母时，我们就可以启发学生把这四个字母分成两组，做出形状：右下半圆 b，左手伸出食指右手做半圆；左下半圆 d，再做出相反的形状。右上半圆 p，左上半圆 q……为了加深孩子对 p、q 的印象还可以做这样的动作：身体站立，用手臂来做半圆，右手放在头上是 p，左手放在头上则是 q。采用这种动作记忆法，能够促使孩子在做这些动作时兴致很高，通过亲自动手，看看、说说、做做，加深对拼音字母，特别是形状相似的拼音字母的记忆，它们的外形也就烙在孩子的脑海深处，达到了预设的效果。

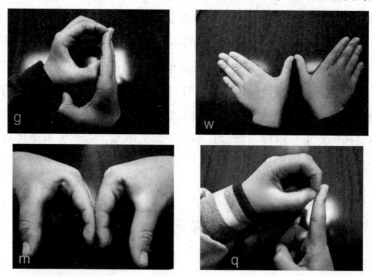

二、花样扭一扭

低年级的孩子形象记忆占主导地位，容易被鲜艳的色彩和美丽的图画所吸引。所以在学习汉语拼音时，我们除了通过手指操的形式激发学生的学习兴趣，还可以让字母真正地"活"起来。课上，陈花老师准备了人手几根颜色多彩的扭扭棒，让学生自主扭成各种拼音字母，告诉他们还可以与同桌互动，进行字母游戏，每人各扭一个，碰在一起读出音节来。这使抽象的拼音不再抽象，而变成学生喜欢的彩色记号，带领学生进入了五彩缤纷的世界，同时还帮助学生牢牢记住了这些抽象的拼音，学生学起来也就觉得有趣多了。

三、拼音画报

低年级学生特别喜欢想象和绘画。陈花老师把单调、乏味的拼音学习与生活实际相结合，通过绘画的形式制作拼音画报，让音节拼读和他们的生活经验关联起来，打破学习拼音的常规，这样学习就更有意思了，每一个拼音、每一个音节都是有生命、有故事的。

四、我和拼音合个影

读之不足则画之，画之不足则写之，写之不足则做之，做之不足则演之。学生通过"行为艺术"，把拼音一个个"拼"出来。在这个过程中，他们收获的不只是拼音知识，更有自己体验时的快乐和充实，进而成长为更好的自己。以下展示的是杜国威老师班级里孩子的创意拼音。

一系列的拼音活动，让拼音学习多些乐趣。学生乐此不疲，他们在想象的天地里自由翱翔，不再用抵触的心理对待拼音学习，而是能够与拼音交流。我们的拼音学习还在进行中，继续玩起来吧！

第二节　拼音王国故事多

讲故事是儿童喜闻乐见的一种形式。一听到讲故事，孩子们的注意力马上会集中起来。在听故事的过程中，孩子们会被故事中的人物牢牢吸引，与他们同悲同喜，对故事中出现的情节印象深刻。如在教学生学会区分声母、韵母和整体认读音节这一难点时，我自编了一个小故事：在拼音王国里，大人叫"声母"，小孩叫"韵母"，大人和小孩手牵手，就是一家人，叫作"整体认读音节"。妈妈叫"声母大 y"，孩子叫"韵母小 i"，她俩手拉手，就叫作"整体认读音节 yi"。"韵母 ü"小朋友很可怜，从小就没有爸爸妈妈，孤零零地流着泪，"声母 y"阿姨走上前，给"韵母 ü"擦眼泪（头上两点），牵着它的手高高兴兴地回家，大家见到它们都喊"整体认读音节 yu"。这样一来，学生的学习热情被激发了，还能学以致用。如在教学"wu"这个整体认读音节时，有一个孩子这样讲道："乌鸦在树杈上搭了一座小屋子，它在里面住得特别舒服。如果把屋子拆了，它就没有地方住了，会冻死的。"多有意思的想法。这样一来，"声母""韵母"和"整体认读音节"不再是枯燥的概念，而成了孩子们脑海中一个个鲜活、灵动的角色，孩子在品味故事的过程中，轻松突破了难点。这样的趣味故事，也开发了孩子的潜能，提高了他们的语言表达能力。

第三节 拼音游戏"嗨"起来

在《给教师的一百条建议》这本书中,苏霍姆林斯基提出,培养孩子的学习兴趣和求知欲是推动孩子完成学习任务的重要动力。爱玩是孩子的天性,游戏教学是适合孩子这一天性的最佳教学方式之一。在拼音教学中以游戏的形式,让孩子在潜移默化中学习,会让教学效率大大提高。

一、拼音翻翻乐

让学生用废旧的台历制作一个"拼音翻翻乐",然后拼读一些音节,要求他们运用各自的"顺风耳"快速接收信息,迅速翻页,找到拼读的音节,这也可以与同桌合作,一人翻声母完成。

二、拼音转一转

为了增加学习的趣味性和互动性,我们还可以制作拼音骰子、拼音转盘等。学生和家长们一起动手制作,既动手又动脑,最重要的是学生拼读的熟练程度明显提高。瞧，陈倩老师班级里的孩子玩得多开心。

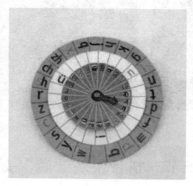

三、拼音卡牌玩起来

用硬卡纸剪出巴掌大小的方块，在上面画好四线格，做成拼音字母牌。声母、韵母用不同颜色区分。拼音卡牌的玩法有很多种：可以一人拿声母，一人对韵母，拼出读音，这样循环下去，直到谁没有牌对谁就是输家；也可以给每人分发声母和韵母牌，然后自行组合音节，谁剩得多谁就是输家；还有更高难度的，两拼音节对打两拼音节，三拼音节对打三拼音节，整体认读音节对打整体认读音节，最后牌少的为赢家。

第四节　拼音用处多

《课标》中关于汉语拼音的学习目标，延续了《全日制义务教育语文课程标准（实验稿）》的表述。根据《课标》，"能借助汉语拼音认读汉字"，定位拼音是学习汉字的工具；"学说普通话"，定位拼音是学习普通话的工具。小学语文教学应牢牢把握拼音作为"帮助学习汉字"和"帮助学习普通话"的工具定位，这是小学阶段拼音教学的认识基础。然而，已经有一定识字能力的一年级学生，大部分不明白为什么学拼音。生活即课程，课程即生活，教师就应该努力将拼音教学与生活实际相联系。我们可以给学生布置有意思的家庭作业，用拼音给家里的生活用品贴上名字。我们还可以尝试给生活中认识的生字注音，让拼音与生字关联，赋予拼音重要的作用。同时，在这个过程中，我们正好可以知道学生的识字量和词汇量。

在此基础上，我们可以鼓励学生用拼音写字条，让学生读出来，并做出对应的动作。字条内容可以根据拼音学习的内容，自己设计。然后，我们尝试引导学生阅读带拼音的句子：通过拼读，加上自己认字，再加一点猜测，把句子读清楚、读明白。我们再引导学生阅读带拼音的绘本，把拼音应用起来，既能帮助学生巩固所学知识，又能促使学生感受到学习拼音的乐趣和成就感，让学生明白学习拼音的真正目的。

第二章　识字教学"活"起来

　　识字写字是阅读和写作的基础，是小学低年龄段语文教学的重点。《课标》要求低年级学生认识 1600—1800 个汉字，特别是一年级识字量很大，因此回生率也很高。针对低年级学生注意力缺乏持久性和稳定性的特点，识字教学只有时时保持教学内容的丰富、学习形式的新颖，变枯燥为生动，变"要我学"为"我要学"，才能让学生学得轻松、学得快乐、学得有效。因此，在识字教学活动中，我根据汉字构字规律和儿童认字规律，对学生加以引导，灵活采用多种方法，调动学生的识字兴趣，激发学生的思维和创造力，达到高效识字的目的。

第一节　趣味识字

一、汉字就是一幅画

　　印度前总理尼赫鲁曾对他女儿说："世界上有一个古老的国家，她的每一个字，都是一幅美丽的画，一首优美的诗。你要好好地学习，我说的这个国家就叫中国。"汉字蕴含着丰富的文化信息，横竖撇捺的奇妙组合，不是僵硬的符号，而是如"诗"似"画"，是美丽和富有魅力的生命结晶。字源识字是一种古老的识字方法，不仅帮助学生从汉字本源出发理解汉字的构造和意义，而且可以充分挖掘汉字文化的丰富营养。在识字教学中，教师要引导学生逐渐了解、体会和总结汉字本身的规律，汉字字形虽然复杂但仍有规律可循。统编版教材设计了两个专门的集中识字单元，同时在语文园地中专设栏目"识字加油站"，以丰富识字形式，如字理识字、传统蒙学识字、事物归类识字、儿歌识字，都能激发初入学的学生学习汉字的兴趣，我们教师要用好教材，引导学生从字的源头学起，让学生知其形，晓其意，明了汉字的演变及其历史文化。如统编版一上第4课《日月水火》安排了象形字的教学。我就运用字源图，引导学生在观察中感悟汉字的演变规律：从形象逼真的图画到简洁而形似的古文字，再到端正而神似的楷书字。他们豁然开朗：噢，原来汉字是这么来的！我利用字源图继续展示课后题"兔、鸟、竹、羊、木、网"的演变过程，让学生通过观察，看图连字，学生兴趣更加高涨。下课了，他们还意犹未尽，争着问我还有哪些字是由图变来的？我从一张张兴奋的小脸上，可以明显感受到他们对汉字的喜爱。在孩子们的眼里，汉字已不再是抽象的符号，而是一幅幅图画。祖国汉字深厚的文化内涵自然地融入孩子们的心里，于是他们开始主动进行研究，还创作了现代版字源绘字，瞧：这两个孩子面对面坐在地上，形象地揭示了"坐"的形、义。在学习"日""马""山""木""人""水""鱼""雨""石"等象形字时，张易扬老师所教班级里的孩子通过想象，将这些文字组合成一幅幅极具文化韵味的风景画。这样进行教学，比起让孩子们机械识记更能激发他们的兴趣，提高识字的效果。

中国汉字不仅有构字形态而且有丰富的文化内涵，可以挖掘汉字的文化基因，帮助学生积累文化知识，培养学生热爱祖国文化的思想感情。在教学"男"字时，我首先在黑板上画了一片田地，学生的兴趣顿时大增，接着我一边念着古诗"锄禾日当午，汗滴禾下土"一边在田地下面画了一个"人"拿着锄头在劳作，然后告诉孩子们：我国古代社会家庭的自然分工是，男的种田，女的织布，这个"男"字就生动形象地呈现了古代"男"人在"田"间出"力"劳作的情形，由此"男"字的构字内涵与字形便连接在一起了。学生紧接着问那

"女"字呢，我又在黑板画了一个交臂跪坐的女子，告诉孩子们"女"也是一个象形文字。我"女"字从甲骨文到楷书形态的演变过程配以生动的讲解。学生一下子就被吸引住了。"瞧，我们的祖先多么有智慧啊，汉字就如一首诗、一幅画，也是一个故事、一段历史。"

二、汉字里有故事

针对一些经常容易写错或混淆的汉字，我们倘若向低年级的孩子枯燥地讲述、辨析，收效甚微。因此，我在想，如果把这些容易混淆的字编成一些短小的故事来吸引孩子们的注意力，会不会让他们记得牢固呢？如我在教"拨"和"拔"字时，是这样设计的：老公公的大萝卜要收了，他用力拔呀拔，老是拔不动，他请老婆婆、小朋友、小花猫、小花狗来一起拔。那么多的好朋友都来拔，汗都流出来了，萝卜拔起来了。"同学们，听了这个'拔萝卜'的故事，你们可要记牢啊，拔要用手，所以'拔'字有个提手旁，好朋友流着汗才拔了起来，可不能忘了来帮忙的好朋友和好朋友流的汗啊！"接着，我让学生边讲故事边写"拔"字。记住了"拔"字，"拨"字也就不会搞错了。这个方法使文字既形象生动，又容易被记忆。又如在教"春"字时，我展示一家三口在阳光明媚、草绿花红的环境中游玩的温馨画面，将画面上三人在阳光中游玩的情景，与汉字"春"的"三""人""日"三个部件建立识记联系，让学生根据画面意思编故事。学生在形象生动的教学情境中识字，效果十分理想。

三、字族兄弟姐妹多

汉字有功能奇特的部件，在识字教学中，不但可以让学生通过分析字形来理解字义，还可以引导学生抓住字与字之间的内在联系，探究构字规律，进行归类批量识字，由一字想多字，把字串成串，辨字义记字形，并利用韵文帮助识字，使学生在学过一族文字后，在头脑中形成一种识字框架，提高识字能力。如在教学归类识字中的几个品字形结构的字时，我先向学生讲述品字由三个口字构成，并不是指品了三口茶，而是指尝了很多口茶，因为在古汉语中"三"就是表示多的意思，单个字每重复一次这个字的意思就加强一次。之后在教"森、晶、众"三个字时，我就可以引导学生根据刚才所讲述的品字形结构汉字的字理，分析这三个字的字形，理解"森"字是表示很多树木生长在一块地方；"晶"从三日，表示很光亮；"众"表示人多。学生从字形入手想到字义，增强了理解能力和分析能力。

例如，统编版教材小学语文一年级下册《识字3 小青蛙》是一篇儿歌形式的字族文，读起来节奏明快、音韵和谐。儿歌讲述了小青蛙的外形和本领，号召大家要爱护小青蛙。本课要认的生字中，"清、晴、睛、情、请"都是由共同的母体字"青"做声旁的形声字。这几个字充分展示了形声字声旁表音、形旁表意的构字规律，同时体现了汉字的趣味性，能够激发学生的识字热情。在教学中，我们可以将这些字归类，引导学生发现规律。青、清、晴、情、请、睛，读音相近，都带有韵母 ing，字形相似，都有"青"字。当给声旁"青"加上不同的偏旁，就会变成不同的字，表示不同的意义。比如，"清"，是"青"加三点水，一般而言，带三点水的字，表示和"水"有关。所以说"河水清清"用的是带三点水的"清"。再看"晴"，是"青"加日，组成"晴"，太阳出来了，就是晴天，所以"天气晴"用的是带"日"的"晴"。用同样的方法来学习"情、请、睛"。让学生通过图片等来了解这些形声字的意义，从而加深印象。

然后，我们通过对答的方式进行巩固：

青加什么变成清水的清？

青加什么变成晴天的晴？

青加什么变成眼睛的睛？

青加什么变成心情的情？

青加什么变成有请的请？

接着，把这些字放到句子里来理解：

我们要爱护小（青）蛙。

这条河真（清）啊！

（请）你帮我个忙吧！

我的小眼（睛）最亮。

外面的天气可（晴）朗了。

妈妈今天的心（情）很好。

这样一来，学生不仅记住了字，也明白了字的含义。同时，结合第4课中学习的"'言'来互相尊重，'心'至令人感动，'日'出万里无云，'水'到纯净透明"，进一步巩固对"青"这一字族汉字的理解和认识。像这样的字族识字，统编版教材中有不少，如统编版一下《语文园地二》中对"日""寸"的学习。统编版一下《语文园地五 识字加油站》中以字谜的形式学习"包"字族的字，学生仿编字谜："火"来震耳聋，"水"至透透气，"足"到速度快，"手"出相拥紧；"兆"字家族的汉字字谜："木"来花果香，"手"至拼命跑，"辶"出力量大，"足"到蹦得高。瞧，学生把音和义结合起来，探索汉字蕴含的奥秘的激情被激发了。

四、字谜识字

俗话说：授人以鱼不如授人以渔。识字教学要注意"教给学生识字方法，培养学生识字能力"。因而我们要渐渐由"扶"到"放"，从小培养他们自主识字的能力。记忆生字的方法有许多，其中"字谜法"是学生最喜欢的一种识字方法之一。根据生字的结构或意思编谜语，既满足儿童的好奇心，又激发他们学习和识记汉字的浓厚兴趣。

教学中，有些汉字我想了半天都想不出怎么编，可天真的孩子们自有办法，在预习生字时就自编了字谜。

挂：手里拿着两包土。（骆培康）

街：人行道上有两包土。（杨雅茜）

熟：四个小不点，在享受肉丸。（杨雅茜）

伙：一个人背后着火了。（林峻贤）

伴：一人一半。（谢成进）

尝：小云头上长草了。（黄滢）

甜：舌头舔甘蔗。（陈嘉新）

温：海上日出，如半个圆盘。（李竹君）

冻：东边下了两滴雨。（张启智）

脸：一个人很节俭，一月只洗一次脸。（宋嘉威）

该：一个人把孩子弄丢了，你说该不该？（陈嘉新）

因：一个大人关在屋子里。（张耿豪）

季：禾苗下面有种子。（林子琪）

开始时孩子们都是拆分生字部件来编的，慢慢地给字谜加上了故事性和趣味性。每次到生字认读时，孩子们早已按捺不住，拿出自己预习时贴在语文书上的便笺纸兴致勃勃地交流起来，笑声、讨论声充满教室，学生自主识字已变成了一种主动为之的行为，这比生硬地要求孩子标拼音、识记生字有趣多了。

第二节　韵文识字

小学语文教材中的经典内容，往往会成为一代人的共同记忆。尤其是统编版一上开篇的内容，更会在学生心里留下深刻的烙印。1958 年以来的历套人教版小学语文教材中，一年级上册均采用了"先学拼音再识字"的编排方式。此次，统编版语文教科书的编排改为先编排一个集中识字单元，再编排两个拼音单元，是编写组综合考虑汉字与拼音的关系、语文教材传承文化的功能、识字教学的历史经验、一年级的教学实际等因素后做出的科学设计，强调汉字的重要性，使拼音回归合理的定位。

在统编版语文教科书开篇第一个识字单元中，传统意味浓厚、文化内涵丰富的《天地人》《金木水火土》，以及意境典雅、语言优美的《对韵歌》，还有可以时常念诵的"站如松，坐如钟。行如风，卧如弓"等经典语句，有利于凸显教科书的文化意味，增强国民的文化素养。教材在编写识字内容时，还充分将识字教学与《百家姓》《三字经》《笠翁对韵》等传统蒙学读物相结合，编成符合儿童特点，朗朗上口的一篇篇韵文。这些韵文节奏轻快明朗、内容通俗有趣。我们根据"先整体，后部分"的识字规律，循序渐进，循环往复，让学生在朗读、背诵韵文的过程中识字学词，既能丰富语言积累，又能感悟中华传统文化之美。

如统编版一下中的《古对今》。课文采用对韵歌的形式，以对子的形式描绘了四季的气候及景物的特点。韵文运用简洁形象的语言和长短句交替的节奏，以同义或反义词为对子，描绘了四季轮回，冬去春来，昼夜交替，欣欣向荣，万物生长的自然规律。在教学时，教师可鼓励学生采用自由读、同桌合作读、男女生合作读、师生配合读等多种诵读方式将课文熟读成诵，并依托教材中的情景，适时引导学生将韵文内容与生活经验相联系，有效促进学生识字能力的发展，感受生活的美好，培养学生对汉语文化的兴趣。

第三节　随文识字

一、浓缩文意识字法

随文识字遵循"在语言环境中识字"的原则，在阅读中只有将识字、朗读、积累语言有机地融合，才能提高识字教学效率。为了提高随文识字的效果，我经常采用浓缩精华集中识字的方法，既降低了识字的坡度，又了解了课文梗概，一举两得。

如学习统编版一上第13课《乌鸦喝水》时，我运用练读篇—句—词—字的方法，先初读课文，然后再找出带生字的句子练读。

一只乌鸦口渴了，到处找水喝。

乌鸦看见一个瓶子，瓶子里有水。

乌鸦看见旁边有许多小石子，想出办法来了。

乌鸦把小石子一颗一颗放进瓶子里。

瓶子里的水渐渐升高，乌鸦就喝到水了。

接着略去其余部分只读生字组成的词语，最后识记单个字，逐层加大难度，渐渐脱离文本，一回生二回熟，学生与生字第三回自然就认识了。其中"喝"和"渴"是形近字，我又引导学生依据偏旁编口诀，一下子就区分开来了："喝"水要用"口"，口"渴"要喝"水（氵）"。

又如统编版一下 20 课《咕咚》的学习。我问："同学们，请问课文讲了一个什么故事？"根据孩子们的概括，我将生字编入主要内容中，浓缩成几句话：木瓜熟了，从树上掉进湖里，"咕咚"！兔子、小猴子、狐狸、山羊、小鹿，吓了一跳，一边跑一边叫："快逃命啊，'咕咚'来了！"野牛拦住它们，大象也没看见，兔子领着大家来到湖边，一看，原来是木瓜从高高的树上掉进湖里。

让孩子们既了解课文大意，又潜移默化地识记生字。然后，我将生字移出，让孩子们进行"将生字送回家"的游戏，变着法让学生认识生字。

二、唱歌记忆识字法

一天，看到当时只有四岁的女儿边看屏幕边哼着："喜羊羊，美羊羊……"开始时我还以为她仅凭记忆胡乱哼唱，仔细观察，竟一字不落全都唱对，于是我想，"唱 K"也是一种快速的识字方法。课文《小小的船》本身就是一首歌词，我何不舍弃机械地识字，枯燥的讲解，让学生看歌曲视频识记。通过图像、音乐、歌词三结合，学生在感悟儿歌韵味的同时又识记了汉字。有了音乐视频的帮助，学生的激情被点燃，朗诵课文就不再是难事了。

弯弯的月儿，

小小的船。

小小的船儿，

两头尖。

我在小小的船里坐，

只看见闪闪的星星蓝蓝的天。

同样，有些课文、古诗教学也可以采用这样的方式，套用一些耳熟能详的曲调，帮助学生轻松快乐地识记汉字。这样的语文识字教学不仅有趣，还能让学生快速识字。

第四节　生活中识字

《课标》提出："识字教学应充分利用儿童的生活经验，注重教给学生识字方法，力求识用结合，运用多种形象直观的教学手段，创设丰富多彩的情境。"其实在小学一年级之前，大部分的孩子就能认识一些日常的汉字，因此识记生字除了随文识字外，其实可以同步进行潜移默化的生活积累识字，快速提高识字能力，达到学以致用的效果。

一、成语接龙识字法

成语是中华民族的优秀语言文化，是汉语中最精练的语言。成语接龙识字可以安排在课前几分钟进行，以"中华成语"为载体，以"趣味游戏"为模式，一气呵成、趣味横生。一个个成语就像是一张张"多米诺骨牌"，只要记住一个成语，就能够通过成语的接龙特性想起下一个成语，直到胜利。日积月累，这样既能不断增加儿童的识字量、扩大儿童的阅读视野，又能学习与传承中国的优秀语言文化。

二、主题小报识字法

陶行知先生说："文字只是生活的符号，要与生活连在一起教。"我们身边处处有知识。教学中，不仅要让学生在课内注意识字，还要引导学生在生活中随时随地识字。统编版教材《语文园地》"展示台"中也编排了相关的生活识字活动，引导学生用不同主题进行生字小报的制作，请家长利用周末休息时间辅导孩子把日常生活中的书报、各种包装纸、招牌、广告上的生字剪下来贴在纸上，使学生在收集中识字、在剪贴中识字、在亲子游戏中反复识字、不仅开发了学生的识字潜能，也促进了亲子关系的和谐发展，得到了学生及家长的欢迎。

识字教学常见的方法还有很多。低年级的小学生年龄小，自主学习能力差，但是他们的大脑中有许多有待挖掘的"开发区"，在识字教学中，我们要不断根据教学内容变换识字形式，通过各种游戏将教学环节串起来，让他们主动地"动"起来，在"玩"中思考，在"笑声"中创新。那么，在儿童的心目中，我们的汉字就不再是枯燥的、抽象的、毫无情趣的点画符号，而成了一个个有"灵魂"的符号。

第三章　阅读教学"活"起来

　　《课标》指出："阅读是学生的个性化行为，不应以教师的分析代替学生的阅读实践。"阅读教学的重点是培养学生具有感受、理解、欣赏和评价的能力。站在这一高度来重新审视阅读教学，我们应该充分发挥学生的主体性，张扬学生的个性，为他们提供足够的空间，适当的指导，鼓励他们去创造，使他们个性飞扬。如果我们还串讲串问、烦琐分析，这样的课堂必定没有活力、没有趣味，是学生不喜欢的语文课，也就更谈不上培养学生的语言文字运用的能力。那么阅读教学如何才能"活"起来，让孩子们喜欢呢？

　　朱熹有诗云："问渠那得清如许，为有源头活水来。"课文无非是个例子，教学中，我们不是用语文课教课文，而是借用课文这个例子来教语文，我们要尊重儿童的年龄特点，善于挖掘文本的活水，创设情境，让学生在品味中培养语感，积累语言，发挥想象，拓展延伸，以达到学语习文的目的。

第一节　挖掘活水

　　《课标》对语文课程性质做出了明确说明："语文是一门学习语言文字运用的综合性、实践性课程。语文教学应注重语言的感悟、积累和运用，从整体上提高学生语文素养。"这一性质将语文课程的目标和内容直接聚焦于"学习语言文字的运用"，是非常正确的。长期以来，语文课堂教学从一年级开始，就把重点都放在了培养学生的阅读理解分析能力上，忽视语言的积累和运用。而绝大部分的课堂教学中，学生的"理解"实际是在老师的"循循善诱"中给出的老师想要的"答案"，是浅表的、字面的。反观六年的小学语文学习，学生学过的经典文章，品读过的好词佳句，基本只存在于课堂上和记忆中，真正积累下来的很少，会灵活地在自己说话写文时用到的更是少得可怜，基本都在多年后化为云烟。在践行课程标准的漫长旅程中，我越来越强烈地意识到：语文教学应该返璞归真，主要不是学课文的"内容"，而是学课文的"语言文字"，课文的"表达形式"，应该把目光聚焦在关注课堂言语实践，提高学生的语言运用能力上，这才是"真语文"。吴忠豪教授也曾提及：语文作为一种社会交际工具，其核心功能在于能够熟练"运用"口头和书面语言参与社会交际。因此，衡量学生学会语文的标准，不是看"理解"了多少语言知识和规则，也不是仅仅看"积累"了多少语文词汇，而是看会"运用"了多少语言。

基于这样的教学目的，我们要尊重儿童年龄特点，创设情境，改变串讲串问、烦琐分析的路，活用文本的语言，让学生在品味中培养语感，积累语言，发挥想象，拓展延伸，以达到语文学习的真正目的——学语文、用语文。

一、创设情境，激活语言表达

《课标》在"总目标"中就具体提出要"注重情感体验，发展感受和理解能力"。因此在低年级阅读教学中，我们首先要尊重学生的需要，注重学生情感的参与，充分发挥学生主体作用，引领学生亲历阅读过程，激活童心，促进儿童语文素养的提高。

（一）渲染气氛，角色体验——统编版二下第3课《笋芽儿》

这是一篇科学童话，描写了竹子成长的过程。我带领着孩子们"走进竹林"，分角色进行朗读，有的孩子扮演严厉的雷公公，有的扮演温柔的春雨姐姐，有的扮演慈祥的竹妈妈，当然还有可爱的小竹笋。课堂一下子就活了，孩子们读到情动之时还生动地进行配音，"轰隆隆"，"哗啦啦"，孩子们全情投入地演绎着各自的角色。"小朋友，你们现在就是一个个可爱的笋芽儿，请根据课文描写，加上动作，让我们钻出来、冒出来、探出头来吧！"霎时，小朋友根据自己对课文的理解或蹲或站，或蹦或跳，和我一起变成了一个个正从土里钻出来，从草丛中冒出来，从石块下探出头来的笋芽儿。从中，他们深切地体验到了春天里笋芽儿勃勃的生机。此时，孩子们已经完全沉浸在快乐之中，读书成了学生们一种美妙的享受。紧接着，我顺势出示文中描写春天美景的语句："小竹笋们，瞧，你们眼前出现了如诗如画的美好春光，我们一起来美美地读一读吧！"孩子们读得摇头晃脑，哪里还要你去告诉他哪个地方要读得重一点，哪个地方要拉长一点。我继而又启发学生思考："笋芽儿们，你们站得这么高，还看到哪些春天的美景呢？"杨雅茜说："玫瑰笑红了脸，风铃草摇着一串串金色的铃铛，蜜蜂在花丛中跳着优美的舞蹈，蛐蛐儿在叽叽地唱着动听的歌儿……啊，多明亮，多么美丽的世界呀！"周恩昊说："梨树穿着洁白的裙子，绿绿的小草偷偷地钻出土地，杨树舒展着黄绿色的嫩叶。田里，农民正在忙着播种，蜜蜂在金色的油菜地里辛勤地工作着，小鸟在树林里自由自在地快乐飞翔，啊，多明亮，多么美丽的世界呀！"孩子们身临其境，自然而然地运用文章中的表达方式描述自己"眼中"的春光。

随着情境的创设，角色的代入，孩子们早已将自己当作一个小小的笋芽儿，兴趣盎然地随着课文朗读演绎着笋芽儿的整个生长过程。特别是学完全文后，小笋芽们更是高高地站立在凳子——俨然站在高高的山冈上，齐声自豪地喊着："我长大了！"

（二）移情入境，自悟寓意——种田人的自白

寓言常常是以一个小故事来说明一个深刻的道理，通常老师在教完故事后会问孩子们——通过故事你明白了一个什么道理？其实，我们可以换一个角度让学生自己去感悟寓言的寓意。我先让学生从文本入手，抓住重点词句，读懂课文内容。如学习《揠苗助长》时，我先让学生在文章中找到描写种田人心态的语句和关键词，反复读，边读边思考。然后，我抓住课文中表现种田人"急"的词语展开教学，让学生想象，种田人一心想让禾苗长得快些，急得在田里团团转，他会想些什么，说些什么呢？针对二年级学生喜欢表演的特点，我让学生边演边想象，当看到禾苗枯死了，种田人的反应以及他的家人会说些什么？通过移情，并在老师的启迪引导下，学生打开了思维的窗口，展开了想象的翅膀，寓意巧妙地借"家人"之口自然而然地教训起"种田人"：要遵循事物发展的规律，不可急于求成。

再如，在《守株待兔》的教学中，我抓住课文中表现种田人"守"和"待"的词语展开教学。通过表演，让学生想象种田人如何"守"，他会怎

想，怎么做？当看到自己的庄稼全枯死了，他会后悔吗？第二年春天，他会怎么做？孩子们乐在其中，通过一系列的想象性表演，体会到了种田人妄想"不劳而获"的心理，并以"自白"的方式进行了忏悔——我想是因为我以前很勤劳，所以上天送我一只兔子作为奖励，后来我太贪心，太懒惰了，上天决定惩罚我，让我的禾苗全部枯死，我以后一定要勤劳一点，这样才能有收获。多可爱的孩子，多天真的想法啊。于是我顺势问孩子们：那有没有两全其美的方式，既能种田，又能吃到美味的兔子呢？孩子们七嘴八舌地说起来，有的认为兔子既然是上天送给种田人的，那就继续认真种田，等待时机；有的认为种田人可以一边种田，一边学习打猎；还有的认为种田人可以自己养一些兔子或其他的小动物，开一个欢乐农场，自给自足。这些何尝不是很好的办法，为什么要因为一只兔子，放弃一片庄稼呢？学生以种田人的身份写《自白书》"忏悔"自己的愚蠢行为，把寓言故事转换成自己的表达，既熟悉了课文内容，还明白了寓意，达到了学文自悟的效果。

种田人的自白

这阵子，我做了一件特别让我后悔的事。

那是在一个春暖花开的春天，我看到别人家的禾苗长得比我家的都要高要好，心里特别急。于是我想了一个非常愚蠢的办法，帮禾苗增高。我忙碌了一整天，想，这下我家的禾苗一定比别人的长得高。第二天去田里一看，我整个人都傻眼了，禾苗不但没长高，反而都枯死了。

这件事，让我明白了一个道理，做什么事情都不可能一步登天，要一步一个脚印地往前走，只有不懈努力和辛勤耕耘才会有所收获。（陈嘉新）

种田人的自白

很久以前，我在田边干活，忽然发现一只又大又肥的兔子从树林里窜出来。不知道怎么回事，它一头撞在树桩上，死了。

我连忙跑过去，没花一点力气就捡了一只又大又嫩的兔子。我开心地走回家，心想，要是每天都能捡到一只大兔子，那该多好啊。从此以后，我放下锄头，每天只坐在树桩旁边等待，一天天过去了，再也没有看见大兔子跑出来，我的田里也长了许多野草，庄稼全死光了。

我觉得很后悔，应该勤劳种地，不要想着偷懒，不劳而获。（邵靖然）

（三）全情投入，童心飞扬——人教版二下第8课《卡罗尔和她的小猫》

《卡罗尔和她的小猫》是一篇不起眼的略读课文，讲了一个十分有趣的儿童故事。卡罗尔一直想有一只小猫，爸爸就给她出主意——登广告要小猫，可别人送来了许多许多小猫。为了解决太多小猫的问题，爸爸又只好登广告把小猫送人。当别人把小猫拿走时，喜欢小猫的卡罗尔非常伤心，但她却惊喜地发现她最喜欢的那只小猫留下来了，卡罗尔终于有了一只她自己的小猫。这篇故事篇幅虽长，但内容通俗易懂，具有浓厚的生活气息，有许多可以挖掘的创意点。如教参中所说的：这篇故事出人意料的情节产生的吸引力，能够抓住孩子们的心，使其一口气读下去。教学中，我带领孩子们全情投入，让课堂童心飞扬。

板块一：头脑风暴——我是一只（　　）的小猫。

课前我先让孩子们回去画了自己心目中最可爱的猫。上课伊始，我引导孩子们用"我是一只（　　）的小猫"来介绍自己所画的猫。即时课堂炸开了锅，小鬼们一个个活蹦乱跳，俨然淘气的小猫，在不断地激励引导下，他们回答的角度也是五花八门的：我是一只可爱的、美丽的、五颜六色的、胖胖的（说身材）/睡懒觉的（说神情）/爬楼梯的/玩毛球的（说动作）小猫……有的孩子还一边说一边做动作，逗得大家哈哈大笑。

板块二：创意想象——谁来送猫？怎么送猫？送来了一只怎样的猫？

卡罗尔一直想有一只小猫，爸爸就给她出主意——登广告要小猫，广告效应还真不错，瞧，谁送猫来了？孩子们一下子就找到了相关的语句——小男孩提篮子，小女孩抱着，还有叔叔……来送猫。孩子们一边读一边哈哈大笑，借着这股热情，我问孩子们："不一会儿，门铃又响了，还有谁来送猫？送来了一只怎样的猫？"天生爱逗乐的小家伙们再次热闹起来：魔术师变出来的，邮递员寄来的，小狗送来的……于是我让孩子们以"不一会儿，门铃又响了，进来……"作为引子，引导他们快乐地创想。如嘉新想到——丁零零，门铃响了，进来了一位魔术师。他说："小妹妹，我给你变出一只小猫，好吗？"卡罗尔说："好！"魔术师把手放到卡罗尔的肩膀上，突然，他抓出一只小猫。那是一只金黄的小猫。卡罗尔看着那只可爱的小猫，开心地笑了。感情丰富的净然同学联系自己的经历，描述的情景让人感动——丁零零，门铃响了，一个小姐姐抱着一只五颜六色的小花猫走了进来。她对卡罗尔说："我要出国了，我带不了它，所以我把它送给你，希望你能好好照顾它。它的名字叫丝丝。"小姐姐说完转身要回去了，这时，小花猫"喵喵"地叫，仿佛在说，你不要离开我，你不要离开我。小姐姐又转身走了回来，蹲下轻轻地抚摸着小花猫的头说："丝丝，你不要难过，你一定要乖乖地听卡罗尔的话，等我出国回来，我一定会来看你的。"说完，小姐姐忍着眼泪跑出去了，小花猫又"喵喵"地叫了几声，仿佛在说："再见！再见！"

板块三：发散思维——小猫还会在那里？

课文第十自然段中，卡罗尔家里来了各种各样的小猫，淘气的小猫跳到钢琴上、钻到抽屉和橱柜里、躲在门后面，更是引起孩子们的兴趣，我又问孩子们："这下家里可热闹了，走到哪里都是猫，淘气的小猫还会躲在哪里？"从被窝里跳出来、从马桶里蹦出来、从花瓶里钻出来、从电视机后面窜出来、在吊灯上荡啊荡……孩子们说出了许多意想不到的答案，并在我的不断鼓励下运用了不同的动词，形象生动地表现出了猫的淘气，孩子们一边说着，一边跳着，此时的课堂已经成了"卡罗尔的家"，他们开心极了。

板块四：模仿运用——我也来写广告。

课文出现了两次登广告，第一次详细写了广告词，而第二次免费赠送小猫的时候只是略写了"免费赠送小猫"六个字，于是我让孩子们仿照第一次广告，说说会怎么写第二次广告，大家又七嘴八舌地叫卖起来："送小猫啊，送小猫啊，我家有许多可爱的小猫，免费赠送，但只送给喜欢小猫，会给小猫准备舒适的家的人。"这样的广告也从另一个侧面让卡罗尔的爱猫之情得以深化。一节课下来，整个班的孩子在无拘无束的创想中运用语言，乐趣无穷。

二、活用文段，迁移语言样式

语文课本中所选的文章都是一些极好的范文，我们在引导学生反复诵读课文时，要找准语言拓展迁移的训练点，启发他们去品读，去联想，以读促思，以思促写，使文中的语言文字"活"起来，课堂才能真正地"活"起来。

（一）激发联想，仿写句段

1. 拓展延伸，仿写句子——统编版二下第2课《找春天》

《找春天》语言优美，充满儿童情趣和文学色彩，是培养学生有感情朗读的好材料，也是丰富学生语言积累的美文。学文时，为学生创设一个春天的场景，利用多媒体课件，让学生欣赏春光的美好，再让他们在优美的乐曲中赏读课文。文中第4—7自然段的四个句子句式相同，且极富童趣。我将这四句话出示在屏幕上。"多么美丽而富有生机的春天啊！让我们再来美美地读"读完后，我问："除了小草、野花、树木、解冻的小溪，春天里还有什么也悄悄地发生了变化呢？"孩子们争相回答：蝴蝶、小鸟、蜜蜂……"那你能像课文的句式一样来说说看吗？"孩子们的兴趣被点燃了，跃跃欲试：

蝴蝶在花丛中翩翩起舞，那是春天的翅膀吧？

绿绿的柳枝发芽了，在微风中，随风飘拂，那是春天的发丝吧？

小苗从地下探出来，那是春天的手指吧？

天空中掠过的燕子，那是春天的信使吧？

春雷从天边响起，那是春天的号角吧？

小鸟在树枝上跳来跳去，那是春天在弹琴吧？

"原来我们也能像作者那样把春天写活。"我对孩子们竖起了大拇指。后来，孩子们把自己的创意变成了文字，还给文字配上了生动可爱的图画，这样的学习，既积累了语言，也迁移了写作方法，还巩固了不少生字记忆。

春天来了

春天来了，春天来了。我和小明脱下厚厚的棉袄，穿上轻盈的春装，高高兴兴地到公园玩。

嫩绿嫩绿的小草从地里探出头来啦！

桃树上的桃花笑红了脸。

柳树摇着细长细长的辫子。

鱼儿在解冻的小溪里欢快地游着。

红得如火的木棉花，粉得如雪的芍药花，白得如玉的月季花，五颜六色，竞相开放。

辛勤的蝴蝶和蜜蜂又开始辛苦地工作了，它们在花丛中飞来飞去，忙着采花粉和花蜜。

蚂蚁们出来觅食啦！它们抬着粮食，喊着"一、二，一、二"的口号往前走。小朋友们三个一群，五个一伙，在草地上各自做着游戏，放着风筝。

春天是五彩缤纷的。春天是生机勃勃的。我爱美丽漂亮的春天。（张启智）

2. 概括重点，发散思维——统编版二下第15课《画风》

《画风》塑造的是三个敢想敢问、善于思考的儿童形象，主要是讲三个小朋友一起动脑筋想办法，把无形的风生动地展现在纸上的故事。学课文之前，我首先让孩子们带着问题——文中三个小朋友是怎样画风的？阅读根据孩子们的回答，我引导孩子们试着用五个字给每幅画起个小标题，例如，第一幅画我们可以改成"风吹——"。孩子们一下子心领神会，回答道："雨丝斜。"这样一来，就顺利概括出来了"风吹红旗飘、风吹小树弯、风吹风车转"，既培养了概括能力，又加深了对课文的印象。经过了前面的铺垫后，我又引导孩子进行发散思维："文中，三个好朋友互相启发，互相激励，竟然将原本看不见、摸不着的风画了出来，你还有什么方法能画风呢？"孩子们又聚拢在一起发挥集体创意。惊喜的是，当开始巡视孩子们的小组讨论时，我发现竟有孩子已经用简单的线条和文字在练习本上进行了"风"的表述，真是太可爱了。随即我将他的杰作放到投影仪上供大家欣赏，于是，就有更多更可爱的作品诞生在黑板上了。可以说，小小画笔倾注了他们对世界的认识，一颗颗创新的种子在萌芽。

风把小朋友的头发吹起，

风在小朋友的头发里蹦呀跳呀。

风把树枝吹得在风中摇啊摇。

风把海水吹成了海浪，

风握着海浪的手向海边跑去。

风把小草吹弯了腰，

小草和风一起跳舞。

风把地上的树叶吹走了，

风给树叶搬了个新家。

风吹动了云，

风坐在白云上飘啊飘。

风吹动了吊灯，

风在吊灯上荡秋千。

风吹动了小女孩的裙子，

风在裙子里面跳舞。

风吹动纸巾，

风坐在纸巾魔法布上飞到空中。

3. 激发想象，仿写文段——统编版二上第2课《黄山奇石》

这是一篇描写景物的散文，图文并茂地描写了黄山石头之奇。一块块本无生命的石头，被描绘得活灵活现，呼之欲出，《黄山奇石》是学生写文的好范本。在充分朗读后，我重点引导学生通过小组合作学习品读"仙桃石""猴子观海""仙人指路""金鸡叫天都"这四块奇石，分享自己最喜欢的一段，感悟石头之奇，描写之妙。然后我出示最后一段对孩子们说："瞧，静静的石头通过作者的神来之笔，活起来了，那'天狗望月''仙女弹琴''狮子抢球'这几块奇石会是怎样的，你们想象得出来吗?"孩子们的热情高涨，纷纷凭借字眼创想起来。紧接着我出示了这三块石头的图片，让学生模仿文章的写法看图说话。有了课文做范例，当一声令下时，教室里便沸腾起来，无限的乐趣写在了他们纯真的笑脸上。

天狗望月

在一座高高的山峰上，有一块石头，远远望去像"天狗"一样，每当月亮升起时，它就痴痴地望着月亮，似乎在期待着什么，这就是有名的"天狗望月"。（杨雅茜）

每到傍晚，有座山峰上的几块巨石就变成一只银光闪闪的"天狗"，它摇着尾巴，一动不动地蹲在山头，望着白白的月亮，好像在想：这又圆又亮的东西好像一个大月饼呀！（黄喆）

仙女弹琴

到了晚上，有座山峰上的一块巨石就变成了一位"仙女"，站在高高的山峰上，抱着琴，弹奏着美妙的旋律，那动听的音乐在山间回荡，不用说，这就是著名的"仙女弹琴"了。（李航）

在西海排云亭前左高峰，有块巨石酷像一位仙女，她的身子微微向前倾，

低着头正专心地弹琴。山峰上的树叶犹如她的长发垂下来。（张启智）

狮子抢球

在动物世界里，我们看过威猛无比的狮子，但黄山上的狮子你见过吗？黄山上有一座陡峭的山峰，远远望去，那两块巨石真像两只好斗的狮子，它们中间有一块圆圆的岩石，真像一个金球。这两只张牙舞爪的狮子，争着抢球。这就是民间传说中的"狮子抢球"。（刘嘉恩）

"狮子抢球"就更有趣了！远远望去，山顶上那两块巨石就像两只威猛的狮子。一只狮子手里抱着一个"石球"，另一只狮子恶狠狠地盯着那只狮子，一副不服气的样子。（关骏烨）

4. 迁移全文，布局谋篇——仿写人教版二上第10课《北京》

不仅句子段落可以进行模仿迁移，整篇文章的布局谋篇、遣词造句更是文本这个例子的语用功能之所在。《北京》一文结构严谨，层次分明，对北京进行了细致生动的描写，特别是语言优美，用了很多的四字词语对北京的景色进行描写，给文章增色不少，是一篇很好的习作例文。而珠海的九州城和北京的天安门有相似之处，珠海的街道与北京的街道一样也是绿树成荫，鲜花盛开，珠海的风景同样有她独特迷人之处，有许多值得向世人介绍的风景，如迤逦蜿蜒的情侣路，婀娜多姿的珠海渔女雕像，皇家园林圆明新园以及珠海大大小小的公园等。于是我引导学生在"浪漫之城"的视频背景下感受珠海的美丽。孩子们不断地惊叹、欢呼。"珠海美吗？""美！""我们能生活在这样美丽的城市是多么幸福啊！珠海位于祖国的南海之滨，是一座美丽的花园城市，她有著名的'情侣路'，因而也被称为'浪漫之城'。如果我们也能用手中的笔来描绘她，让更多的人认识珠海，了解珠海，那该多好啊！"孩子们纷纷点头。"学语文就是要用语文，瞧，其实刚讲的一点也不难，北京的很多景物与珠海的相似，只要稍稍动动脑筋，试着把描写北京的语句变成描写珠海的语句就可以了。你们瞧（我出示了九洲城的图片），这是什么地方？"孩子们齐声回答："这是九洲城！""那你们觉不觉得她特别像北京的什么地方？""天安门！""真棒！他们虽然相似，但也有不同的地方，在仿写的时候，可得注意了！"话音刚落，孩子们就迫不及待地边看图边套用文章的语句说起来，把文中的优美词句一个不落地编进去了，真正将文章的语言文字内化成了自己的语言，潜移默化地积累了下来。

珠海

闻名中外的珠海位于珠江三角洲，是一座滨海特区城市。

情侣路仿佛是珠海的"城市名片"，青山绿水，沿着海岸曲折蜿蜒，阳光沙滩温泉海岛，处处充满诗情画意。香炉湾的珠海渔女象征着珠海海洋的女儿，吸引了成千上万的游客。珠海有许多海岛，素有"百岛之市"的美称，还有许多著名景点，如圆明新园、飞沙滩、农科所等，全城空气清新，一派海滨的风光。

珠海好美啊，我们爱"浪漫之城"，我们爱"幸福之都"。（李航）

（二）挖掘内涵，变换语言形式

在学生深入学习和了解课文的基础上，教师要充分挖掘文本的内涵，换个角度去感悟、拓展、延伸，及时地捕捉思维深处灵光一闪的"火花"。

1. 改编课文，品尝诗味——统编版一下第13课《荷叶圆圆》

文学的世界是无穷的，同样一个题材可以用不同的形式来表达。优美的课文本身就是一首动人的诗。教材中，有很多文笔优美，富有诗意的课文，我们可以进行有个性的诗歌创造。因此，教学中，我试着带领学生感悟课文诗的语言，品尝课文诗的味道。如上完统编版一下第13课《荷叶圆圆》，我给出一个框架：_____ 是荷叶的 _____/_____ 在荷叶上/_____，引导学生把课文改写成诗：荷叶是小水珠的摇篮/小水珠躺在荷叶上/眨着亮晶晶的小眼睛//荷叶是小蜻蜓的停机坪/小蜻蜓立在荷叶上/展开透明的翅膀//荷叶是小青蛙的歌台/小青蛙蹲在荷叶上/"呱呱"地放声歌唱//荷叶是小鱼儿的凉伞/小鱼儿在荷叶下游来游去/捧起一朵朵很美很美的水花。多么富有灵性的诗句呀，不需要对课文做过多的改动，便赋予了文章别样的清新。我们不需要进行过多的指导，就让学生身处诗的境界，迸发诗的情怀。

紧接着，我进一步挖掘文本，拓宽孩子们的思维。

师：多受欢迎的荷叶啊，还有什么好朋友会喜欢荷叶，会来和她玩呢？

生：小乌龟，荷叶是它的屋顶，它在荷叶下睡大觉！（骆培康）

师：哈哈，真是一只小懒龟。

生：荷叶是小鸭子、小蝌蚪的游乐场，它们在荷叶间捉迷藏！（李航）

师：太有趣了。

生：荷叶是蝴蝶、蜜蜂它们的沙发，它们坐在荷叶上欣赏美丽的风景！（宋嘉威）

师：（学生还是偏向于小动物的联想，于是我引导）除了小动物，还有谁会喜欢荷叶？

生：荷叶是荷花的舞台，荷花在荷叶上翩翩起舞！（杨雅茜）

想到此处，孩子们的思维更开阔了，于是我们做了更进一步的联想。

师：同学们，刚刚我们想到的都是荷叶的好朋友，你能想想，还有谁也有很多好朋友的？

于是，教室里再次沸腾……

花儿红红——蜜蜂　蝴蝶　小鸟　蜻蜓　雨点　太阳　微风……

大海蓝蓝（小河清清）——小鱼　螃蟹　鲨鱼　星星　月亮……

大树高高——猴子　小鸟　小鼠　毛毛虫　啄木鸟　蚂蚁……

小草绿绿——小花　春雨　太阳　小朋友　蚂蚁　蚯蚓　小狗……

森林大大——狐狸　狮子　豹子　小熊　老虎　大灰狼　小兔……

天空蓝蓝——太阳　白云　小鸟　飞机　彩虹……

路儿长长——小车　自行车　摩托车　小朋友　花儿　小草……

没想到"荷叶圆圆"能让他们想到"花儿红红""小草绿绿""大海蓝蓝"等那么多文本，而且与之关联的事物也随之"开花"了。

这个课例在熟读文本的基础上借助句式将课文内容进行改编，鼓励学生以荷叶为发散点进一步联想，创编了属于自己的童谣，清新活泼的小诗！这一次尝试虽然花费了比平时多出一倍的时间，但孩子们乐在其中，童心被激活，下课铃响了还意犹未尽。这更让我坚信这是一次有益尝试，阅读教学中也可以这样进行！的确，阅读教学不必在内容分析、情感体悟上耗费太多精力，也不能只靠教师做深度解读，然后让学生一个劲儿去体会老师的体会，拼命达到老师解读的深度……而应当是学而用之！通过迁移拓展运用，形成听说读写的能力。

花儿红红	树叶尖尖	大海蓝蓝
花儿是小草的头饰， 小草戴上花儿， 高兴地跳起舞。 花儿是蝴蝶的游场， 蝴蝶在花丛中， 飞来飞去。 花儿是蜜蜂的粮仓， 蜜蜂在花儿上， 采香香的花蜜。 花儿是虫子的小床， 虫子在花儿上， 呼呼地睡懒觉。 （林晓萱）	树叶是小水珠的床， 小水珠在树叶上， 欣赏着四周的美景。 树叶是蚂蚁的小船， 小蚂蚁坐在小船上， 顺着水流一直漂。 树叶是青蛙的扇子， 小青蛙有扇子扇风， 把炎热扇走。 树叶是小鱼儿的伞， 树叶落在池塘上， 帮小鱼儿遮太阳。 （黄滢）	大海是白云的镜子， 白云在大海上变图形， 乐得嘻嘻笑。 大海是海星的家， 海星在大海里躺着， 一边睡觉一边打滚。 大海是海带的舞台， 海带在大海里随着海水， 跳起自由的舞蹈。 （何宇恒）

2. 披文入情，学写便条——人教版二下第 22 课《我为你骄傲》

《我为你骄傲》讲述的是"我"一不小心，砸破了老奶奶家的玻璃，尽管当时没敢承认，但内疚的心理和责任感伴随了"我"三个星期。"我"把自己攒了三个星期的送报纸的钱赔给老奶奶，并附上道歉信。在慈爱又善于教育后辈的老奶奶眼中，那不是 7 美元钱，而是孩子纯真的情，悔过的心，是值得为孩子骄傲的美好品质——诚信。作者通过这个故事向学生揭示了这样一个道理：诚实，敢于承担责任是一种美德。理解，宽容别人的过失是一种博大的胸怀。

叶圣陶先生说过："语言文字的训练最为重要的是训练语感，灵感。"教学中要引导学生通过对语言文字的阅读分析，披文而入情，从而深入理解课文内容，感受作者所表达的思想感情。教学中，我围绕课题"我为你骄傲"来展开讨论，重点引导学生想象每个情境，抓住人物的神态、动作、语言和文章中的关键词句去体会"我"的情感变化过程，课文开头写"我"和小伙伴扔小石头时，我们看着石头像子弹一样射出，又像流星一样从天而降，心情怎样？当听到玻璃破碎的声音时，我们的心情有什么变化？再次见到老奶奶时"我"为什么会"不自在"？我采用的是逐层引导的方法。学生通过图文对照，体会到"我"心情的变化，以及老奶奶对"我"的理解和宽容。在学生理解了"我"和老奶奶之间的情感变化的过程后，我引导学生联系前文，想一想"我"写给老奶奶的便条会是怎样的？按照我给出的便条的格式学习先说后写。

奶奶：

　　您好！真的很对不起！那天我和小伙伴……在这里我真诚地向您道歉，请您原谅我。

一个＊＊的小男孩

年　月　日

　　有了前面对人物心理的解读，孩子们能结合课文内容，以"我"的口吻进行深刻的反省和忏悔。这样换了个方式复述课文，能够进行语言文字的训练，同时还能深入作者的内心感受其心理的变化，渗透思想品德教育。

亲爱的老奶奶：

　　您好！首先，请您原谅！

　　那是一个风平浪静的下午，我和小伙伴们在您后院的草丛里玩丢石头，我们望着石头像弹簧一样射出去，又像闪电一样从天而降，觉得很过瘾，很好玩。

　　我捡起一块圆圆的小石头，把它丢了出去，一不小心，石头砸在了您后院的窗户上，我们听到了玻璃被打破的声音，比蛇溜得还快地逃走了。

　　那天晚上，我想了想，自己做错了事就得负责。于是，我决定把送报纸的钱攒起来，给您修窗户。半个月过去了，我已经把钱攒好了，这些钱是用来给您修窗户的。

　　老奶奶，我真诚地再一次请您原谅我的年幼无知，这件事我会永远牢记在心里的。

　　此致

敬礼！

送报纸的小男孩儿

5 月 14 日

　　3. 变换角度，学为所用——统编版二上第 11 课《葡萄沟》

　　本课介绍了位于我国新疆吐鲁番的水果之乡——葡萄沟。教学中，我围绕课文的中心句"葡萄沟真是个好地方"，引导孩子们仔细读文，通过图文结合，品读课文哪些地方写出了葡萄沟是个好地方，其中，孩子们对葡萄干制作的过程特别感兴趣，于是，我又换了个角度让孩子们结合课文第3自然段的介绍，想象自己就是一颗小葡萄，以自述的形式说说自己是怎么变成葡萄干的，真是有趣极了。

周恩昊说："维吾尔族老乡把我和我的兄弟运到阴房，阴房修在山坡上，样子像碉堡，四壁留着许多小孔，里面钉着许多木架子。我和兄弟手拉手挂着架子上，利用流动的热空气'焗桑拿'，把水分蒸掉就变成葡萄干。"

黄静仪说："我是一颗亮晶晶的小葡萄，到了秋天，热情好客的维吾尔族老乡就会把我和我的兄弟姐妹摘下来，然后送到四面八方满是洞洞的阴房。阴房里面钉着许多木架子，然后维吾尔族老乡把我们都挂在架子上，周围的热空气把我和我的兄弟姐妹们的水分蒸干，我们越来越瘦，颜色越来越黄。最后，我们变成了又瘦又黄的葡萄干。虽然我们的样子很丑，但是我们的果肉很香很甜。欢迎你们到葡萄沟来品尝。"

这样充满童趣的方式让学生不仅通过学课文了解了葡萄沟，而且学会了提取课文的语言进行复述，从另一个角度激起学生学语文的热情。

著名教育家于永正老师曾提出：语文教育应该给孩子留下什么？思考这个问题，首先要看爱因斯坦的一句话。爱因斯坦说："一个人把在学校里学到的东西全部忘掉之后，剩下的才是素质。"非常深刻的一句话。"语文课程是一门学习语言文字运用的综合性、实践性课程。"简单说就是六个字：学语言、用语言。所以，我想，也许学生长大了，已不记得你是如何教他一篇篇地朗读课文，引导他深入浅出、咬文嚼字，但是，你教给他的阅读方法以及积淀下来的语言文字将是他一笔伴随终生的财富。小学语文教学中，应该转变教学观念，返璞归真，着眼于利用文本教语言，挖掘文本用语言，真正让语言文字深入学生心灵，提高学生的语文素养。

第二节　诗意语文

爱因斯坦说："想象力比知识更重要。因为知识是有限的，而想象力概括着世界上的一切，推动着社会的进步，成为知识进化的源泉。"研究表明：一个孩子就是一首诗，儿童的脑袋瓜里开着诗的花朵，在他们的眼里，花儿会舞蹈，鸟儿会歌唱，草儿会说话。从孩子一年级开始就对他们进行儿童诗创作教学，能开启他们的想象之翼，使其自由翱翔于晴朗、高旷的天空，让稚嫩的童心绽放出一簇簇灿烂的童诗之花，并为其今后能在作文天地放飞创造和想象打下扎实的基础。打开现行的语文教科书，我们也会欣喜地发现，儿童诗已开始在字里行间轻盈地舞蹈。在一、二年级课本中儿童诗约占选文篇目的17.86%，可见编者越来越相信儿童诗在孩子成长中、在语文学习中的重要性了。因此，我觉得在新课程背景下，将儿童诗写作引进课堂教学，让孩子们从小感受诗、喜爱诗、写作诗，用诗来倾吐自己的心声，用诗来陶冶孩子的情操，培养孩子丰富的想象力和创造力，具有深远的意义。在近些年，在低年段语文教学中，我遵循大纲要求，结合学生实际，采用了"读写结合"的方式，培养学生的言语表达能力，提升他们的创造力。

一、品读诗文——叩响诗歌的大门

"操千曲而后晓声，观千剑而后识器"，童诗的教学，也应该从品读欣赏开始。直观的板画，悦耳的音乐，美丽的画面加上有趣的童诗都是培养儿童想象力和悟性的极佳途径，因此，我努力创设一种听诗、读诗、赏诗的氛围，让孩子们浸润在优美、灵动、充满智慧的诗里，在"润物细无声"中品出诗歌的意，悟出诗歌的情，读出诗歌的韵，悄悄播下诗的种子。通过统计统编版小学语文教材发现，小学低年段共选编儿童诗18篇，5篇出现在课文单元，3篇出现在其他区域。《谁会飞》出现在统编版一上《语文园地六》的"和大人一起读"栏目；《一株紫丁香》在统编版二下《语文园地一》中的"我爱阅读"栏目；《谁和谁好》出现在统编版一下"和大人一起读"栏目。这一首首小诗不仅以它盎然的情趣、天真的言语感染着孩子，更以它色彩鲜明、新颖感人的插图吸引着孩子。各种形式的品读，不仅增加了孩子们的识字量，还能使我们感悟到儿歌的节奏美、韵律美、内容美、感官受到刺激，生活经验得到激活，自然也就理解诗了。如统编版一上第4课《四季》是一首富有情趣的儿童诗，通过对春天的草芽、夏天的荷叶、秋天的谷穗和冬天的雪人这几种代表性事物的描述表现四季的特征。诗歌采用拟人的手法，排比的形式，语言亲切生动，朗朗上口，能唤起学生对生活的感受。赏读时，我鼓励学生寻找四季的特点，如"春天，燕子飞回来了；夏天，荷花开了；下雪了，大家又开始堆雪人了"等。课始，以"猜四季"这一游戏作为导入，并通过多媒体课件把四季的景色再现于学生眼前，让学生对"四季"有一个初步的感知。然后，我借助动画、音像等手段把学生带入课文情境之中，让他们在积极主动的状态下去感受四季的不同特点。学生在诗歌优美的意境中得到熏陶和浸润，在反复诵读的一咏一叹之间，优质语言以模块的形式印在学生的脑海里，无形中就激起了学生创编的兴趣，他们已不知不觉地开启了童诗创作的心灵之门。

二、联想替换——架起思维的桥梁

有一次我听一位老师教授《假如》，在创编儿歌环节感觉他有些吃力。这种情况很多老师都有类似的感受，儿歌读熟了，要点也讲清楚了，为什么学生还编不出来，或者很受局限呢？究其原因，就是在熟读感受与创编之间少了一座桥梁，一座引导学生跳出儿歌本身的限制，跳出自身思维局限的桥梁。在反复的教学实践中，我找到了这座以"联想"做支架，以"头脑风暴"为形式的"思维之桥"，有了这座桥梁，我们惊喜地发现学生的思维打开了，变得流畅、变通，更具独创性。如学习儿童诗《小鸟》。《小鸟》这首诗写了一个小朋友在跟小鸟说话，表达了小朋友爱护小树，心疼小树的纯真情感。多可爱的小朋友，多么童真的语言，孩子们读着读着，进入状态，竟翩然地做起了动作。看着他们陶醉的表情，我进一步引导他们："小树多么娇嫩啊，还有谁会来找小树玩呢？"一石激起千层浪，"头脑风暴"即时爆发：猴子、蝴蝶、知了、杜鹃，继而结合刚刚学完的《柳树醒来》，他们还联想到春雨、春风、春燕、春雷……"那你能试着将你想到的词语套进这首小诗吗？"孩子们诗兴大发，七嘴八舌地开始改编起来：春雨，春雨/你快快地下/我栽的小树/它想发芽//春雨，春雨/你快快地下/可爱的小树/它想长大//春雨你快点下啊/再快一点/好不好/飘来飘去的春雨/（何宇恒）

这样的小诗创作激起了孩子们强烈的兴趣，但是仍然局限在"小树与谁"的关系上，于是我又问："除了想到小树与蝴蝶、小猴等这些词语的关系，谁和谁也会有这样的关系？"孩子们顿时觉得有些犯难了，这时一个孩子起身说"小兔和小草"，于是课堂又一次掀起了思维的浪潮，孩子们将"小树与小鸟"替换成了"小羊和小草"，"小猫和小狗"，懂事的孩子还想到"知了和爸爸"：知了，知了/你轻轻地叫/我亲爱的爸爸/他还太累太累//知了，知了/你轻轻地叫/亲爱的爸爸/他还在睡觉//知了你轻轻地叫啊/再轻一点儿，好不好，叽叽喳喳的知了。(张启智)此时的课室被闪耀着无穷智慧的童心点亮了，通过联想替换仿编儿歌，孩子们找到了语言文字的乐趣，从中迸发出来的创意，让我感到十分惊喜，课后孩子们还将自己的诗作写在了纸上，还给自己的作品配上了漂亮插图，相信创意的种子已在孩子们的心中萌发。

三、模仿创作——体验诗人的快乐

心理学告诉我们，模仿是儿童的天性，是"创新"的起点，写童诗更应如此。对刚跨入学校大门不久的孩子来说，"仿写"无疑是一座通往"创作"的桥梁。在学生自由创编之前，老师可以通过图片或自身的示范适当辅助，激发学生创编的兴趣，渗透创编的方法，降低创编的坡度，消除他们的畏惧心理。比如，在学习《欢庆》时，我将国庆阅兵仪式的壮观场面搬上屏幕，孩子们眼睛都看直了，还不时"哇哇"地感叹着。我问孩子们："谁能仿照诗文前四句的格式说说你还看到了什么？"有了视频和图片的铺垫，孩子们说了很多：蓝天飘着彩色的气球/天安门挂满红色的灯笼/广场挤满爱国的人民/花坛盛开美丽的鲜花/士兵迈着整齐的步伐/天空飞过威武的战机/夜空绽开五彩的烟花……最后全班一起齐读——十三亿孩子/欢庆这美好的日子/十月一日——祖国妈妈的生日。那一刻，孩子们凭借着集体的智慧，共同创作了一首属于自己的爱国诗篇，一起当了一回小诗人。

再如，学了《谁和谁好》，我让孩子们圈出每句的最后一个字，体会押韵的作用，再引导孩子们想象在学习生活中，在大自然里，还有谁和谁好？邵靖然写出了极具韵律美的诗篇："谁和谁好/鱼和大海好/鱼儿水中游/大海唱歌谣//谁和谁好/星星和月亮好/星星闪闪亮/月亮笑弯腰//谁和谁好/风和小草好/风儿拉小草/一起来舞蹈//谁和谁好/我和老师好/老师把课教，我们学习好。"这样举一反三的模仿，既能开启学生"异想天开"的想象力，又可以让他们学以致用，成功体验当一回"小诗人"的喜悦，可谓一举多得。著名语言专家张志公先生曾说过，模仿是学习的必经之路。让学生从模仿文本到运用语言，在语言实践中引发想象力，激发创作热情，他们会因快乐而写诗，因写诗而快乐。

四、改编课文——品尝童诗的味道

文学的世界是无穷大的，同样一个题材可能用不同的方式来表达。优美的课文本身就是一首动人的诗。教材中，有很多文笔优美，富有韵味的课文可以被用来进行有个性的诗歌创造。因此，在教学中，我试着让学生感悟课文诗的语言，品尝课文诗的味道。这样，这些"天生的诗人"才会迸发出创作诗的激情。如教学统编版二上《画家乡》，我以第一段为例，引导学生通过图文对照，阅读感悟，提取出段落语句，借助提纲进行童谣的改编，并直接在电脑中将文段改成童谣的形式，形象直观地教给学生具体的方法。接下来的几段改编，孩子们非常踊跃：我的家乡在海边/海是那么蓝，那么宽/一艘艘船上装满了鱼和虾//我的家乡在山里。山那么高，水那么清。房前屋后都是又高又大的树//我的家乡在平原/平原那么平坦，那么宽广/稻子金黄，棉花雪白，菜地碧绿/屋前有鸡、鸭，屋后有翠竹……在改编的过程中，我发现孩子们已经将情感融入内心，融入自己的语言体系中，他们的眼里闪动着诗的光芒。

五、放胆创作——漾起片片诗情

孩子们具有诗人的气质与情感，他们的世界就是一个诗意盎然的世界。因此儿童诗是孩子们心中的梦，它没有结构的束缚，没有主题的局限，里面有的只是天真无邪的童心、畅所欲言的童趣。在教学中，如果能紧紧把握读写结合，写作与生活相结合，让学生通过联想、仿写、改编，继而达到自由创作，诗情词意定能在学生的笔尖尽情流淌。学完以秋天为主线的统编版二上的第一单元，孩子们既感受到了秋天的美景，又体会了勤劳的人们的可爱；既积累了词汇，又产生了热爱大自然、观察大自然的兴趣。我让学生创编童谣《秋之歌》，他们编出了一首首可爱的小诗：秋天是蓝蓝的天空/秋天是凉爽的秋风/秋天是百花凋零/秋天是一片金黄。（宋嘉威）秋天来了，秋天来了/谷子说："秋天是黄色的。"/苹果说："秋天是红色的。"/梨子说："秋天是金色的。"/燕子说："秋天是彩色的。"（杨雅茜）……多么富有生命力的诗句啊！在孩子的眼里，生活是充满童话色彩的奇妙世界。

学完《称赞》一课，感受到称赞带来的神奇作用，于是我引导孩子们学会称赞自己身边的同学，并趁热打铁引导孩子们分享受到称赞的感觉。还陶醉于称赞之中的孩子们，小手举得高高的：称赞是开心果，它使人开心。（林晓萱）称赞是一道阳光，它使人的心里万里晴空。（骆培康）称赞是孩子进步时老师竖起的大拇指，它使人振奋。（谢成进）称赞是雨后的彩虹，它使我的世界变得五彩缤纷。（陈嘉新）称赞是一个打气筒，它使人充满力量。（黎颖欣）……此刻，我觉得孩子们不仅是诗人，还是一个个哲人，感受着称赞的快乐，体会着人与人之间的美好，学会做一个向善的人！

特级教师王崧舟说："儿童写诗，诗写儿童。儿童是诗，诗是儿童。儿童写下的，是诗一样的美好生活。诗写下的，是比诗更美好的童年。"而我的梦想，就是让孩子在童年打下诗意的底色。也许你和我一样不能相信，这些都是孩子们一年多的实践成果，孩子们还有了自己的诗集。我们看到的不仅是被童诗唤醒的儿童所散发出来的诗性光彩，更是他们爆发出来的创造潜能。诗是一颗有生命力的种子，让我们借语文课堂这块沃土，用想象和创意来浇灌它，让创想照亮课堂，让笔尖流淌智慧！

第三节　自主微课

如何提高学生语文素养，让学生在语文课上进行有效学习，达成语文教学目标，是一个值得我们去思考和探索的问题。在实际教学中，教师们往往只注重"听、读、写"的能力的培养，而忽视了"说"的能力的训练。学生"说"的能力欠缺，课堂上不主动发言，即使发言也存在声音小、表达不准确或人云亦云的现象。究其原因，一方面是学生不自信，怕出丑，缺乏主见；另一方面是教师过多的"讲"剥夺了学生"说"的权利，削弱了学生思考分析、表达交流的能力，学生只会被动接受。

如何能改变以"教师为主导，学生被动学习"的教学现状，以培养学生

"说"的能力为侧重点，在不断地潜移默化和熏陶感染中，促进学生语文素养的全面提升呢？终于，在一次语文学习中，我找到了答案。在学习课文《恐龙的灭绝》的过程中，学生对插图中恐龙的种类无法分辨，引发班上一阵热议，思硕同学跃跃欲试，于是我顺势给他一个"特殊"任务——中午回家仔细查找相关资料，下午再与大家分享。没想到思硕同学不负众望，利用中午查阅的资料，通过图文并茂的讲解解答了大家的疑惑。事后家长反映，他们从未见过他如此投入地去研究一个问题，他给家长的解释是："老师给我一个特殊的任务，我一定不能让大家失望!"就是这个自豪的任务成了他主动学习的动力。此后的语文教学中，又接连有多名学生主动申请要上台"讲课"，结果，我欣喜地发现：
"授课"学生的表现完全超出了教师的预料，课件精美，分析到位，表现大方。于是，"学生自主'微课'"活动就此展开。教学中，我缩短每节课老师"讲"的时间，还给学生"说"的机会，通过"学生自主'微课'"练习"说"，促进学生语文素养的全面提高。

"学生自主'微课'"，是在教师的指导下由学生当老师，利用课堂5到10分钟时间，由1到3名学生合作担任小老师，围绕语文学习的相关内容，上台发表对某一方面内容的所见、所闻、所思、所感，进而进行生生互动、师生互动的一种以学生为主体的互动式教学活动。"学生自主'微课'"的内容包括课文相关知识的介绍或赏析、单元主题资源的拓展、单元阅读书目的推荐、热点话题的探讨等，是对语文教学的辅助和拓展。近一年半的"学生自主'微课'"的实践，已实现了学生100%走上讲台进行自主授课和互动交流，全班共有 52 名学生。更可喜的是，教师授课时间的缩短，并没有影响学生的学习成绩，我所任教的班级语文期末成绩连续两个学期位居年级前列。总结实践研究，具有如下价值。

一、改变教学方式，推动课程改革

当前我国基础教育改革从"知识核心时代"正往"核心素养时代"前行，课程改革的六大目标之一明确提出：改变课程实施过于强调接受学习、死记硬背、机械训练的现状，倡导学生主动参与、乐于探究、勤于动手，培养学生搜集和处理信息的能力、获取新知识的能力、分析和解决问题的能力以及交流与合作的能力。

"学生自主'微课'"正是一改传统的以"教师为主体"的灌输被动式教学方式，而形成一种在教师的指导下以"学生为主体"的自主互动式教学形式。自活动开展以来，我放下对"完成教学任务""追求教学成绩"的束缚，摒弃教师"一言堂"的授课模式，本着充分尊重和相信学生的心态，放手让"课堂"变成"学堂"，把"讲台"变为学生的"舞台"，"授课"学生的综合素养在一次次大胆的展示和交流中得到提升，"听课"学生也表现得更加积极主动，一改课堂"死水一潭"的局面。例如，上《新型玻璃》这一课时，学生根据我公布在班级群的《学生自主"微课"内容序列表》的"授课"任务，提前一周进行申报，并与我进行研讨；然后通过自主学习研究"授课"内容，搜集整理资料，设计授课形式；最后通过反复练习，达到熟练表达。课堂上，"授课"老师讲玻璃的种类和特点，以抢答的游戏形式进行互动问答，还带来了自备的小奖品，激起了学生极大的热情，大家主动学习，积极抢答，课堂气氛瞬间被点燃，这样的课堂比起传统的更有魅力、更有效果。

二、落实立德树人，提升核心素养

《中国学生发展核心素养》（征求意见稿）提出学生发展核心素养，是指学生应具备的、能够适应终身发展和社会发展需要的必备品格和关键能力，综合表现为9大素养，具体为社会责任、国家认同、国际理解；人文底蕴、科学精神、审美情趣；身心健康、学会学习、实践创新。

"学生自主'微课'"以促进"说"为出发点，激发学生在教师的指导下进行自我体验、合作探究、展示交流，最终实现促进学生核心素养全面发展的目标，而不只是简单地让学生掌握书本的知识。在实践过程中，学生为了在老师和同学们面前有良好的表现，就必须在自主申报"微课"后，开始主动去阅读分析教学资料、搜集整理所需材料，纂写授课"教案"，制作辅助教学的PPT。在充分准备的基础上，大胆表现，互动交流，沉着应变。在整个活动过程中，"授课"者自信表现，激起听课者热烈的响应。这潜移默化地培养了他们的对任务的责任感，促使他们感受到了来自师生的认同感，提高了他们的学习能力和交际能力，加强了他们对学习内容、社会生活的理解和感悟，培养了他们健康高尚的审美情趣和个性品质，推动他们形成了良好的人格和关键的能力，全面提升了学生的核心素养。

三、连接课本内外，拓宽学习资源

"学生自主'微课'"除了分享交流课文相关内容，还促使学生阅读研究，挖掘和利用与"授课"内容相关的语文教育教学资源，优化语文学习的整体环境，建构课内外知识的联系，让学生在广阔的空间里学语文，用语文，潜移默化地增强了文化底蕴。如学习人教版四下《黄河是怎么变化的》，小老师从赞美黄河来导入主题，先诵读关于黄河的古诗词，再通过一组组收集到的黄河遭受的破坏数据和一个个触目惊心的画面，唤起同学们的惋惜和共鸣，激起了同学们保护母亲河的热情；又如学习了人教版五上第二单元，我们开展了"我爱故乡"的系列展示活动，有"故乡的月"诗词诵读分享，有"故乡的歌"思乡歌曲演唱，有"故乡的情"的共读好书——《城南旧事》的阅读分享等。可见，"学生自主'微课'"的内容与课文教学内容紧密相关，又辐射开去，让语文学习更加丰富、更有内涵。

　　开展"通过学生自主'微课'提升语文素养的实践研究"活动一年半后，我清楚地感受到了"学生自主'微课'"带来的关于语文学科教与学的改变。家长在班级群里看到学生"授课"的录像和图片，见证了学生能力的提升，学习态度的变化，在留言中表示："学生自主'微课'"的形式新颖，孩子们多了一个交流的平台，更乐于去表现自己了；这样的学习更有趣，孩子们能自主投入，积极思考，寻求资源，从中学到真正的知识；支持老师让更多的学生参与到"微课"学习中，勇敢大胆地表达对课文的理解和感悟，学会自主学习。

　　苏霍姆林斯基说过："要让学生带着一种高涨激动的情绪从事学习和思考，在学习中意识和感受自己智慧的力量，体验到创造的欢乐。"在"知识核心时代"逐渐走向"核心素养时代"的"后课改"时期，作为语文教育工作者，我们应该大胆改变教学的观念和方式，充分尊重学生在课堂中的主体地位，努力点燃学生学习的内驱力。我相信，只要教师敢于"还"给学生课堂舞台，学生一定能"上"有无限精彩！

第四节　自主预习

　　"学会学习"是《中国学生发展核心素养》中确立的六大核心素养之一。在关注"学生发展核心素养"的今天，课堂教学的有效性不但要使学生掌握知识，更重要的是使学生"学会学习"，使其获得能够适应终身发展和社会发展需要的必备品格和关键能力。课堂教学要在艺术上下功夫，同时也要加强对学生自习能力，特别是课前预习能力的指导。这是促使学生"学会学习"最重要、最有效的途径之一，其最大的好处是能有效地提高学生独立思考问题的能力，培养学生自己获取知识的习惯，同时也为老师提高教学质量做好准备。然而，在教学实践中，我们发现，大部分学生的预习是流于形式的，有的学生甚至根本就没有落实，对学习的内容半知半解或全然不知，因而也就造成学生在课堂上常常一问三不知，只能在教师的讲解下被动理解，教学效率低下，更谈不上推动学生学习能力的发展。

一、研究前测，精准施策

为了更有效地进行实践研究，我们制定《学生自主预习情况调查问卷》，借助"问卷星"软件对实验班级进行问卷调查，从学生对预习的认识，态度和方法，预习独立性和主动性等方面进行全面细致的调查，共有276人填写了问卷，回收率100%。其中，学生普遍认识到预习的作用和重要性，有64.8%的学生能做到老师没有布置也主动预习，但是问卷中也反映出了一些问题，如填写第6题：你预习时，父母会给予你指导或帮助吗？时，选择"经常会的"的同学只占37%；填写第7题：预习时，遇到不懂的问题，你是怎么做的？时，44%的学生选择"遇到问题做记号，上课认真听讲"，而查阅资料和请教别人的主动式学习占比较低；认为自己预习效果好的只占64%。综合问卷情况，我们得出以下结论。

（1）未养成预习习惯：老师不布置预习作业有的学生就不预习；有的虽然预习，但只是把课前预习当成是被动完成老师布置的任务。对于预习重视不够，没有形成习惯。

（2）不讲究预习方法：预习的内容偏重基础性知识的掌握，主要停留在预习生字、熟读课文、了解大意这些浅层次的学习上。对获取知识的过程不够重视，所采用的方法较单一，很少批注感悟、主动质疑问难、尝试解答课后问题，遇到不懂的，大部分学生只停留在为做记号的被动等待中接受知识的灌输，较少学生主动查阅资料。可见，学生课前预习的内容及方法还是处于被动的、表面的应付式状态。

（3）不注重预习质量：有的学生虽然有预习，但预习时不善于思考，有时采取的方法不合理，结果在课堂上抓不住重点，没有达到预习的效果。

（4）不善于合作学习：学生在预习中遇到问题不能通过同伴互助合作来解决问题，总是希望得到教师的帮助或借助于资料。这种被动等待答案的学习方式使同伴之间缺乏合作交流，也难以形成知识的碰撞，更难有思想的火花产生。

在充分分析研究调查数据的基础上，我们结合学生的实际情况，探讨研究，提出的初步对策是：

（1）通过多种手段来培养学生的预习意识；

（2）对学生进行预习方法指导；

（3）优化前置性学习内容的设计；

（4）关注学生的差异；

（5）注意与家长的联系，发挥家校教育合力；

（6）给学生创设合作学习的时空；

（7）通过多种手段激发学生的预习兴趣。

二、建构模式，不断深化

如何通过自主预习，提高学生预习的积极性和主动性，从而实现学生学习能力的提升和课堂教学效率的提高呢？我们提出了借助互联网的力量，构建"基于'学会学习'的小学语文'互联网+自主预习'模式"：

一读（初步感知课文）。制定学生语文自主朗读的标准，借助"小打卡"分享朗读课文的录音，进行师生、家长综合评分，从而有效落实学生对课文的初步感知，形成你追我赶的学习激情，学生一改以往爱读不读，无人在乎的现状，而因为这种直观可见可听的切磋学习、彼此竞争的互动学习，变得更加主动，更加积极，更加用心。这样的预习有温度、有感情、有趣味，无形中，学生对课文的感知基础就打牢了。

二想（深度理解课文）。教师提前根据学习内容设计有针对性的预习任务单，学生根据任务单有目的、有针对性地对课文进行深度解读，逐渐掌握自主预习的方法，形成自主预习的习惯。

三批（个性解读课文）。学生根据预习任务单，有目的地进行个性批注，提高学生自主分析研究，欣赏品评，查阅资料，个性化学习的能力。

四导（整体剖析课文）。学生结合自己对课文宏观结构的感知和微观细节的感悟，绘制课文思维导图，待上课与教师和同学进行合作交流，有效提高课堂学习的效率。

五听（预习巩固字词）。学生轮流担任生字词的讲解员并对全班进行听写播报，全班学生进行听写。第二天反馈听写存在的问题。变被动学习生字为主动研究生字，并提前发现问题，有针对性地避免生字学习中的常见错误。

23. 刷子李	
一读	熟读课文3遍，发送朗读录音在群里。
二圈	圈出文中生字，给课后生字注音组词。
三批	1.请画出课文的出处和作者。
根据	2.课文讲了一件什么事？
提示	3.画出描写刷子李技艺高超的句子，批注人物的特点。
批注	4.出描写曹小三的句子，批注描写的作品。
四导	画出本课的思维导图

17. 少年闰土	
一读	熟读课文3遍，发送朗读录音在群里。
二圈	圈出文中生字，给课后生字注音组词。
三批	1.作者是谁？查找相关资料。
根据	2.课文记叙了"我"和闰土发生的几件事？用小标题进行标注。
提示	3. "院子里高墙上的四角的天空"是什么意思？
批注	4.闰土给你留下什么印象？请画出相关语句，进行批注。
四导	画出本课的思维导图

三、效果调研，反思总结

经过两年的实践，98.5%的家长认为该模式提高了孩子预习的积极主动性，具体反馈情况如下所示。

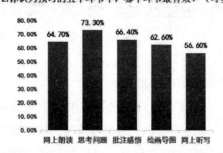

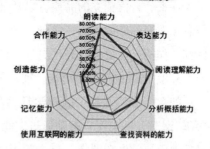

4.该模式对孩子哪些品格的形成有促进作用？

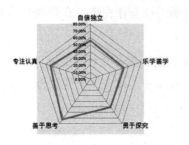

5.该模式对以下哪些关系有促进作用？

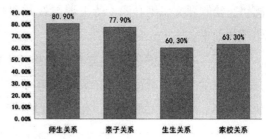

综上数据，可见实验效果明显，达到了预期的研究目标。

1. 发挥互联网强大功能，改变了传统低效的预习模式。

传统的预习基本流于形式，学生学习的积极主动性没有被调动起来，本研究通过借助互联网构建的预习模式，有效指引学生进行预习，提高了学生预习的积极主动性，让预习落到实处，更好地为高效课堂学习做准备。

2. 激发学生主观能动性，落实了学生核心素养的培养。

对于新时期的学生而言，互联网已经不是一个陌生的环境。对比发现，开展课题研究的班级较其他平行班，有效借助了互联网进行预习的分享和交流，既培养了学生适应信息化时代的发展，同时也激发了学生的学习热情，激活了学生的思维，释放了学生的潜能，促进了学生的个性发展，树立学习自信，使学生逐渐掌握了自主预习的方法，形成了自主预习的习惯，提高了自主预习的积极主动性，从而提升了学生的核心素养，培养了学生好学善思、专注认真、勇于探索、自信独立的品质，以及推动了学生获得主动适应"互联网+"等社会信息化发展趋势的能力，实现了课堂教学效率的提高。学生学习整体主观能动性和合作探究性更强，表现更加自信向上，教学效率更佳。

3. 优化课堂教学的前奏，推动了基础教育的改革创新。

如今"翻转课堂"的教学日趋流行，"互联网+自主预习"可以说是实现"翻转课堂"的前奏，教师通过它能及时有效地了解学生的预习情况，从而有针对性地引导学生在课堂上自主学习、合作探究，答疑解惑、运用知识等，从而优化课堂教学效率，达到更好的教育效果，也为进一步深化教育教学的改革和创新，探索新型的教与学的方式提供丰富的实践经验和研究案例。

4. 加强家校双方的合作，适应信息时代发展值得推广。

本课题研究，联合家长的力量，借助互联网及时对学生的预习现状进行交流和分享，能直接地促进家长了解学生整体学习的动态和水平，激起家长和学生对家庭学习的重视，促使学生掌握自主学习的方法，养成自主学习的习惯，有效促进师生关系、亲子关系、家校关系的融洽，是家校教育合作简单易行、行之有效的方式。

部分家长的实验感想如下。

互联网下的小学语文预习模式思考与感想

弹指之间，六年一晃而过，孩子即将结束小学六年学习生涯迈入初中。俗话说：良好的开始是成功的一半，非常幸运的是孩子在六年的语文课程学习中遇到了不少的良师益友，他们引导他从最初的懵懂无知变成如今的爱阅读、爱写作、爱思考，带着一种以兴趣探索求知的态度学习语文。作为家长，我觉得这与当初他在四年级爱上伯乐——成时娟老师积极推广的"互联网+自主预习"学习模式密不可分，下面是我个人对以"互联网+自主预习"模式学习语文学科的几点思考与感想。

利用网上APP初步朗读感知课文是预习的首要条件：童年时期，自己对于学习语文最深的记忆就是每天早上大声朗读课文，在那个无电子产品的年代，对着课本认真地朗读让我倍添自信与愉悦。在今天的新时代，孩子的学习模式显然更进一步，从四年级起，孩子在成老师的大胆创新推广下开始使用网上APP每天朗读课文，先初步感知课本内容，及时发现遇到不懂的词句并批注，还将每天朗读的录音文件发到学习QQ群，让同学家长互相学习监督，由老师给出针对性意见与指导。这个模式自推广后，每天的课文朗读成了孩子的良好学习习惯，并一直保持至现在。坚持不懈的网上阅读让孩子在自主地去学习课文上迈出了重要的第一步。

利用互联网探索深度理解课本知识点让预习更有趣。当今的互联网就是一个万花筒，大至世界小至蝼蚁的知识无不涵括。对于孩子来说，课本的字面课文已远不能满足他们对课文的作者、出处、词句深意等更多的求知欲，从而他们会借助互联网去探索更多与课文相关的典故或词句。加深对知识点、难点的理解，让预习变得更具趣味性，不再是以往枯燥的条框对号入座预习提纲，让孩子更主动、更开心地去学习，也让家长能引导孩子将互联网作为有利的学习工具，而不是谈"网"色变。

　　"互联网+自主预习"让孩子学习成绩稳步提升。当今，语文学科的应试考核更多的是检测学子的综合分析理解能力、读写能力以及概括能力，光靠死记硬背学习语文已成为过去式，互联网的学习模式令孩子能通过自己的感知、感悟动手、动脑结合课文知识与网上理论去绘制课本立体思维图，深层次分析理解知识点并能学以致用，兴趣是学习的最好动力。正因如此，我家孩子的语文成绩一直保持稳中有升的态势，阅读、写作已成为他日常的行为习惯。

　　"互联网+自主预习"让孩子与家长的亲子关系更融洽。在我家中，我每次晚饭后与孩子散步的时候必是谈古论今，孩子最感兴趣的话题是历史、名人传记以及天文地理知识。作为家长，在陪伴的过程中我深感孩子在不断地成长，他的知识面在不断拓宽，求知欲不断加强，一个好的学习模式培养了他好的学习兴趣、习惯。我深感荣幸他在学习生涯中能得到良师的悉心教导，我相信这些年的学习模式将会使他在今后的学习、工作、生活中收益良多！

　　腹有诗书气自华，读书让人学会思考，能够享受到一种灵魂深处的愉悦。或许我的孩子将来未必是一位特别优秀的人，但我相信爱读书的人，往往活得很高贵！

曾泓豪家长

"互联网+自主预习"随感

　　四年级的某一天，文静的女儿突然告诉我："妈妈，我们成老师的教学方法很有趣……"一场有趣的聊天就此开始了。她兴奋地摇着她的小脑袋告诉我："老师让我用手机！她还要我收集问题。此外我可以在本子上随意画自己想画的画，还可以在电脑里做微课，很多很多好玩的。"

　　手机！这么小用手机吗。我心里始终忐忑不安，手机在她手里能控制好吗？几个月观察下来，我发现她非但没有被手机牵走她的心，而且因为学习群的同学们你追我赶，小家伙朗读的声音越来越甜美，朗读的节奏感非常有律动，老师在这个过程中也不停地适时给她们指导和鼓励，一股朗读之风就这样在班上盛传着，不再停止，一年下来，坚持朗读的她有了非常良好的阅读习惯。

　　读书仅是前奏，后续还有问题收集、问题讨论。他们经过反复的朗读，心里已经对老师布置的学习任务有了初步的理解，处理起来游刃有余，下笔的速度和准确率也跟着大大提高了。

以前不爱画画的小家伙，这一年画功大涨，我好奇地翻看她的作业，发现原来促使她爱画画的居然是语文作业的思维导图。可别小看这幅小图，它里面充分体现出景淳小同学对课文的理解程度、课文中心思想的掌握程度，文章结构的学习能力，这对她写作思维的训练有着不可估量的帮助。画思维导图之余，景淳还获得了做微课的机会，我与她一起在多媒体里寻找名著的各种资料，并把它们都简洁概括地做成了精美PPT讲稿。全班同学轮流讲述自己收集的各种微课知识，长期下来，除了课本里的知识，同学们获得了非常丰富的课外知识，打破了人们常说的在学校里只能学习课本知识的说法。

沉闷的听写如何才能更有效？她的语文老师借助同学和家长们的积极性，天天举办听写运动会，把听写的自主权留给我们的小主人公们，同学们轮流当主播，家长们当裁判，每天晚上总结听写上传的情况，及时反馈各位同学的听写质量，最后老师来监督并辅导听写质量不好的同学，小家伙每天都准时交上了满意的答卷。

一年下来，我发现这套学习方法让景淳的语文水平一直保持在非常稳定的状态里，而且对语文学习的兴趣日益增长。总结起来，这套方法为：一读（初步感知课文）、二想（深度理解课文）、三批（个性解读课文）、四导（整体剖析课文）、五听（预习巩固字词）。现在她学任何学科，都会套用这套学习方法，而且也都受益匪浅，每次拿着优秀的成绩单，都自信满满的。

学习兴趣的培养，有赖于一套良好的学习方法，这套学习方法让同学们可以与时俱进，合理地利用互联网自主学习，大大减轻家长的监督负担，也让孩子的学习思维上到更高的层次。

愿这套方法让更多的同学受惠。感恩成时娟校长的用心培育，感恩在她最关键的年级遇上名师指导！

杨景淳家长

谈"互联网+自主预习"的学习模式

互联网技术，在当今的社会，已无处不在，已渗透到各个行业。"互联网+"

也无疑在教育领域带来了一场前所未有的变革。很幸运的是，我与女儿及老师们一起参与了"互联网+自主预习"的学习模式。经过两年的学习，这种学习模式已使我们在不知不觉中养成一种良好的学习习惯，孩子的自主预习、主动学习能力大幅提升，同时也拉近了家长与学校、老师及孩子们之间的距离，在互动学习中，孩子们能健康、快乐地成长，是我们大家共同的愿望。下面就将自己的几点体会与大家一起分享，希望这种新的学习模式，能让更多的孩子受益，开启孩子们的自主学习模式，增强孩子的学习主观能动性。

　　"互联网+自主预习"的学习方式，和以往的相比，我最大的感受就是，孩子们学起来更轻松，也易懂。从小学四年级开始，她的班在语文教学中创新引入"互联网+自主预习"的学习模式。老师制定一套自主朗读的标准，孩子们借助学习APP分享课文的录音，由家长评委进行网上互动和综合评分。通过这种网上互动学习的模式，孩子对课文学习基本上都已掌握。为了更深度理解课文、解读课文，老师们还根据学习内容，在QQ群上设计有针对性的预习任务，孩子们直接在线提交学习任务，同时有目的地对课文进行个性批注；完成个性解读后，老师还引导学生们把对课文的宏观感知和微观感知绘制成课文思维导图，以便上课时与老师、同学进行汇报交流。掌握了课文的预习方法，老师还创新字词听写的预习方式，由学生每天定时在QQ群中播报已录制好的听写字词，全班在网上听写并拍照上传听写情况，由播报的学生家长负责互动点评并于由播报的学生于第二天反馈同学们听写存在的问题。通过以上的"一读、二想、三批、四画、五听"的自主学习模式，孩子们利用网络提前预习和自学，提前熟悉课堂知识，只要有网络的地方，孩子就可以进行自主的预习，家长也能参与到孩子的预习当中。长期坚持，自然就形成自主学习的能力，也不用再监督孩子们，那是一种发自内心地想要学习的渴望。

　　语文综合素养能力提升。通过"互联网+自主预习"，孩子们不但爱上了这种学习模式，还爱上了朗读。短短1年多的时间，我家孩子读了700多篇精美诗歌和散文，从老师推荐的启蒙诗——金波的《绿色的太阳》读起，随后到《诗经》、冰心的《繁星·春水》、泰戈尔的《飞鸟集》、莎士比亚的抒情诗，再到现代诗歌和散文。在朗读中，孩子们学会边读边理解欣赏这些文学作品，获得一种审美感受，品味作者的写作用心，领略作品的精妙。在朗读中，这些有益读物及时调整了孩子生理和心理的需要，对他们的观念、性格、情感健康成长带来很大的帮助。孩子们在诵读中感知丰富的语言，不知不觉中培养和提高阅读理解能力和写作能力。

寓教于"趣"，提升学习积极性。兴趣是最好的老师，对小学的孩子们而言，他们主要凭感性来学习，他们学不进去，听不进去，往往是因为学习的过程和内容不是他们感兴趣的，他们觉得是被迫做别人要求的事；而"互联网+自主预习"的教学方式，能够引起孩子们的新鲜感和惊奇感，能真正调动学生内在的积极性。记得在以前，语文课是我家两个孩子最不感兴趣的学科，他们课上怕回答问题，阅读能力差，最怕写作文，但通过网上朗读、线上制作微课PPT和在线解答课文任务，线下自主剖析课文、制作课文思维导图，现在语文课已是她们最喜欢的课，语文老师也是她们最喜爱的老师。寓教于"趣"、寓教于"爱"，提前让孩子们活跃思维，诱发孩子们的兴趣，满足孩子们的娱乐、求知需求，这才能让孩子们真正从心里爱上这门学科、学好这门学科。

通过"互联网+自主预习"的学习模式，轻松让孩子们养成自主学习能力，一个人一旦习得这种自主学习的模式，会终身受益。他越学越发现自己的差距和不足，继而更想加足马力。所谓"活到老，学到老"，就是这个道理。一旦养成自主学习的习惯，终身学习的模式也就开启了。希望"互联网+自主预习"学习模式，能让更多的老师、家长及孩子们获益，能让孩子们在互动教学中更好地健康成长。

张荞乔、张倩茜家长

谈"互联网+自主预习"的学习模式有感

当今的时代是互联网时代，任何行业都脱离不了互联网。传统教育也无可避免地受到互联网的影响，传统教育必须主动拥抱互联网，与互联网相互配合，才能取得更好的效果。如今，互联网教育的思想越来越普遍，学生们如何从传统教育跨到互联网教学也是所有家长所关心的。在四年级的时候，我们的孩子有幸能遇到成老师。在成老师的与时俱进、创新思维的影响下，孩子们共同学习，共同成长，共同进步，如今孩子们逐渐形成了创新的"互联网+自主预习"的语文学习习惯，这种"一读、二想、三批、四导、五听"的学习方法逐步使孩子自主、循序渐进地学习掌握了大量的语文知识。通过孩子的学习语文过程的前后对比，我们可以明显地感觉到孩子的变化，感触颇深。

一读：在此以前孩子也读课文，一般是放学作业，课文读五遍，家长签名，也有效果，但是在这个过程中孩子是被压迫着完成作业的。在借助互联网手段，运用学习 APP 后，孩子明显由被动转化为主动，不但积极地读已学内容，还超前读未学的课文，读完后积极分享自己的朗读录音，让其他同学、家长点评，同时也积极听其他同学的朗读，想想哪里好，哪里不好。家长听到孩子的录音，配上美妙的音乐，仿佛听到电台的天籁之声，又若听到熟人在娓娓道来。孩子们听到自己的声音以这种形式发出，也时常自我陶醉。为了在其他同学、家长面前展示好的一面，孩子经常是反复录读若干遍，选择感觉最好的上传。每天不同的家长评委根据评分标准尽心竭力地评判，进行网上互动。

二想：孩子根据成老师发布在班级 QQ 群的作业，直接在 QQ 群在线提交完成情况。这些作业是成老师精心设计的。有针对性的预习任务单，促进了孩子对课文的深度理解。

三批：孩子根据 QQ 群发布的预习任务单，有目的地进行个性批注。孩子天生爱画画，爱五颜六色的图画。这时候就是孩子发挥个性，不拘一格的标注的时候了。每种颜色都有孩子自己的特定的意思，好像达尔文密码，课文中每个句子，每个词语顿时有了颜色，有了生命的注释。

四导：思维导图是当今世界上极力推崇的，最好的理解、记忆工具，现在孩子用的就如他们自己日常普通的学习工具，将神奇的工具化为孩子能够熟练操作的技能。孩子们结合自己对课文宏观的感知和微观的感悟绘制课文思维导图，一篇课文，有着一幅幅不同的思维导图。这好像是在画画，画中有诗，画中有意。上课时，孩子们进行汇报交流，还用了 PPT 展示、演讲。

五听：孩子以前讨厌家长听写，家长也没有耐心给孩子天天听写。孩子自己默写，偷看，草草交差。如今孩子们轮流担任生字词的讲解员并利用手机自带录音软件进行听写播报，听写后拍照上传听写情况，由主播学生和家长负责互动点评并由播报学生于第二天反馈听写存在的问题。孩子开始喜欢这种方式，她喜欢以像小主持人一样的身份帮别人听写，也喜欢自己的同学给自己听写。水滴石穿，孩子现在掌握的字词比以前多了很多。

以上是教育的创新尝试，大大加强了学生预习兴趣。凡事有利就有弊，随着现代智能手机的发展，越来越多的孩子沉迷于网络游戏。使用手机学习也暴露了种种问题，老师和家长要加强对学生使用手机时间的控制，要有度。

王思懿家长

"互联网+自主预习"的学习模式

孩子在就读小学四年级时，有幸遇到了研究创新教学理念、勇于尝试结合现代人的主要沟通工具"互联网"来自主预习学习语文知识的成时娟老师，孩子树立和开启了全新的学习理念和模式。

新课还没上之前，孩子借助学习软件 APP 分享朗读课文的录音，由家长评委根据评分标准进行网上互动和综合评分。孩子只有熟读课文，才敢于分享。老师根据学习内容设计有针对性的预习任务单发布在班级 QQ 群，孩子直接在 QQ 群提交完成作业，并根据 QQ 群发布的预习任务有目的地进行批注理解。综合对课文的感悟，绘制课文思维导图，上课与老师和同学进行汇报交流，轮流担任生字词的讲解员并利用手机自带录音软件进行听写播报，全班学生进行网上听写并拍照上传听写情况，由主播学生的家长负责互动点评并由播报学生于第二天反馈听写存在的问题。

通过这种教学模式，孩子的自主学习能力得到很大的提高，对语文学科的学习兴趣更浓厚了。她感觉是在一步一步做游戏，每个同学还有机会担任小老师。轮到她来当播报员时，我和她是同样兴奋紧张的。在约定的傍晚时间段，只见她打开班级 QQ 群界面，对着手机的录音功能，大声清晰地朗读三遍生字词，随即就有同学们陆续拍照发来的听写作业照片，我对着课本开始逐一仔细检查同学们的对错情况。这让我也体验到了当老师的不容易，教师是良心职业，容不了半点疏忽和敷衍。孩子很开心我能参与到她的学习当中，我们的共同话题多了起来，她也很乐意告诉我学校发生的各种有趣的事情，我们之间没有了所谓的代沟。

这种教学模式让孩子学会了利用"互联网"工具收集整理信息，分析理解能力得到了提高。我原来一直担心孩子通过手机玩游戏，没想到手机变成了辅助学习的工具，并且孩子利用课外时间做了深度预习，变得能够很轻松地掌握老师的上课内容，孩子的学习兴趣空前高涨。

我们现在正处在变革、日新月异的大时代，孩子通过"互联网"能查询学习各科知识，包括生活常识等，不懂就去百度已经是他们都会的小儿科。怎样让孩子绿色上网，不沉迷网络，是当今社会大环境、学校、家庭都需要深思的问题。

胡小满家长

"互联网+自主预习"模式有感

自从班级开展语文"互联网+自主预习"的教育之后，其通过一读、二想、三批、四导、五听等互联网的学习流程使课堂教学变得更高效、更有趣，这种新奇的教学方式使孩子对学习充满探索的欲望，真正成了学习的小主人。

我觉得该模式改变了以教材为中心的满堂灌，激发了孩子主动求知，自我创新的精神，同时也促进了孩子其他语文素养的提高，使孩子的读写能力、收集整理信息的能力、分析理解能力、概括能力、演讲能力和亲子关系都得到了相应的提高，每天孩子一回到家就会绘声绘色地向你讲述学校的所见所闻，叙述过程条理清晰并附带自己独特的见解。孩子学习时，一整套流程下来也不会觉得厌烦，不得不惊叹"互联网+自主预习"的教学让孩子发生的变化是如此的惊人，真正做到了自己是学习的小主人。

真正的教育并不是追求学会多少知识，而是学习一种思维方式，培养一种好的学习习惯，这样孩子长大后才能根据自己的意愿去学习和掌握东西。"互联网+自主预习"这种模式恰恰培养了孩子拥有终身学习和独立思考的能力，这样的好方法定会让孩子终身受益！

陈彦再家长

谈"互联网+自主预习"的学习模式

如叶圣陶先生所言，阅读和写作都是人生的一种行为，凡是行为必须养成了习惯才行。阅读和写作的知识必须化为习惯，在不知不觉之间受用它，那才是真正的受用。

更如成时娟老师殷切寄语：语文学习应该有大语文学习观，在保证完成作业的前提下，要多涉猎不同类型的书籍。只有一个心怀天下，综合历史的孩子才有可能成为有思想的人。

严师出高徒！感谢成老师的专业策划和精心设计，自四年级起，为了提高学生的自主学习能力，（1）班的孩子在老师的指引下循序渐进地实践和完善了"互联网+自主预习"的学习模式：一读（初步感知课文）、二想（深度理解课文）、三批（个性解读课文）、四导（整体剖析课文）、五听（预习巩固字词）。此项语文教学改革措施，让孩子及家长都受益匪浅。

其一，通过推行该模式，孩子们的自主学习能力得以显著提高，纷纷变被动学习为主动学习，逐步减轻了对家长和老师的学习依赖。这为孩子们由低年级的学习模式顺利过渡到高年级的，做了非常好的铺垫，具有重要的意义，甚至促使班里的"小调皮"省悟，开始变得专心听讲，不再随意捣乱，有效提升了整体听课质量。

其二，"互联网+自主预习"模式在有效完成课前预习的同时，有力促进了学生其他语文素养的提高，如听说读写能力、收集整理信息的能力、分析理解能力、概括能力等。为全面锻炼孩子的学习能力，持续提升语文素养，成老师更是想方设法鼓励学生结合课堂内容开展"课前微课"活动。四、五年级的孩子自编主讲的微课主要有：2014感动中国十大人物之一、小鹿斑比、世界奇观地理篇、小王子、长城、中国世界遗产、我的阅读故事、父与子、抗美援朝等。课题丰富、形式多样，生动有趣，寓教于乐，深受孩子们的喜爱。另外，上台演讲非常考验孩子们的知识积累、策划能力、逻辑思维能力、语言组织能力、应变及控场能力等，还有站姿、手势、语调、关注等技巧。演讲力=影响力=软实力，长大以后也非常有用，可谓影响深远。

其三，该模式对于改变学生的学习兴趣、学习积极性，修复和改善亲子关系等方面具有极佳的促进作用。例如，逸非曾参与听写播报，为了做到语速控制得当、咬字准确、语感恰当，在总结分析早前同学经验的基础上，她认真严肃对待，硬是在19点前反复录了不下五遍，直到满意才发到班级群，供同学们听写。由此，她也学会了换位思考，尊重别人的劳动，她深刻明白有些看似再简单不过的东西，其实背后蕴藏了不为人知的巨大努力。当其他同学播报时，她亦书写工整，努力提高听写准确率，减少他人复核纠错的工作量。同时，逸非多次报名参与微课展示。为做到尽善尽美，她邀请我们协助她查找参考资料，帮她美化 PPT 图文及播放切换效果。全家非常支持，鼓励她先在家里试讲，并拍下视频让她回看，让她发现自己的问题点，然后我们适时给予改善建议。通过多次演练，逸非最终战胜自己，声音大了一些，且做到脱稿讲解，受到老师表扬。

感谢家校互联教学活动的深入开展，让逸非明白了随时随地积累学习素材的重要性，开阔了视野，增长了知识，学会了担当，敞开了心扉。更可喜的是，小任性小叛逆收敛了不少，她与爸爸妈妈的互动和知心谈话也慢慢多了起来，并能理解父母工作繁忙的不易，主动承担一些力所能及的家务活。

学习成长在于每一个细节：心存敬畏，心怀感恩，将重复的事规律化，不断分析提升做到极致，同时，勇于创新，积极进取，大胆尝试。

愿孩子们秉承"互联网+自主预习"学习模式的精神和坚韧之心，有思想、爱语文、乐写作，长大后争当国家栋梁，回报老师、回报学校、回报家庭、回报社会。

在此，再次感谢成时娟老师对所有孩子的谆谆教导和无私大爱！

华逸非家长

谈"互联网+自主预习"的学习模式

在信息化时代，互联网已改变了人们生活的方方面面，衣食住行，从工作到学习。我的孩子也是互联网学习的受益者，感恩孩子在学校里遇见了恩师——成老师。

成老师的教学里，大胆地提出了"互联网+自主预习"的学习模式：一读（初步感知课文）、二想（深度理解课文）、三批（个性解读课文）、四导（整体剖析课文）、五听（预习巩固字词）。作为家长，我深深认识到学习方法的重要性，好方法能让孩子抓住重点有效地学习，好方法养成好习惯，下面是我对这种学习模式的体会与感想：

我的两个孩子胆量都很小，说话声音也特别小，虽在课堂上能认真听讲，但从来没有主动举手回答问题，更没有与老师或同学一起互动讨论。但在"互联网+自主预习"的学习模式中，她们的自主学习能力及胆量大大地提高了，同时养成了每天坚持阅读与朗读的好习惯。借助学习 APP，大声并有感情地朗读课文，上传录音到群里，让全班同学及家长们聆听，通过评分，接收建议，改正不足，每天一点一点地进步。借助互联网朗读，她们养成了每天坚持朗读及阅读书籍的习惯，每当她们读到一篇美文时，她们会朗读并录下来发到群里，与老师、同学们分享，这让她们发现自己的声音原来是那么的动听，增强了自信心。

"微课"也是通过互联网学习的方法之一，孩子从互联网、书籍或报纸杂志寻找题材，自主完成课件选材、收集资料、整理分类、编辑 APP 课件及台上演讲这一系列的工作。"微课"使孩子们在学习知识的同时，锻炼了思维能力、独立能力、表达能力。"微课"题材不局限于课本上的知识，孩子们整理的微课题材多姿多彩，包括天文地理、神话故事、历史、国家军事、时事新闻等，让全班同学了解多方面的知识，开阔视野，受益匪浅。

互联网让学习不再局限于课室与讲台，在 QQ 群发布预习任务单，孩子们在线上完成并提交，老师在线上完成批改，提高效率。同时，互联网让每位孩子都能在 QQ 群里担任"小老师"进行听写训练，其他孩子根据"小老师"的语音完成听写作业并自行批改上传，由家长评委统计出错得较多的字词，第二天由"小老师"反馈问题。这种方法不但效率高，而且让孩子们在熟悉字词的同时，能及时了解错得较多的字词，以便改进掌握。

预习模式中的思维导图让家长们称赞不已，为了能够更好地理解课文，整体剖析课文，推行绘制思维导图的方法，效果非常好。思维导图是有效的思维模式，应用于"记忆、学习、思考"等的思维"地图"，能成倍提高学习效率，更好地将知识在大脑里整理、理解及记忆，激发联想与创意，让学习不再是死记硬背。

成老师的授课大胆创新，借助互联网的优势，渐渐改变了传统的授课模式，让孩子们在家里也能自主学习。线上线下有效组合，孩子们在创新的教学理念与方法下，学习的主动性及积极性得到飞快提升。在以往的教学里，可能有些家长把学习的事情都交给了学校及学生本身，自己却置身事外，就会问："作业完成了吗？"而对孩子这学期所学的知识一概不知，也不清楚孩子的学习情况与对知识点的掌握程度。但通过"互联网+自主预习"的学习模式，老师、家长、学生都能参与其中，家长不但了解到自己孩子的学习情况，同时对班级的每个同学也有一定的了解，可以及时与老师、孩子沟通，共同进步；孩子们感受到父母对自己学习的重视，激发自信心，对学习的兴趣会越来越浓厚。

　　总的来说，"互联网+自主预习"的学习模式提高了孩子们的听、说、读、写、阅读、分析理解、整理概括的能力，在今后的教学里是非常值得推荐与运用的。当然，互联网也存在一些弊端，处理不好会产生不利的方面，如玩游戏等。现在孩子们的自控能力还是较弱，作为家长我们要当好孩子的引路人，必须以身作则，让孩子正确运用互联网，积极利用互联网的现代化好处，对孩子们加以引导，监管好孩子使用手机或电脑的情况，让学习事半功倍。

魏毓贤、魏毓莹家长

"互联网+自主预习"学习模式的感想

　　五年级时，梁允正由前山小学转入十九小学就读，作为家长我们很担心孩子换了新的学习环境会不适应。开学后，通过几周的学习，我们的担心完全消散了，允正已顺利地融入新的学习环境，适应新老师的授课模式，尤其是语文课的"互联网+自主预习"学习模式，允正很喜欢，它能积极调动孩子自主学习语文的兴趣。

　　建立语文学习QQ群、每个同学朗读预习的新课文并用手机录音发送到学习群，家长综合评分，老师、家长和同学自己随时点播了解每个同学的朗读情况，这清楚地展示了每个同学对生字词的掌握、语文基本功的熟练程度及个体差异，无形中形成了你追我赶的学习氛围。通过预习朗读课文，孩子会养成主动思考的好习惯，提高了孩子的分析理解能力、概括能力。绘制思维导图也是有效的预习方法，因为孩子们对新课文的框架有了大概的了解。

　　孩子对语文感兴趣的还有课前微课环节，争做小老师。孩子根据课文内容自己争取开展微课机会，时间小于5分钟。允正争取到《达尔文的进化论》一课，于是独立地通过书籍、网络搜集资料，制作PPT，课前熟练演示，课中精彩地向同学讲解自己的微课。同学们通过允正的讲解，对这堂课的知识有了基本的掌握，接着在老师的进一步讲解下有了更透彻的理解。这样的教学模式提高了孩子的实践能力和自信心，令人印象深刻，形式新颖，不局限于老师在讲台上讲，学生坐着听。微课，提高孩子们的收集信息理解能力，主动思考及写作能力。孩子们处在多元化网络信息时代，有更广阔的渠道接触知识。

新课文听写生字、组词由一人录音，在规定的时间播放录音进行听写，拍照上传QQ群进行评分，这种学习方法很好地调动了每个孩子的学习兴趣，被老师指定进行录音的同学，都觉得很幸运，因为不用听写，只需要汇总同学们的错误，第二天反馈。有一次是允正录音，回家后先练习读几遍，自己满意后再找一个安静的房间去录音，整个过程他都很积极主动，兴趣浓厚，期待下次再被老师指定去录音。不用家长督促，孩子知道在哪个时间段按时完成老师布置的作业，学生和家长都参与作业的质量观察，家校合作，老师与家长的互动使他们更好地了解学生的在校学习与生活。

先进的互联网给我们的学习和生活带来不一样的体会，也充满了很多诱惑，在孩子们查阅完相关资料后，不能任其浏览网页，我们家长要做好监管，保证孩子绿色上网，利用好互联网带给我们的便捷。

梁允正家长

一个时代一种教学方式，在倡导"互联网+教学"的热潮中，我们努力实践，开拓创新。而今，在"双减"政策的指引下，"课业负担"方面出现了一些新的要求，为此，我们也需要紧跟时代，让教学方式方法也随着要求转变，但，万变不离其宗，那就是以生为本，为促进学生的终身发展奠基。

第五节　阅读策略教学

为提高学生的阅读效率，培养学生运用阅读策略的意识和基本能力，统编教材从三年级开始有目的地编排了四个阅读策略单元：三年级上册，预测；四年级上册，提问；五年级上册，提高阅读的速度；六年级上册，有目的地阅读。这样的编排对于促进教师教育观点和教学方式的变革，对于改变长期以来学生被动学习的状态，让他们成为更加积极、主动的阅读者，都发挥着极其重要的作用。"阅读策略单元"编排了"单元导语""教读课文""自读课文""语文园地"等课程内容，且不同的内容体现其不同的教学价值："单元导语"对整个单元的学习内容和学习要求进行了明确；"教读课文""自读课文"用以学习和运用阅读策略；"语文园地"中的"交流平台"对阅读策略进行梳理和总结。涉及内容均围绕"阅读策略"展开，并循序渐进地培养学生的阅读能力。我们以统编版三上"预测"阅读策略为例做简单说明：

单元导语——明确单元学习内容及要求。

教读课文——编排《总也倒不了的老屋》一篇课文，用以结合旁批、课后活动，学习"预测"的阅读策略。

自读课文——编排《胡萝卜先生的长胡子》和《小狗学叫》两篇课文，教学中主要引导学生"用策略阅读"。我们可以鼓励学生"一边阅读一边预测""验证预测的准确性""交流阅读经验""开展实践活动"等，以促进学生逐步养成"边读边预测"的习惯。

交流平台——对"预测"这一阅读策略进行梳理总结。

一个单元的教学结束，学生在教师的引领下，经历"学习策略—运用策略—梳理总结"三个逐步提升的过程，"预测阅读策略学习体系"就这样形成了。

一、策略解读及教学建议

策略一：预测

预测是指学生根据一定的线索，有依据地对文本的情节发展、人物命运、作者观点等方面进行自主假设。寻找文本信息，验证已有的假设，如此反复，不断推进阅读，教材将这种无意识的阅读心理转化为一种有意识的阅读策略，有利于激发学生阅读的初始期待，并调动先备经验，促进学生积极主动地思考，提高学生在阅读中的参与度，促进其对文本的理解。在预测的过程中，学生既是阅读的积极参与者，又是阅读过程中的发现者和创造者，体验到阅读的趣味和快乐。

教材对预测的学习做了有层次、有梯度的安排。作为第一个策略单元，预测单元的教学首先要改变常规的教学思路，不能像普通单元那样进行教学。预测单元的教学，从严格意义上说，应该给学生陌生化的文本，所以配套的教师教学用书提示教师不要让学生预习。但是，学生拿到语文课本后，往往会迫不及待地从头到尾读一遍课文。所以我们教预测单元的时候，很可能有一部分学生已经读过课文了。针对这种情况，这一单元教学要先了解学生的学习情况。课前我们可以问学生是否读过课文，如果有部分学生未读，教学的时候就可以一边读一边停下来，让那些未读的学生说说后面会发生什么，然后再追问已经读过的学生。学生可能还记得，也可能忘了，那就让读过和没读过的学生进行交流，营造互动交流的氛围。当然，也有可能全班学生都读过课文了，那就可以让大家进一步去预测。因为，教材的编排也给读者留下了预测的空间。《总也倒不了的老屋》有意省略了熊宝宝向老屋请求住一个冬天的情节，为学生展开预测留下了空间。《胡萝卜先生的长胡子》省略了故事的发展和结局。《小狗学叫》省略了三种可能出现的结局，学生对每一种结局的预测，都可能与原文迥异，同时也意味着故事还可以有四种甚至五种结局。

作为第一个策略单元，预测单元的教学首先要改变常规的教学思路，不能像普通单元那样。我们不能把策略当作知识来教，要重视学生自主的阅读实践，让他们有真实的阅读体验和感受。教材编排的旁批，是用来启发和拓展学生的思路的，不要让学生一边读课文，一边读旁批，使学生丧失思考的空间和预测的乐趣。学生要在有阅读体验的基础上，再去了解别人是怎么预测的，通过讨论、比较和交流，最终掌握这一策略。

策略二：提问

提问是指提出问题，是人类获取新知的基本手段之一。当下，提问单元教学存在的最大问题是，提问不是从学生的思考探究和真实的学习需要出发的，而是学生迫于教师给的压力，为提问而提问，出现了大量的假问题，使提问丧失了其应有的功能和意义。要引导学生从真实的学习需要出发提出问题，发挥提问的功能和价值。提问有多方面的价值，也有不同的分类角度，影响最大的是布卢姆的记忆、理解、应用、分析、评价与创新六个层次的认知水平分类。此外，还有根据阅读理解意义建构的过程来进行分类的。策略单元中的提问，主要是从阅读理解意义建构的角度进行的，我们引导学生根据学习的需要，尝试从不同角度去思考，提出问题，鼓励他们提出有思考价值的问题，提升问题的质量。

《一个豆荚里的五粒豆》，旨在拓宽学生阅读理解的领域，引导学生不仅要针对局部提出问题，还要针对全文提出问题；《夜间飞行的秘密》，旨在提升学生阅读鉴赏的水平，引导他们关注文章的表达，从写法的角度提出问题。此外，要由文本出发，鼓励学生提出延伸性的问题，以拓宽语文学习的领域。学生提出来的问题，有的可能与理解课文关系不高，有的可能思维价值不高。《呼风唤雨的世纪》引导学生对提出的问题进行梳理，筛选出可以帮助学生理解课文内容和引发深入思考的问题；略读课文《蝴蝶的家》则引导学生进一步提出能引发思考的问题。

策略三：提高阅读速度

阅读要有一定的速度，指学生能在规定时间内，正确理解和把握阅读文本，获得需要的信息的能力。这里的速度究竟是指把课文读完的速度还是指把课文读懂的速度呢？这个单元在每篇课文后都有练习题："你读这篇文章用了几分钟？了解了哪些内容？"显然，这类题是检测学生阅读速度的。有教师认为，"读这篇课文所用的时间"指的是学生目光扫过文字的时间，"了解了哪些内容"就是学生读后跟大家交流的内容，说到什么程度，我们不做要求。在相当一部分教师的眼里，阅读速度就是单位时间内读的字数。这其实误解了教材的要求。教师教学用书指出，"你读这篇课文用了几分钟"这个问题，问的是学生把握课文内容、读懂课文的时间。这里的速度是建立在理解基础上的速度，不是单纯的快。要知道，没有理解的速度是没有任何价值和意义的。

围绕阅读要有一定的速度，这个单元的四篇精读课文从不同角度介绍了提高阅读速度的方法：《搭石》作为单元开篇，引导学生养成阅读时"集中注意力"的习惯，学习不回读的阅读方法，这是学生提高阅读速度的起点；《将相和》，引导学生学习扩大视域的方法，尽可能连词成句地读文章；《什么比猎豹的速度更快》引导学生结合文章段落特点，抓住关键语句迅速把握课文内容；《冀中的地道战》引导学生带着问题读，做积极的阅读者，并且能综合运用学过的方法，提高阅读的速度。交流平台对阅读要有一定速度的方法进行梳理和总结，词句段运用提示学生阅读时及时概括语句的意思，也可以提高阅读的速度。整个单元为学生提高阅读的速度提供了有效的方法指导和实践运用的机会。

策略四：有目的地阅读

有目的地阅读，指的是学生根据阅读目的，选择恰当的阅读材料，运用相应的方法进行阅读，达到自己的阅读目的。有目的地阅读，需要学生综合运用多种策略和方法，它能提高阅读的效率，有助于学生尽快完成相关任务。教材通过两篇精读课文，具体展示了如何进行"有目的地阅读"。《竹节人》通过学习提示，编排了三个不同的学习任务，引导学生体会阅读同一篇文章，目的不同，关注的内容、采用的阅读方法也会不同。《故宫博物院》编排了两个不同的学习任务，引导学生将精读课文学到的方法进行迁移运用，逐步实现"有目的地阅读"。交流平台对如何根据阅读目的，选择合适的材料、运用恰当的阅读方法进行了梳理和总结。

二、确定恰当路径

梳理统编教材四个阅读策略单元后发现，引导学生学习和运用阅读策略的能力是有序列的。首先，阅读策略单元内部提供的学习路径是渐进式的，不管学习哪一种阅读策略，学生都要经历"初步学习—实践练习—运用策略"的过程，能力逐步提升。其次，阅读策略单元之间的关系是螺旋式递进的，学习下一个阅读策略要基于已学的策略运用经验。我们实施有起点的教学时，要引导学生进行叠加与综合的运用学习。整套教材中的四个阅读策略单元是一个学习的整体，在教学中要前后观照。具体到每个单元的阅读策略学习又是一个小的学习整体，单元内部课文之间关系紧密，课与课之间的教学目标要求逐级提升。因此，教学时要树立单元统整意识，依据语文要素制定相应的单元层级目标，明确每一课的教学任务和要求，将阅读策略的学习和运用落到实处。

1. 教读课文，掌握策略

阅读策略单元将联系紧密的三至四篇课文作为一个整体呈现，编排的逻辑主要体现在课文之间训练目标的递进与发展上。单元编排逻辑的起点，是首篇课文阅读策略的示范与指导。所以，首篇课文的阅读策略学习指导尤为重要，它是学生学习和运用阅读策略的例子。

预测单元的首篇课文《总也倒不了的老屋》要求学生"初步学会依据线索进行预测"，这一目标定位是后面课文"根据文本线索对预测的思路进行调整"等目标的基础，教学时要充分发挥好它的示范作用。教学可以分成三个步骤。第一步，依托学生阅读的初始体验和已有的阅读经验，培养其预测的意识。对学生而言，他们已经有了无意识的和不自觉的预测行为，我们在教学中要关注并唤醒这些经验，引导课前没有读过课文的学生进行积极预测，让课前已经读过课文的学生回忆初读时产生的预测。第二步，依据课文旁批，边阅读边学习预测。课文中有七处旁批，提示了预测的线索：课文题目、插图、故事情节等。教学时要让学生边阅读边交流预测的阅读实践经验，并对照利用旁批学习预测的一些基本方法，交流对老屋的印象，体会老屋的品质。第三步，利用课后练习题，巩固对预测的认识。教学时，结合课后练习题，引导学生交流展示阅读中预测的思维过程，理解预测的使用方法，明确预测的内容可能跟故事的实际内容一样，也可能不一样，从而进一步巩固对预测的认识，提高学生预测的能力。

2. 自读课文，实践策略

自读课文篇位于阅读策略单元的中间，承担着学生通过精读课文的学习，练习运用初步习得的阅读策略的教学功能，引导学生将学到的策略迁移运用到阅读实践中。在教学中，要发挥实践作用。

比如，统编版四上提问单元中的两篇课文是《夜间飞行的秘密》和《呼风唤雨的世纪》。教师在教学时，首先可以利用这两篇课文的学习提示，让学生明确学习任务；然后激发学生的提问意识，引导其回顾前一课学到的提问策略，边读边记下自己的问题；最后借助课文旁批和课后练习题中的问题清单，进一步厘清提问的不同角度，筛选对理解课文有帮助的问题。《夜间飞行的秘密》一课侧重于"尝试找准提问时机和找好提问角度"，帮助学生在边读边提问的学习过程中，发现"提问的时机可以是阅读中或阅读后，提问的角度可以从课文的内容、课文的写法，还可以从自己的生活实际出发"；再结合课后练习题第三题及时迁移运用所学，学会提问策略。《呼风唤雨的世纪》侧重于"学会筛选有价值的问题"，我们在教学中须要引导学生经历"哪些提问对你理解课文有帮助"的思辨过程，帮助学生筛选自己提出的问题，"对理解课文影响不大的问题，可以先放一放；对理解课文有帮助或能促进思考的问题就要重点研究"。学完两篇课文之后，我们还要引导学生借助自己的问题理解课文，可以采用小组合作，结合查阅资料等方式尝试去解决。在这样的练学过程中，学生的提问策略就能得到迁移运用。

3. 重视归纳，巩固策略

阅读策略单元按照总体布局、分步实施的原则进行编排，教学中，教师引导学生从学到用，在大量语言实践中学会运用策略。阅读策略单元的最后一篇课文，一般是略读课文，我们要发挥学生自主学习的能力，对本单元习得的阅读策略进行综合运用，进一步加强和巩固学到的阅读策略。

统编版三上预测单元的最后一篇课文是《小狗学叫》，课文呈现了三种不同的结局，我们可以引导学生运用从前两篇课文中学到的策略，独立预测。教学时，先让学生边读边依据童话的特点预测后面的内容，梳理故事情节；再根据故事情节和自己的阅读经验，预测可能发生的多种结局；最后，学生交流完各自预测的结局后，我们把故事原文读给学生听。通过比照原文，学生进一步体验边阅读边预测的乐趣，获取预测的经验，巩固阅读策略，让一边阅读一边预测成为常态。

4. 拓展延伸，运用策略

设置阅读策略单元的主要目的是引导学生掌握阅读策略，使他们成为积极的阅读者。因此，利用好教材中提供的阅读实践活动资源非常重要。

统编版三上预测单元中《胡萝卜先生的长胡子》安排的课后练习题第二题，通过引导学生对文章或书的内容进行大胆预测，激发学生怀有阅读这些文章或书的愿望。可以采用先预测后阅读的方式，也可以利用学生现有的课外阅读经验，在预测与阅读之间，加上一个验证的过程。如根据题目预测故事的内容后，请读过这些故事的同学说说哪些预测跟故事的实际内容一样，哪些不一样。还可以定下时间让大家聊聊自己一边读一边预测的经历与收获。本单元最后一篇课文《小狗学叫》的课后练习题第三题安排了运用预测策略阅读课外书的实践活动，我们选一本同学不熟悉的故事书，读给他们听，读的时候在某些地方停下来，让他们猜猜后面可能会发生什么。我们还可以找找其他适合三年级学生阅读的文字材料，以类似的方式开展拓展阅读，培养学生运用预测策略阅读课外书的意识和能力，真正实现学以致用。

当然，学生不可能通过一个单元的学习就能完全掌握相应的阅读策略，阅读策略的学习和运用也不能止于阅读策略单元。所以，在以后的语文学习中，要不断地训练，这样才能形成熟练运用阅读策略的能力。学完提问策略之后，在接下来的课堂教学中，我们要经常鼓励学生大胆提出自己的问题，并进行分类筛选，要基于学生的真实问题开展阅读教学，培养学生敢提问、能提问和会提问的能力，促进学生理解能力的发展和思维水平的提升。

总之，阅读策略单元的教学，阅读是明线，是载体；而策略是暗线，是目标，是"通过阅读教策略"，学方法，成能力。

另外，需要明确三个问题：

一是把握好"阅读"与"策略"的度，将二者有机融合在一起。只讲策略，课堂学习沦为知识和方法的传授；只讲阅读，编者意图、教学目标难以达成。只有将二者有机联系，整体设计，系统落实，在阅读中学策略、用方法、掌握技术，形成技能，才能有效地达成教学目标。

二是处理好策略、方法、技术的关系，课堂上教的是策略，学的是方法，更是技术。阅读策略是学生阅读甲方所采取的一系列阅读方法和技巧。从逻辑关系上看，"策略"更"上位"，更有概括性，"方法"要具体一些，而技术处于最"下位"。以"有目的地阅读"为例，"有目的地阅读"是策略，"选择阅读材料和阅读方法"是具体方法，"略读、精读等方法选择，批注、概括、复述等"是技术。

三是处理好阅读策略单元与普通单元的关系。普通单元教学，以"语文要素"为核心，落实阅读和习作，承载着基本的语文知识、必备的语文能力、恰当的学习策略、良好的学习习惯等语文学习的任务，既关注知识与能力，也重视过程与方法，还要进行情感、态度、价值观的熏陶和引领；而阅读策略单元，重在阅读策略和方法，同时要把语文学习的其他内容有机地融合在教学之中。而从读者与文本的关系看，普通单元阅读要"入情入境"，而阅读策略单元要"若即若离"，要保持适当的理性和清醒，既要"走进文本"，也要"走出教材"，因为我们是在学习"阅读策略"。

第六节　单元主题项目式学习

从 2019 年 9 月开始，统编教材在各年级全面铺开，新教材在编排上强化了单元设计，基于单元课文的语用情境，突出了人文主题和语文要素双重指引下的语用实践，自主化、积累性、螺旋式、综合性提升学生语文素养。如何整合学习目标、整合知识结构、整合思维方式，更好地深化基础教育课程改革，落实立德树人的根本任务，促进学生语文能力和语文素养的全面发展呢？结合统编教材的特点，基于"深度学习"理念，我尝试以统编版小学语文教材为基本学习内容，结合教材"双线"要素，在教师引领下，开展以单元内容整体建构的主题项目式深度学习活动，采取逆向设计的思维，从学习目标—成果评价—学习任务进行单元主题项目设置，通过学习共同体的组织方式，促使学生在情境教学中积极主动地参与学习，在自主、合作、探究中获得小学语文核心素养全面发展的教学过程，让语文学习真正发生。

近代，我国教育界对深度学习的研究越来越深入。"深度学习"最早源于计算机科学、人工智能和脑科学的发展。尽管深度学习看起来像一个新词汇，但实际上，我国传统文化经典中早有大量的深度学习的思想，如"不愤不启，不悱不发"，其实就是引导学生进入深度思考的状态；"君子之学也，入乎耳，箸乎心，布乎四体，形乎动静"，强调的是学习路径；"博学之、审问之、慎思之、明辨之、笃行之"，强调的是学习策略。这些中国古代先贤博大精深的治学思想，早已为我们开展深度学习指明了路径。

2005年黎加厚教授将深度学习的概念引入中国，北京师范大学郭华教授在《人民教育》上的文章中指出，深度学习是指教学中学生的学习而不是自学，它内在地包含着学生积极主动的学习，是能够引发学生主动学习愿望与积极活动的教学。

教学绝不是简单的知识传递，其最终目的是促进学生的全面健康发展。在应试教育的课堂里，教师是知识的所有者，儿童常常被视为无知的存在，囫囵吞枣地接收教师传递的标准答案而已。深度学习是课堂转型的标志，儿童是作为"学习的主体"参与教师以儿童的知识差异为背景而设计的共同探究活动，借助对话与反思、知识的建构与情意的陶冶，培养每一个学习者的核心素养。其前提条件是进行"单元改造"，而单元整体设计正是撬动"课堂转型"的途径。因此，我们开展"基于'深度学习'的小学语文单元主题项目式教学"，是一次极具研究价值的实践探索，我在深度学习的课堂中，主要基于语文核心素养的发展目标，通过逆向设计，情境创设，高阶思维等路径进行系统的实践研究。

一、双线合一，进行单元整体建构

深度学习强调整合新旧知识，在理解的基础上多层次多角度地学习，形成新的认知结构，是一个动态生成的过程。统编版教材采用"双线组织单元结构"，按照"人文主题"组织单元，同时又将"语文要素"分成若干个知识或能力训练的"点"，由浅入深、由易到难地分布，一个"单元"就是一个以"人文主题"为核心的课程整体，是通过循序渐进地完成指向素养的、相对独立的，单元学习内容所涵盖的"语文要素"微训练，实现完整学习的课程体系。与传统的一篇篇进行文本研读不同，我们以"深度学习"理论为指导，抓住统编版小学语文教材"双线组元"的单元链条，用整合的思维方式对单元教学进行系统思考，架构双线整合课程体系，以单元"主题项目"为目标任务，勾连单元教学内容，厘清单元训练序列，分散单元训练要点，构建单元任务群和持续性评价，学生以单元整合的方式学习，呈现知识的纵向生长、横向关联和多元联结，打破学科边界，更好地落实语文核心素养。如统编版二下第七单元，该单元的人文主题为"改变"，共包括四个动物关于"改变"的故事，《大象的耳朵》说明要正确认识自我，不因别人而改变；《蜘蛛开店》告诉我们要认真思考，坚定，不随意改变；《青蛙卖泥塘》告诉我们有时候因为改变也会越来越美；《小毛虫》说明不断努力而成长的道理。本单元的语文要素是"借助提示讲故事"，对四个故事编排了四种方法：《大象的耳朵》借助问句讲故事；《蜘蛛开店》是借助示意图讲故事；《青蛙卖泥塘》了解课文内容后分角色演一演；《小毛虫》借助相关词句讲故事。基于对本单元的"双线结构"分析研究，吴晓丹老师最终确定了，本单元以"班级动物故事会"作为学生喜闻乐见的驱动性任务，整合本单元的教学内容，通过"故事里的动物""不断变的动物""我喜欢的动物"三个课程任务群的学习，实现单元的整体学习，最终完成"单元主题项目"——创编动物故事集。

二、逆向设计，利用问题驱动任务

传统的教学主要采取正向思维，教师讲，学生被动地重复记忆、巩固和迁移，学生对于教师的教学逻辑不清晰，很难实质性地参与问题的解决。而采用逆向思维方式，教师结合实际教学和学生水平，整合单元内容，确定教学目标，并将目标转化成为学生感兴趣的单元项目式任务，学生通过主动思考，合作探究，解决问题。在整个过程中，学生全身心地主动参与，从而进入了深度学习的状态。仍以统编版二下第七单元为例，以"班级动物故事会"为主题项目，将单元项目以学生喜闻乐见的"动物故事会"的形式呈现，触发学生的驱动问题："本单元有哪些动物故事？""怎么讲话动物故事？"等，根据学生提出的问题，进而饶有兴致地主动深入本单元的学习，循序渐进地进行整体识字—整体阅读—复述故事—口语交际—创编故事—开故事会。在单元主题项目的推动下，通过逆向思维，以问题驱动任务，进行项目学习，学生通过积极主动地完成一个个任务群的"短期目标"，在持续的评价中，最终完成单元终极"主题项目"。

三、创设情境，建设项目合作学习

深度学习通过创设真实情境，让学生个体在情境中建构知识，通过探究的方式进行主动、深度思考，善于沟通合作、善于批判性思维，才能理解知识，内化知识，深度加工知识，进而有效运用知识，最终获得发展。如统编版六下第六单元《难忘的小学生活》，其语文要素为"整理资料策划简单的校园活动"。梁佩欣、许芬老师通过创设切合学生实际的情境：六年时光转瞬即逝，我们即将告别母校，告别朝夕相处的老师、同学，带着依依不舍的深情，跨入人生的下一段旅程。临近毕业，让我们围绕单元主题，开展一次综合性学习，一同回忆往事，整理成长档案，制作一本属于我们的"成长记录册"；一同策划联欢会，展示才艺，向师友、母校告别。

又如统编版四上第三单元，以"留心观察"作为人文主题。我通过图片展示，创设了这样的一个多彩的生活情境：我们生活的世界很奇妙，每天都在发生着变化。你看，天空中变幻多彩的云和那时圆时缺的月亮；你看，菜园里开花结果的豆荚和那会唱歌的蟋蟀；还有农舍屋檐上可爱的燕子和那门前淘气的小猫咪。叶圣陶发现了爬山虎爬墙的秘密；法国昆虫学家法布尔特别喜欢小昆虫，利用口袋里的笔记本随时记录着有趣的发现，写下了著名的《昆虫记》；苏联作家维·比安基更是用日记的形式，记下了春夏秋冬山林动物的变化。"我们也来做一本属于自己的观察日记，看看谁最细心。"我通过创设学生熟悉的生活场景，促使学生主动接受挑战，融会贯通，不断进行新的学习。

在深度学习的课堂中，学生是作为"学习的主体"参与教师以学生的知识差异为背景而设计的共同探究活动，借助对话与反思、知识的建构与情意的陶冶，养成核心素养。"学习共同体"是一种深度学习方式，特别是在单元主题项目式教学中，以学为中心，师生围绕着一个项目式任务，在创设的真实情境中，以共同愿景为指引，建立学习共同体，在积极和谐的学习氛围中，通过合作探究，推进学习的进阶和知识的迁移运用，完成一个个任务群，最终完成学习项目，是落实深度学习的最优路径。具体流程是：布置项目—自主思考—合作研讨—小组汇报—师生评价。如学习统编版五下第二单元《古典名著》，我以学习共同体的形式开展项目式深度学习活动。

（一）整合要素，布置合作项目

本单元的篇章页上精心编排了导语，"观三国烽烟，识梁山好汉，叹取经艰难，惜红楼梦断"用精练的语言总结了四大名著的特点和内容，点明了本次学习的对象。四篇课文在编排上由易到难，由现代文阅读逐步过渡到原著片段的阅读，引导学生走进古典名著，并通过课文中的泡泡、阅读提示及课后练习，从不同角度层层递进，提示了一些阅读古典名著的方法。因此，我以开展"四大名著课本剧表演"为单元主题项目，激发学生通过学习共同体开展深度学习。

（二）自主学思，完成学习任务

学习的合作探究必须建立在一定的自主学习和思考的基础上，在开展合作学习前，共同体的每一个个体都要先根据每阶段的任务群学习单，进行自主学习。因此本单元，让学生先通过自主学习，完成自主识字、自主阅读等任务，并以完成生字词练习和听写，单元语文要素为指引，运用根据上下文猜测语句意思，适当跳读，借助背景资料，联系影视剧四个方法，进行课文批注和感悟。

（三）小组合作，交流研讨汇报

古典名著具有经久不衰的独特魅力，如《西游记》《搜神记》等神魔、志怪小说，想象丰富奇特，充满奇幻色彩；《三国演义》《隋唐演义》等历史演义小说能带我们领略战争的惊心动魄和历史的风云变幻；《红楼梦》中则包含了作者对世俗人生的感悟和智慧……本单元"快乐读书吧"以"读古典名著，品百味人生"为主题，引导学生阅读中国古典名著，是对《古典名著之旅》单元的拓展与延伸，能使学生从教材走向整本书的阅读，更全面地了解、感受古典名著。各学习共同体根据学习的兴趣选择一本小说进一步进行深度研读，小组内根据成员的水平进行难易程度的分工，从小说的作者、写作背景、人物介绍、精彩故事讲述等方面入手进行专题阅读分享，最终通过 PPT 展示、小说人物绘、知识竞赛、电影赏析等形式进行汇报交流。

（四）成果展示，项目量化评价

在以项目驱动的深度学习中，教师充当的是引导者、倾听者，促使学生通过知识的勾连，自主构建新知识。学生始终以主动研究，享受挑战的状态，自主学习、合作探究，平等交流，进行多元的思考、形成多元的理解。经过了单元小说节选的阅读训练，再到整本书的全面阅读，最后进行共同体的"四大名著课本剧表演"，根据语文四大核心素养：语言建构与运用、思维发展与提升、审美鉴赏与创造、文化传承与理解制定四维评价标准，进行量化评价，学生从自身实践出发，对文本深入感悟、自由想象，陶冶了情操，涵养了心智，提升了境界，能更好地亲近传统文化之根，传承传统文化精神。

四、高阶思维，促进迁移解决问题

在语文核心素养中，"思维的发展与提升"是一个重要的因素。布鲁姆认知目标分类学，把知识、领会、应用归为低阶思维，把分析综合、评价归为高阶思维。长期以来，语文教学一直存在大量被动的机械学习、死记硬背、知其然而不知其所以然的低阶思维。深度学习就在引导学生的思维向高阶思维发展。因此，课堂上，我采用如下方式促进学生思维从低阶向高阶发展。

（一）利用引导语言促进学习

引导类型	引导语言	学习策略
课前前置问题	为了完成单元的任务，我们需要怎么做？ 你之前学到或遇到过类似内容吗？	质疑策略 应用策略
课中互动追问	对于这个问题，你怎么理解？你猜猜会出现怎么样的结果？ 你认为这个故事可以起个什么样的小标题？	分析策略 综合策略
课后评价反思	本节课你学到了什么？ 你认为自己在这节课完成了哪些学习任务？ 明白了故事的道理，以后遇到类似的问题你会怎么做？	领会策略 评价策略 理解策略

通过课前前置问题、课中互动追问以及课后评价反思等方面促进学生思维的递进或提升。

（二）搭建思维支架整合信息

学习发生迁移，能高效解决语文问题的前提是学习者对语文概念获得整体感知，形成对知识的恰当表征。深度学习的实质就是把新旧知识联系起来，对新学习的内容进行归类、分析，建构新的知识网络。纵观统编版教材，无论是识字还是学文，口语交际还是习作，都引入了思维导图的元素，这无疑说明思维导图将成为语文教学的"利器"。因此，在"深度学习"理论指导下的单元主题项目式学习中，我通过引导学生利用表格支架或思维导图等工具搭起语文学习与思维发展的桥梁，整合单元信息，建构单元知识联系，通过绘画、表演等方式，将碎片信息结构化，让隐性思维显性化，进行"理解性记忆"和"结构化思考"，促使知识贯通，迁移应用，实现思维向高阶水平发展和提升。

1. 表格支架

如教学统编版五下第五单元，以"众生百相"为人文主题，编排了一组精读课文、习作例文以及习作。在教学中，刘豫娜老师引导学生在熟读课文的基础上，以表格做支架，梳理概括单元内容，让人物的特点、典型事例和描写方法清晰明了，为后续写作教学形成思维范式。

人物	特点	典型事例	描写方法
小嘎子	机智顽皮，富有心计	比赛摔跤	连贯动作、语言、心理描写
祥子	身体健壮	倒立半天，像一棵树	外貌描写
严监生	吝啬，爱财如命	临死前仍惦记两茎灯草	动作、语言描写
刷子李	技艺高超	曹小三学艺，看师父刷墙	动作、语言、周围人的反应描写

2. 思维导图

如统编版四上第四单元《神话故事》的主题单元教学中，选编了《盘古开天》等四篇课文，从题材来看，有现代文、文言文；从国别上来看，有中国古代神话和古希腊神话。根据本单元的语文要素，我结合本单元双线要素和课后题，引导学生将本单元包含的神话故事进行故事的起因、经过、结果的梳理，并感悟几个神话故事"神"在哪里，形成单元整体思维导图支架，将复述练习和单元写作有机结合起来，发展和提升学生的思维能力。

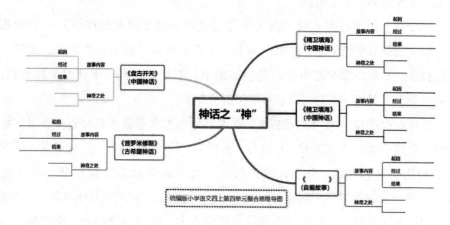

统编版小学语文四上第四单元整合思维导图

基于"深度学习"的小学语文单元主题项目式学习，我尝试站在长远、终身、面向未来的立场，立足于推动以学生学习为中心、以学生核心素养培育为目标的教学改革，以主题大单元整体设计，打破传统的教学秩序，还原学习的真实性和完整性，以期通过学生主动深入的项目式学习，整体提高课堂教学的质量和水平，更好地深化基础教育课程改革，落实立德树人的根本任务，促进学生语文能力和语文素养的全面发展，让语文学习真正发生。

第四章 整书阅读"活"起来

第一节 整本书阅读很重要

整本书阅读是我国教育的优良传统。"四书""五经"作为历代士子的必读课本，体现的是整本书阅读。

1942年，语文教育家叶圣陶先生在《论中学国文课程的改订》一文中指出：国文教材似乎该用整本的书，而不该用单篇短章，原因是生活中，或者不久的将来，学生经常拿在手里的是整本的书，不是几百言几千言的单篇短章，这么习惯了，遇见其他的书也就不至于望而却步。

新课程改革自2001年启动以来，教育部颁布的义务教育和普通高中语文课程标准都鼓励学生"多读书，好读书，读好书，读整本的书"，并且对课外读物提出阅读要求和建议。随后，教育部在《普通高中语文课程标准（2017年版）》中，又把"整本书阅读与研讨"作为首要的"语文学习任务群"，并明确提出：本任务群旨在引导学生通过阅读整本书，拓展阅读视野，建构阅读整本书的经验，形成适合自己的读书方法，提升阅读鉴赏能力，养成良好的阅读习惯，促进学生对中华优秀传统文化、革命文化、社会主义先进文化的深入学习和思考，形成正确的世界观、人生观和价值观。

习近平总书记在全国教育大会上指出，要全面贯彻党的教育方针，坚持把立德树人作为根本任务，坚持扎根中国大地办教育，培养德智体美劳全面发展的社会主义建设者和接班人。随着我国经济、科技的迅猛发展，社会生活的深刻变化，新时代对基础教育教学提出了新要求。语文课程教材在立德树人中发挥着关键作用，语文教育必须自觉适应这一新形势，体现当今时代的国家意志和语文学科特点。新教育的发起人朱永新老师曾说，一个人的精神发育就是一个人的阅读史，一所没有阅读的学校永远不可能有真正的教育，一个书香充盈的城市必定是一个美丽的城市，一个民族的精神境界，在很大程度上取决于全民族的阅读水平。这几句话从个人、学校、城市、民族四个层面阐述了阅读的重要性。抓好孩子的阅读，全民阅读才有希望，未来的书香社会才有希望。

统编教材原总主编温儒敏教授非常重视阅读，在课程标准的修订和统编教材编制时，一直谈到阅读的重要性，甚至说统编教材就是要治学生不爱读书的毛病。统编版教材注重将课堂内外的阅读教学相互交叉、渗透和融合，连成一体。《课标》强调：培养学生广泛的阅读兴趣，扩大阅读面，增加阅读量，提倡少做题，多读书、读好书，读整本的书。关注学生通过多种媒介的阅读，鼓励学生自主选择阅读材料。加强对课外阅读的指导，开展各种课外阅读活动。从这一段论述以及语文高考试题的变化中，我们都可以感受到国家对课外阅读的重视。基于这样的理念，统编教材将整本书的阅读编入教科书，设计了"和大人一起读"（一年级）、"我爱阅读"（二年级）、"快乐读书吧"（一至六年级）等栏目推动学生的课外阅读。

这里所说的"整本书"，主要指教科书所涉及的和课程标准"关于课外读物的建议"中推荐阅读的书，有以下四种情况。

一是"快乐读书吧"中提到的书。

一年级主要是"和大人一起读"的童谣和儿歌。

二年级是童话，有《孤独的小螃蟹》《小鲤鱼跳龙门》《一只想飞的猫》《"歪脑袋"木头桩》《小狗的小房子》《神笔马良》《七色花》《大头儿子和小头爸爸》《愿望的实现》《一起长大的玩具》等。

三年级是童话和寓言，有《安徒生童话》《稻草人》《格林童话》《中国古代寓言》《伊索寓言》《克雷洛夫寓言》等。

四年级是神话和科普读物，有《中国古代神话》《希腊神话故事》《世界神话传说》《十万个为什么》《看看我们的地球》《灰尘的旅行》《人类起源的演化过程》等。

五年级是民间故事和中国古典四大名著，有《中国民间故事》《列那狐的故事》《非洲民间故事》《欧洲民间故事》《西游记》《三国演义》《水浒传》《红楼梦》等。

六年级是儿童小说和外国名著，有《童年》《爱的教育》《小英雄雨来》《鲁滨逊漂流记》《骑鹅旅行记》《汤姆·索亚历险记》《爱丽丝漫游奇境》等。

二是教科书里节选的书。有长篇著作，如《呼兰河传》（节选了《火烧云》《祖父的园子》）、《骆驼祥子》（节选了《他像一棵挺脱的树》）、《可爱的中国》（节选了《清贫》）等；有作品集或系列故事集，如宗介华同名散文集《带刺的朋友》（节选了《带刺的朋友》）、鲁迅的散文集《野草》（节选了《好的故事》）、冯骥才的短篇小说集《俗世奇人》（节选了《刷子李》）、铁凝的短篇小说集《夜路》（节选了《盼》）等；有单篇小说，如鲁迅的中篇小说《故乡》（节选了《少年闰土》）等。

三是"阅读链接""资料袋"等栏目提到的书。如《穷人》课后"资料袋"中提到的列夫·托尔斯泰的《战争与和平》《安娜·卡列尼娜》《复活》、奥地利作家茨威格的传记作品《三作家》；《好的故事》课后"阅读链接"中提到的冯雪峰的《论〈野草〉》、李何林的《鲁迅〈野草〉注解》等。

四是课程标准"附录2"推荐的书。如《朝花夕拾》《革命烈士诗抄》，儒勒·凡尔纳的系列科幻小说，成语故事，各类历史、文化读物及传记，以及介绍自然科学与社会科学常识的普及性读物等。

以上书目，虽然只有"快乐读书吧"中以"你读过吗"为要求的书是必读书，其他均为"相信你可以读更多"中的选读书，但这个阅读量已经远远超过课程标准规定的小学阶段"课外阅读总量不少于145万字"的下限。（后附梳理表）

许多单篇文章都来自整本书。那么，将单篇置于整本书中就应该成为阅读教学的常态，即由单篇而"窥"整本、从整本而"瞰"单篇，引导阅读穿梭于整本与单篇之间。这样在整本书与单篇之间"穿梭"，既能引发学生阅读整本书的兴趣，又能提升单篇阅读的品质，一举多得。这方面，教科书编者已经做了精心设计，主要反映在精读课文的"阅读链接"中，如《花的学校》与泰戈尔多部著作的链接，《祖父的园子》与《呼兰河传》的链接，《草船借箭》与《三国演义》的原文（段落）的链接等。

碎片化阅读是当今社会普遍存在的一种阅读方式，阅读的快餐化、浅表化、孤立化严重影响了学生的阅读质量，不利于积累语言、锤炼思维和传承文化。自统编版教材面世以来，"读书为要"已经成为语文教育工作者乃至社会之共识。或许是为了更直接地、更具冲击力地引起大家对读书的重视，很多人，尤其是教材编写专家在解释为什么强调"读书为要"时，会说这样的话："不大量阅读，高考连卷子都做不完！"在国家越来越重视阅读的大背景下，无论是《课标》还是统编语文教材都重视"整本书阅读"。我希望能以统编语文教材，治一治"语文教学不读书、读书少的通病"，改变目前学生只重视做题，只关注考试分数，不重视读书的现状。要给学生留点自主选择的空间，引导阅读整本书，让他们爱读什么就读什么，想怎么读就怎么读，不要管得过死，也不要太过功利，培养阅读兴趣，养成阅读习惯，这会让他们受益终身。

一、语言的建构

语言是表情达意的工具。基本的听说能力，基本的阅读和写作能力，就成了一个人立足于社会，立足于人群不可缺少的本领。小学阶段是发展语言的重要阶段。学生随着年龄的增长，表达逐渐从口语表达向书面语表达过渡。学生在语文学习的过程中，通过"听说读写书"等语文实践，逐渐形成语言表达的能力，养成良好的语言表达习惯。整本书阅读能够让学生接触到足够丰富的语言，有利于学生根据自己的喜好进行吸收。整本书阅读让学生有机会碰到自己想要的语言形式，学生会不自觉地模仿自己喜欢的表达方式。学生接触到大量的经典作品，就会慢慢建构自己的语言，形成有个性的风格。这种发展是持续的，是在将来的学习道路上不会遗落的，是能够为学生一生的成长提供营养的。

二、思维的发展

阅读是发展学生思维的重要方式。学生运用所学的阅读策略进行大量阅读，获得大量信息，并且通过信息提取、预测发展、整合分析、阐释说明、推理判断、感悟故事、反思自我等，使自己的思想不断丰富和成熟。整本书阅读提供了思维得以深入的可能性，单是学生感兴趣的情节的猜测、人物命运的捉摸等，就足以锻炼学生的思维了。整本书阅读为学生提供了足够的思考和想象的空间，让学生的思维更加广阔和深入，如通过批注留下瞬时感受，通过读书笔记积累和感悟，通过思维导图梳理脉络等，让自己的思想更加清晰，同时也养成思考的习惯。通过整本书的阅读分享和讨论，学生能通过与他人观点的比照，做出新的思考和判断，使思维更加深入。

三、文化的传承

整本书负载着文化，在阅读的过程中，学生自然就会受到文化的熏染。学生品味的语言越多，接受的文化越丰富，受到的影响也就越大。学生发展了语言，发展了思维，开阔了视野，在与古今作家的对话中获得精神的愉悦。而这种愉悦又能使他对文化有更多的体悟，形成自己的世界观、人生观、价值观，从而形成独特的文化人格。

四、审美的提升

"智育使人智慧，智育与美育在一起，使人大智大慧。德育使人醒悟，德育与美育在一起，使人大彻大悟。"整本书往往能把智育、德育、美育完美地结合在一起，学生在学习语言的过程中，就有可能收获大智大慧，大彻大悟，这岂不是人生的最高境界。朱光潜说："我认为文学教育第一件要事是养成高尚纯正的趣味，这没有捷径，唯一的办法是多多玩味第一流的文艺杰作。"因此，整本书阅读是提升学生审美鉴赏能力的有效方式，引导学生解读审美意象，丰富审美体验，提升审美鉴赏能力。语言承载的美与语言本身的美被学生分享，被学生接受的时候，学生的审美水平就会不断提升。学生在获得语言的过程中，发现自己，获得自己。整本书阅读能够提升学生的人生境界，使学生具有更完美的人生。

综上所述，整本书阅读对于学生的终身发展和素养提升有着重要的作用。时代呼唤综合素质全面发展的新型人才，语文学科作为以汉语母语为载体的学科，应肩负起培育学生语文核心素养的使命。整本书阅读适应了时代发展的需要，让培养语文核心素养的落实成为可能。整本书阅读不同于以往的精读或略读，也不同于篇章阅读，更不是课外阅读，而是一种深度阅读。整本书阅读有助于学生将分散的知识统筹规划，改变原有知识的点状结构，甚至可以将学生头脑中原有的知识进行整合加工，有利于学生形成相对完整的认知网络。因此，读整本书只求量的"多"，是不合时宜的，还要求质的"精"——会读才是明智之举，也是阅读教学之追求。我们应该把重点放在阅读的兴趣、习惯、速度、策略以及思维品质提升、作品意义的建构上，通过阅读促进学生语言能力、思维能力、审美能力和文化意识的提升。

第二节　整书阅读三部曲

　　统编版教材中整本书阅读已成为语文课程的"正规军"，课外阅读从"碎片化""自由化"走上了"系统化""课程化"的道路，对于一线语文教师来说，这既是挑战，也是机遇，教师要深入学习，认真领会，做出相应的调整。一是要学习领会新课标对整本书阅读与研讨的精神，把握理念，明确要求；二是要了解教材对"名著导读""整本书阅读与研讨"的编写意图；三是要实事求是，立足本地本校教学实际与学生实际，确定适合自己的教学策略。

　　既然教科书有"快乐读书吧"，课堂教学就有"上'快乐读书吧'课"这一课型，用以指导学生阅读"快乐读书吧"中的书。其目的是通过整本书的阅读教学，激发学生，使学生爱读、会读、深读整本书，进而提升语文核心素养。整本书阅读的目标，每个年段可以各有侧重，年段间呈阶梯式螺旋上升态势。低段的侧重点在兴趣和习惯，没有具体的数量、质量要求。中段的侧重点在习得策略，海量阅读，提升阅读速度，巩固生字、预防回生。高段的侧重点在发展高阶思维，提升阅读品质，阅读由"量变引起质变"，读懂、读活，发展高阶思维。因此，整本书阅读的教学通过"激趣导入""研读推进"和"分享汇报"三步来实现。

一、激趣导入

　　整本书"导读"时，教师以最短的时间、最少的语言、最简的方式，烘托阅读气氛、激发阅读兴趣，学生恨不得马上拿起书、兴致勃勃翻开，静静地享受阅读，沉浸其中，粗略感知整本书的内容。于漪老师提醒："教师如果有本领把学生学习语文的兴趣与求知欲激发出来，教学就成功了大半，学生学习语文就有了良好的起点，就不以为苦，从中获得乐趣。"整本书阅读也是这样，指引出兴趣来，既是阅读的必需，也是效果的保障。整本书的导读形式多种多样，主要围绕"唤醒学生阅读期待""怎样阅读一本书""阅读计划"等内容展开。

1. 话题引入

教师可以借助与本书相关的影视作品，拉近学生与作品的距离；可以巧拟谜题、故设悬念，引发学生阅读的兴趣；还可以引导学生读序阅跋，浏览目录，提取要点，了解概貌。无论教师采用何种方式，都可以调动学生兴趣，促使学生参与读书活动。如《呼兰河传》的作者萧红的经历有些传奇色彩，阅读之前给学生讲讲作者的故事，尤其是她的成长经历和心路历程，就是一个很好的导入。又通过一段导语引入："天津卫，海河边，土洋杂处，海陆码头，此地出奇人、奇事，生长出独特的津门文化……故而随想随记，始作于今；每人一篇，各不相关，冠之总名《俗世奇人》耳。"这本书里的每个人都有传奇特色，也都有自己的绰号，如规矩不动然医道不改的苏七块，手艺精湛的刷子李、泥人张，八面玲珑能说会道的好嘴杨巴等，书里写的人都是俗人，但做的事可不俗气，个个都是能人，如果你想认识这些能人，就赶紧翻开《俗世奇人》这本书读一读吧。

2. 猜测导入

在学生进行整本书阅读之前，教师可引导学生观察封面、扉页、章节标题、封底等，并鼓励学生结合观察对书的内容进行预测。学生在教师的引导下，尝试通过观察封面和扉页来了解书本的基本信息，展开想象，并利用章节标题和封底文字等信息预测故事内容，在这一过程中了解并初步运用了读封面与封底以及图文结合的阅读方法，学会从前至后通读整本书的基本方法。学生在读前活动中激发了对阅读的期待，迫不及待地通过阅读去验证自己的预测。以《了不起的狐狸爸爸》这本书为例，书中的角色都出现在封面当中，引导学生通过书名及封面猜测故事内容："狐狸爸爸为什么'了不起'，他们到底做了什么？"然后引导："封面中的博吉斯、邦斯和比恩是你所能遇到的最卑鄙、最小气的人，他们憎恨狐狸先生，决定把他全家除掉。于是，这三个人拿着枪，阴险地等在狐狸先生的洞外……但狐狸先生自有对付他们的妙计！于是，一场智慧和力量的较量开始了……三个凶狠贪婪的饲养场主和狐狸一家追捕与反追捕的故事，赶紧阅读，去书中寻找答案吧。"

3. 巧用目录

读书前看目录很重要，能让学生在没有深入读书前，就对整本书的框架有一个大致的了解。比如，教学《三国演义》，学生学习《赤壁之战》后，对这本书已经有了初步的印象。然后我通过电影《赤壁》激发他们的阅读兴趣，使他们通过寻读的方式迅速找到最感兴趣的内容进行阅读。"我们先浏览目录，筛选信息。《三国演义》的主要人物有哪些？围绕这些人物又写了哪些重要事件呢？"再研读目录，合作探究：曹操、刘备、诸葛亮的称谓为什么有这么多变化呢？通过读目录可以了解故事的主要事件和人物，厘清整本书的情节线索、结构框架，读出作者的情感倾向，把握书中的文化内涵。

4. 整合插图

优秀图书的插图也是非常棒的，《夏洛的网》讲述的是在朱克曼家的谷仓里，小猪威尔伯和蜘蛛夏洛建立了最真挚的友谊。威尔伯的生命有危险时，看似渺小的夏洛用自己的力量救了威尔伯，但，这时，蜘蛛夏洛的生命却到了尽头……文中的每一张插图去掉文字都可以拼成一个完整的故事，通过老师播电影式的讲解，一下子就把学生带入了故事的情境中，激发学生去一读为快。

兴趣的"保鲜"需要合理的计划支持。在导读课上，教师要做的就是设置足够的悬念，激发学生的兴趣，然后使学生在教师的引导下感知全书概貌，制定阅读目标，制订阅读计划，传授阅读方法，引领阅读方向等。通过设计阅读任务单，帮助学生养成良好的阅读习惯，把整本书中散碎的信息进行有效整合、归纳和提炼，架构阅读作品的基本框架，便于学生自主阅读整本书，并促使学生能够在规定时间内完成整本书的阅读。

二、研读推进

整本书阅读是一个需要时间和精力投入的活动过程，对于总是身处"学习任务"中的学生来说，还需要更大的内动力、意志力、自制力以及抗干扰力。"开始读"仅仅是第一步，更重要的是要能坚持"读下去"，读出结果，读出感悟。所以，需要在整本书阅读过程中做一些有效推动。以任务驱动自主阅读，以专题研读让学生进入深层次的探究阅读阶段，以此落实阅读任务，有效地监控推进学生进行"整本书阅读"。

1. 自主阅读，理解故事内容

学生在整本书阅读的过程中，必定会遇到许多障碍。教师要适时点拨，指导学生根据任务单先开展自主阅读，并给予学生充足的阅读时间，在这段时间内不打断学生的阅读。学生阅读完一些章节后，教师可以进行阅读方法的讲授或温习，如做批注、写读后感、缩写（写梗概）等；也可以补充专门的文学鉴赏小常识，如人物形象塑造、环境描写烘托、情节曲折设置、结尾出人意料、孕育言外之意等，帮助学生梳理书本的内容，渗透自主阅读的方法和策略，将书本内容、阅读进程、阅读方法三者紧密结合。例如，在《童年》一书的阅读中，学生先自主阅读第一章节，选择喜欢的阅读方式，如大声朗读或默读，对照导读任务单了解主人公阿廖沙的相关信息。随后，教师根据任务单，引导学生回顾自主阅读过程，渗透阅读方法。

2. 梳理关系，构建文本思维

思维导图是简单、有效的思维工具，它不仅调动了学生阅读的积极性，构建出小说中人物及故事图谱，进而厘清小说中众多人物之间的关系；还能把本来抽象的思维具体呈现出来，将阅读显性化。《草房子》的故事发生在油麻地，人物有男孩桑桑，还有桑桑的同龄人：油麻地第一富庶人家的儿子杜小康，秃头的陆鹤，被邱家夫妇收养的细马……大人们有桑桑的爸爸，油麻地小学校长桑乔，秦大奶奶，邱家夫妇等。众多的人物和桑桑有着千丝万缕的联系，因此可以让学生一边读书，一边在阅读单中记录下每个人物的名字，随后再与主人公桑桑进行连线绘制成思维导图，从而利于厘清小说中的人物关系，赏析人物特点。指导学生绘制思维导图时，可以以"桑桑"为中心，按照相应关系将其他人分散排列，由于很多人物并不是在小说的第一章出场，所以这张思维导图是随着学生逐章阅读的完成而逐步完善的。思维导图创作的过程，就是学生对整本书阅读、梳理、思考、总结的过程。学生读整本书的过程是眼、手、脑同时活动的过程，也是文本思维不断发展建构的过程。

3. 设置悬念，激发阅读欲望

阅读大部头小说最好的方法，我想就是设置一个又一个的"悬念"，让学生紧紧围绕人物、情节、主题、环境等要素，饶有兴致地去猜测人物命运下一步的发展方向，然后再通过自己的阅读，去揭晓答案，与自己的预测进行对比，可以与其他艺术表现形式（如由同名作品改编的影视片段、话剧片段）进行比对，获得阅读的快感和素养的提升。比如，为什么说秃鹤是"最英俊的少年"？病重的桑桑最后的结局是怎样的？五组人物中发生了哪些故事？既有为了推进导读而当堂揭示谜底的悬念，也有需要学生在课下阅读整本书才能揭开的悬念。这使得整堂课上，学生始终处于积极的思考状态；有利于发展他们的思维能力。

4. 设计任务，逐层推进阅读

任务单的作用是基于整本书的具体内容，对其进行项目开发。它通过任务驱动的方式发挥学生的主体作用，让学生阅读有单可依，有章可循。创新整本书学习任务单，一方面是突破知识技能取向下学习任务单既有样式的需要，另一方面是提升学生语文核心素养的内在诉求。整本书阅读如果以任务单为导向，学生在阅读过程中更容易走进作品，有效思考，进而乐于表达。如执教的《红岩》一书，我运用晋级阅读任务单，推进整本书阅读力。如引导学生围绕"一寸山河一寸泪，万里长风万里魂"的爱国主题开展阅读，首先，通过巧设导读式阅读任务单激发学生阅读兴趣，引导学生从封面、封底去了解一本书；其次，出示批注式阅读任务单，从展示学生个性化阅读的批注与指导比较阅读的方法两个方面，探究了人物形象；再次，出示表达式阅读任务单，培养学生从片段阅读中提取关键信息的能力；最后，通过阅读任务单制订阅读计划，有效地凸显了整本书阅读推荐课的必要性。整个推进过程中的导读—批注—建构—思辨—表达的进阶式任务单，把整本书阅读教学真正落到实处。

整本书阅读"推进课"犹如一个个"晋级关卡"——或补充能量或更新方法或增强期待。在阅读实践中，我们教师也需要从多个维度推进学生阅读，运用统编教材阅读单元所学的策略，一步步进发。

三、分享汇报

有效的阅读是，读者要不断将阅读连接自己的生活经验，"建构他们自己的意义"。每一个读者都如此不同，建构的意义自然不同，这就是"分享"的必要性。因此，汇报课是一种以构建师生"整本书阅读"的交流平台，用来评估学生名著阅读效度为主的课型，就是把个人的阅读收获，包括建构的语言、文化、审美、思维，变成多彩的阅读智慧。主要有四种类型：（1）文字类。读后感、文章评论、书评、微论文、书信、续写、改写、扩写、缩写、咏人诗、歌词、剧本、人物传记、人物纪年表、腰封设计、推荐语、辩论稿等。（2）图画类。海报、手抄报、思维导图、谱系图、纪念馆设计图、人生旅行地图、人物形象复原图、物件复原图、地形图、报纸。（3）表演类。辩论、讲故事、课本剧、自制动画或视频。（4）创意类。书签秀、诗画擂台、游戏开发、文化创意产品、迷宫、建模等。

曹文轩说："一个孩子必须阅读规模较大的作品，随着年龄的增长，越应当如此。因为大规模的作品，在结构方式上，与短幅作品是很不一样的。短幅作品培养的是一种精巧和单纯的思维方式，而长篇作品培养的是一种宏阔、复杂的思维方式。"阅读监控策略主要指向读者对阅读的计划、评估和调整。总之，阅读前，教师引导学生思考阅读目的、制订计划；阅读中，教师鼓励学生自我提问、自主总结、运用阅读策略解决阅读障碍、坚持阅读；阅读后，教师引导学生评估、反思阅读成效，有步骤地监控学生的阅读全过程，才能全面促进学生核心素养的提升。

第三节　整书阅读的评价

"整本书阅读"这一学习任务，在读和教的同时，还必须配有合理、完备的阅读评价体系，这包括阅读前的摸底式评价，阅读中的过程性评价，还包括阅读后的终结性评价。评价体系既是对学生阅读状况的了解和把控，也是对学生阅读成果的呈现和展示，还能激发学生的阅读动力，指明学生阅读的方向。在"整本书阅读"教学实践中，阅读教学和评价是一个有机的整体，要实现教学评一体化。

一、前置性评价

在阅读之前，教师需要了解学生对文学作品的原有认知，还需要了解学生普遍的兴趣和遇到的障碍，以此确定教学重难点。教师可以借助问卷这一形式，结合检测、调查两种手段，掌握学生在阅读前的学情。这要求教师科学设计问卷，统计数据，进而把控学生的阅读节奏、引导学生的阅读习惯、疏通学生的阅读障碍，有针对性地引导整本书阅读。

二、过程性评价

过程性评价的责任人首先是任课教师，肩负全程指导、全程跟踪、全程"伴读"（师生共读）的重担；其次是家长，家长最主要的作用是"伴读"（亲子共读）；最后是同学，同学之间组建若干"整本书阅读共同体"，互相提醒、互相督促。过程性评价的内容主要包括：阅读兴趣、阅读习惯、阅读速度、阅读深度、分享表现等。如在《草房子》"整本书阅读"教学启动后，教师可以安排阶段性的任务单进行资料的查阅、相关问题的批注、故事人物关系的思维导图或表格的制作、词句段的品析、相关知识问答等，考查学生的阅读速度、深度等。教师通过对学生过程性表现进行及时关注和引导，同时对学生在阅读过程中的表现，如专注程度、组内表现、阅读反馈等方面进行量化评分，推动学生进一步自主、深度阅读。

三、终极性评价

除了过程性的嵌入式评价外，对于整本书阅读我们还可以启动前置的终极性评价成果，如阅读《西游记》，我们可以设置一个"课本剧表演"作为一个终极性评价的展示。这个活动涵盖考查学生在阅读上素养的表现，包括对文本的阅读和个性化的理解等，是一种集语言、思维、审美、文化于一体的考查方式。最后，师生还可以通过整本书阅读过程中的综合表现进行总体评价，从而完成一次完整的教学评一体化的整本书阅读教学。

总之，整本书阅读成为语文课程的重要组成部分，成为学生生命中不可或缺的体验过程，还需要我们转变观念，重视落实，让阅读滋养学生，浸润童年。

附：一至六年级统编教材"快乐读书吧"梳理表

年级	栏目	主题	环节/书名	具体要求
一上	快乐读书吧	读书真快乐	介绍"阅读方式"和"阅读途径"	认识阅读方式：亲子阅读、师生共读、自主阅读、同伴分享…… 认识阅读途径：书店、图书馆、阅览室、学校、家里……
一下	快乐读书吧	读读童谣和儿歌	《摇摇船》1 《小刺猬理发》2	感受童谣的韵律与节奏在反复诵读中培养语感
二上	快乐读书吧	读读童话故事	《小鲤鱼跳龙门》3 《"歪脑袋"木头桩》4 《孤独的小螃蟹》5 《小狗的小房子》6 《一只想飞的猫》7	感受童话的想象树立正确的判断
二下	快乐读书吧	读读儿童故事	《神笔马良》8 《七色花》9 《大头儿子和小头爸爸》10 《愿望的实现》11	感受儿童的生活与愿望播下真善美的种子
三上	快乐读书吧	读读经典童话	《安徒生童话》12 《稻草人》13 《格林童话》14	感受中外经典童话体会名家语言魅力
三下	快乐读书吧	读读寓言故事	《中国古代寓言》15 《伊索寓言》16 《克雷洛夫寓言》17 《拉·封丹寓言》18	感受中外经典寓言小故事背后大道理
四上	快乐读书吧	读读神话故事	《山海经》19 《中国古代神话》20 《希腊神话与英雄传说》21	感受中外神话的魅力体悟人民愿望与追求

续表

年级	栏目	主题	环节/书名	具体要求
四下	快乐读书吧	读读科普读物	《十万个为什么》（苏联）米·伊林 22	广泛阅读 爱上科学
			《十万个为什么》（中国）23	
			《穿过地平线》（李四光）24	
			《细菌世界历险记》（高士其）25	
			《爷爷的爷爷哪里来》（贾兰坡）26	
			《森林报》（苏联）比安基 27	
五上	快乐读书吧	读读民间故事	《中国民间故事》28	感受民间故事的魅力 学习预测故事的方法 体会人类美好的愿望
			《一千零一夜》29	
			《非洲民间故事》30	
五下	快乐读书吧	读读古典名著	《西游记》31	了解古代章回体小说的特点 学会对长文进行提炼与概括
			《三国演义》32	
			《水浒传》33	
			《红楼梦》34	
六上	快乐读书吧	读读儿童小说	《童年》35	了解不同时期儿童的成长故事 感受性格各异的儿童人物形象
			《小兵张嘎》36	
			《草房子》37	
六下	快乐读书吧	读读世界名著	《鲁滨逊漂流记》38	感受小说中的曲折情节
			《骑鹅旅行记》39	
			《汤姆·索亚历险记》40	
			《爱丽丝漫游奇境》41	

第五章　口语交际"活"起来

口语交际训练是聆听、表达、合作、收集信息、处理信息能力的综合训练，它绝对不是"听话""说话"的简单相加，而是基于一定的话题，或陈述事实，或抒发情感，或议论评析，展开交流，从而达到特定的交际目的。这种能力是一种在交往过程中表现出来的灵活、机智的听说能力和待人处事能力，不仅表现在说得准确、流利上，更表现在说的状态、形式上，是语文学科核心素养中一种较高层次的言语训练形式，更是一种教学策略和方式。一项研究表明，人们的日常生活中，语言应用的比例是这样的：听占了 41%，说占了 33.3%，读占了 16%，写只占了 9.7%。华东师大倪文锦教授说，学生的口语能力已经成为限制其成长的重要因素。必须建立完善的口语培养体系，以此提升学生的思维活跃能力，使学生能够培养良好的协作能力和形成良好的人际关系。可见，口语交际教学不仅要让学生会听、会说、会交流，同时也要通过听、说、交流的训练提高学生的思维能力，培养学生的合作意识与协作能力等。

统编教材每册书都有 4 个地方设置了口语交际教学内容，在口语交际训练中，只有让学生多种感官都参与到互动中，才能切实提高他们的口语表达能力。在口语训练上提出了这样的要求：要利用语文教学的各个环节有意识地培养学生的听说能力；要在课内外创设多种多样的交际情景，让每个学生无拘无束地进行口语交流；要鼓励学生在日常生活中积极主动地锻炼口语交际能力。为此，我们必须建立新的教学理念，倡导自主、合作、探究的学习方式，在口语交际教学中创设情境，激发学生想象力，让学生进行入情入境、无拘无束的交际，训练学生的口头表达能力，培养学生与人交流的意识、能力和习惯，从而提高口语交际教学的效果。

第一节 编排亮点

口语交际板块在教科书中独立编排，自成体系，突出了"交际"的功能，更加重视交际能力和交际习惯的培养。起步阶段，其重在鼓励学生敢说，引导学生尊重他人，遵守交际规则，致力于培养有礼貌的交际者，文明的社会公民。其编排上鲜明的特点和优势主要体现在以下四方面。

一、编排体系化

首先，明确了"口语交际"的课型，教材中把口语交际作为一个单独模块进行编排的，每个话题都给了一个页面，意在凸显口语交际在低年级教学的重要地位，进一步引起教师对口语交际教学的重视。其次，保证时间的充裕，话题设置上，每册安排 4 次（六年级下册为 3 次），小学阶段共 47 个交际话题。虽然安排的话题次数减少了，但这样更有利于老师们集中时间、重点训练，有更多的时间把每一次口语交际落实得更加到位。

二、选材情景化

教材在口语交际话题的选择上更加贴近学生生活，突出育人的功能。话题的类型大体可分为独白类、交互类、功能类等。这些话题大多来源于孩子们的生活，也用以指导孩子们的生活。选材上特别注重情境的交互性，摒弃了原教材的"介绍式""独白式"的栏目话题，更加重视"交际"的功能，更加重视交际能力和交际习惯的培养。学生在具体的生活情境中进行的活动，每一次都必须在互动中完成，既体现了一种"大语文观"，又体现了教材对学生素养培养的重视。如"我的暑假生活"配了情景图和泡泡语："我跟爷爷奶奶学会了做简单的农活。现在我会摘茄子，还会给菜地锄草。""爸爸带我去了游乐园。这是我第一次坐摩天轮，从空中往下看，视野一下子开阔了，地上的人和车都变小了……"这些话题，因与生活实际紧密联系，能够生发真实的语言表达，让学生交流有兴趣，交际有内容。

三、训练层次化

六个年级建构了清晰的目标体系，在教材呈现上，口语交际一般由情境图、对话框和小贴士三部分组成。尤其是小贴士，对训练的要点进行了明确提示，更加突出了"交际"的功能，更重视学生交际能力与交际习惯的养成。作为教师，一定要对标教学，要在教学中体现编者的编排意图，不光要看一册书中的目标要求，更要把不同年级的教材放在一起，梳理出交际目标循序渐进的梯度序列。如表达能力的训练，由第一学段讲简单的故事、学会倾听，到第二、三学段讲复杂的历史和民间故事，讲见闻，谈看法，着力培养学生敢于表达的勇气，以及成段地讲述所见所闻、所思所想的口头表达能力。应对能力的培养，侧重功能性口语交际话题，精选学生在生活中可能遇到的问题或存在困难的交际内容，设计不同的情境，引导学生反思什么样的交际是有效的、恰当的，指导解决生活中的问题，较简单的请教、劝说与劝阻安排在第二学段。小学阶段，不要求做到"得体"，做到恰当即可。演讲、辩论安排在第三学段。比如，讲故事的主题，从一年级到五年级有"听故事，讲故事""看图讲故事""名字里的故事""趣味故事会""讲历史故事""讲民间故事"等。从看图讲故事，到对学生知识积累和整合表达的考验，层级清晰。在教学的过程中，老师们首先要将年段目标分别落实到每一次交际活动中，循纲扣本，一课一得，把每一个话题的训练都落在实处，做扎实，这样在口语交际教学活动中不仅有内容上的要求，还有交际目标的要求，层层递进，做到心中有数。

四、呈现多元化

统编教材的口语交际重交际，特别强调成功的交际需要考虑——交际对象，语言环境、场合和时机等。因此，其注重以学生的实际需求为前提，体现不同学段的学生身心发展的规律，贴近学生的现实生活，以多种形式呈现。情境图，用来创设课堂交际情境，激发学生说的欲望；对话框，为学生的口语交际提供了直观生动的范例；小贴士，清晰呈现教学目标和训练要点，使学生明确口语交际的方法策略。

因此，我们需要特别注重交际方法与策略的学习：

一年级，着重解决孩子不会听、听不清，不敢说，说不响，不知道跟谁说，不懂得区别场合，不容易说清楚的问题。

二年级，着重解决学生不会问，说话无序，听人讲话抓不住要点，不会应对等问题。

三年级，着重培养孩子要有对象意识，引导学生成段表达，避免对生活场景的简单重复。

四年级，着重培养学生听要有筛选，判断出哪些是重要的，做出应对；说要有主题，说完整，有情感，通过语调、手势等增强表达力和感染力。

五年级，话题选择上更关注口语交际对现实生活的指导意义。方法策略上强调有依据、有条理地表达。

六年级，感性地动情表述向理解深刻的表述过渡。强调要点，有条理地表达，以理服人。

第二节 核心素养的培养

《课标》指出："说话是人们交流的重要方式，是认识世界，认识自我，进行创造性表述的过程，是语文素养的综合表现。"因此，我们应该重视口语交际，以口语交际促进学生核心素养的培养。

一、语言的建构与运用

口语交际教学通过"说"培养学生自主表达、自信表达、生动有条理表达的能力，自觉地运用语言。通过"听"培养学生理解、聆听、判断语境的能力，对语言进行梳理和整合，主动地建构语言。

二、思维的发展与提升

口语交际教学，绝不仅仅是训练学生的"嘴皮子功夫"，而是通过对倾听能力、表述能力、沟通能力、辩证能力等的系统化训练，优化学生的思维品质、心理素质，推动人格健全的浸润性养成。所以，口语交际不仅要培养学生会听会说，还要让孩子懂得如何思考问题，如何自控反应，如何待人接物，每一项都和"人"的健康发展有着密切的关系。

三、审美的鉴赏与创造

口语交际教学通过创设交际情境，激发听说兴趣，唤醒情感体验，培养学生发现美、欣赏美、创造美的能力。在口语交际教学过程中，我们要求学生"与别人交谈，态度自然大方，有礼貌""有表达的自信心""注意语言美，抑制不文明的语言"等，这本身就是一种追求美、实践美的表现。

四、文化的理解与传承

中国是礼仪之邦，口语交际是一种双向互动的活动，交际的目的是相互沟通，促进合作。在交流的过程中，要做到有礼有节，尊重对方，掌握分寸。这与文化的传承与理解有着密切的关系。特定的文化形成了特定的交际规则，通过对交际规则的学习，可以帮助学生认识世界，理解社会，传承文化。

第三节　教学误区

《课标》和统编教材对于口语交际教学都给予了高度重视。但现实教学中还存在瓶颈与困惑，例如，教师对口语交际价值意义的理解还不够深入，教师在对教材理念的把握中对教材的认识定位还不够精准。口语交际与实际的融合还不够贴切，导致就教学而教学，没有真正意义上拓展口语交际的时空。口语交际的情境性创设还不够生动，把口语交际课上成说话课，情境的创设比较拘泥于传统的教学方式，侧重于采用单向的评价方式。具体表现如下。

一、情境创设不当

"客观现实的语境和言说主体在语境中的境感，往往有这样或那样的误差。一般地说，误差有三种状态：不足状态，过度状态，错觉状态。"对语境把握不全、理解过度，或认识错误导致言说"不在线"的现象在交际中时有发生。大致包括两种状态：一是教师在教学中未创设语境，或所创设的语境不符合生活实际；二是学生不适应创设的语境，没表现出真实的交际状态，导致表达的内容、情感、态度不恰当。统编教材中的口语交际多有泡泡提示，提供了多个常见的生活语境。由文字语境向课堂空间语境的转换，需要用儿童的方式创设，否则就会出现上述现象，达不到交际效果。

二、训练时间削减

《课标》指出："语文课程是一门学习语言文字运用的综合性、实践性课程。"口语交际就更需要强调语言实践了，没有实践，这些交际的要点和技巧永远都是黑板上的板书和老师的唠叨，很难内化成学生自觉的行为，更难以提高学生的交际素养。口语交际课的核心是交际。海德格尔提出"让学"的重要理念，口语交际教学，则是要创设情境充分说。然而，现实教学中，有相当多的口语交际课从方法传授的角度来指导，而不是从语境创设的角度激发。教师呈现教材资源中的情境后，没有抓住时机让学生充分地说，而是设定很多条条框框，贴出一堆规范要求，形式大于内容，方法大于实操，学生实际交流实践的时间很少。甚至有的教师将口语交际异化为考题，以书面表达代替口语表达，违背了口语交际的课程目标。

三、评价片面虚化

受考试评价机制的影响，目前口语交际评价仍处于模糊地带，针对性、修复力不强，评价片面现象普遍。主要表现：一是评价只关注"说了什么"，忽略说话主体的心理面貌、语态表现等非语言要素；二是唯标准的评价，交流前，教师出示量化表让学生说评，影响表达兴致，让鲜活的口语变得索然无味；三是唯激励的评价。没有针对性的泛评是廉价的鼓励，学生的口语表达能力无法获得真正提升。

第四节　教学建议

一、把握教材理念，确定交际目标

在确定口语交际教学课程内容时，我们在依据单元口语交际训练要素的基础上，更要"基于学生的实际需求，满足学生的发展要求"。作为课程的"口语交际"虽提出时间晚，但我国重视口语和谈辩的教育却早已有之。早在春秋时期，孔子就以"德行、政事、言语、文学"四科育人。2000年颁布的《课程标准》则正式将"听话、说话"整合为"口语交际"，从而使其具备了独立课程的基本条件，也将对口语交际的认识推向了新的高点，堪称语文教学改革中教学方向的重大转移。为此，"口语交际"在小语教学中可作为"独立课程"进行教学，统编教材更是如此。我们在进行教学前，要紧扣单元语文要素，结合学生实际需求，做到前后勾连，相互通融，确定合理的课程内容，明确交际目标，精选交际话题，从整个课程体系出发，进行统筹安排。

二、创设真实情境，驱动交际激情

李吉林老师曾说过："言语的发源地是具体的情境，在一定情境中产生语言的动机，提供语言的材料，从而促进语言的发展。"任何一种语言的学习都少不了具体的语言环境。尤其是作为一种在人际交往中极其重要的交际形式，口语交际的学习更是如此。它是语文课程工具性的重要体现，更是学生语文核心素养的重要体现，它是从具体的语言实践中来，要回到具体的语言实践中去。所以，这种实践性很强的语言训练形式，能够营造出真实的交际情境，并在生活场景中开展口语交际是学习口语交际的基本要求，可以达到落实训练的目标。

统编教材中口语交际的内容设置要很接地气，大多以与交际话题相关的生活场景图呈现，借助贴近学生生活的交际场景引出话题，调动学生的生活经验和情感体验，尝试自己解决问题。比如与学生息息相关的日常生活情景，包括《我们做朋友》《一起做游戏》等；还考虑到了生活中会遇到的正式场合，比如《演讲》《辩论》等。此外，还有一些很有讨论和交流价值的"问题情景"，如

《意见不同怎么办》《长大以后做什么》等，让学生在思维的碰撞中进行口语交际训练，养成积极主动发言表达观点的习惯。

除了教材提供的情景语境外，"小贴士"中也强调了口语交际要注意语言语境。例如一年级上册的"说话的时候，看着对方的眼睛"、一年级下册的"一边说，一边做动作"、三年级上册的"借助图片或实物讲"、四年级上册的"使用恰当的语气和肢体语言"等，都是根据对话内容即时形成的语境。由此可以看出，语境并不是一个静态、凝固的概念，而是动态、流动的过程。如二年级下册口语交际中"长大后要做什么"这一话题，老师以从"了解身边的职业"谈到"说说自己长大后要做什么"，循序渐进，打开了学生的思路，激发了学生的口语交际兴趣。课堂中，学生们跃跃欲试，大胆分享自己的想法，对感兴趣的内容积极提问。最后，老师把自己的梦想贴在黑板的"心愿树"上。整节课，老师从情境出发，引导学生进行交际实践，让学生乐于开口，真情流露，全方位提升了口语交际能力。

三、搭建思维支架，助力交流表达

于永正老师提出：在口语交际教学中，从话题的选择到情境的创设，从路径的选择到范例的指引，总能恰当地找到儿童口语交际实际发展水平和潜在发展水平之间的"临界点"，适时适度地搭建有利于学生发展的学习支架，提供适宜学生发展的"生长点"，可以使儿童的口语交际能力得到发展，引导儿童在发现和解决问题的学习中，逐步掌握建构和内化所学知识技能的方式，成为独立的学习者。因此，小学口语交际课堂中，教师可适时搭建适合儿童的学习支架，把儿童从一个发展水平引导到另一个更高的发展水平。比如，教三年级下册《我做了一项小实验》时，我借助课本的图表引导学生回忆实验过程，填写关键词，并用"先……接着……然后……最后"的句式引导学生说话，把实验步骤介绍清楚。教《推荐一部动画片》时，我以游戏闯关引入学习内容，贴近学生的生活。以教材为依托，基于学情，创设招聘校园小主播的有趣情境，在情境中展开教学，激发学生的交际兴趣。在学习推荐环节，我通过推荐模板，搭建语言表达支架，并提供小妙招。在小妙招的帮助下，学生能把动画片介绍得更清楚。在教《春游去哪玩》时，我给出支架：我觉得春游可以去_____，因为＿＿＿＿＿＿＿＿＿＿＿＿＿＿＿＿＿＿＿＿＿＿＿＿＿＿＿（有什么好玩的，可以开展什么活动），引导学生有条理地表达自己的见解。

四、以评价为抓手，落实交际目标

《课标》指出："口语交际的评价，须注重提高学生对口语交际的认识和表达沟通的水平"，"应按照不同学段的要求，综合考察学生的参与意识、情感态度和表达能力"，"评价宜在具体的交际情境中进行"。因此，我们可以从以下两方面来考量学生的口语交际能力。

（一）注重表现性评价

统编教材口语交际小贴士既有对表达内容的要求，又有语气、表情、动作等非语言要素的提示。在教学中，师生往往更多关注说的内容，对口语表达的心理因素与外在表现因素极少关注。课堂中，评价要素与教学目标要高度对应，从口语表达的整体表现给予综合性评价，避免模糊的经验式评价。如统编版五下口语交际《我们都来讲笑话》要求：有正确的站姿、手势等；尽量表现出笑话中人物的神情、语气和动作；克服口头禅、重复等不良的口语习惯；要沉住气，自己不要笑场。

（二）注重教学评一体

口语交际的评价，既要评价听说的内容、评价学生听说能力的发展，也要评价交际时的行为和态度。后者的重要性不亚于前者，在某些情况下，甚至更为重要，因为它有可能直接决定着交际的成败。因此，口语交际教学的评价要注意评价主体的多元化，可以通过自评、互评、师评、家长评来落实。评价形式要多样化，可以进行诊断性评价，也可以进行激励性评价，还可以做总结性评价。评价要围绕着训练重点进行。在教学中，评价也必须紧扣训练目标，落实"一课一得"，稳扎稳打，步步为营，可以和学生一起制定评价标准，并将它贯穿在后面的交际活动中，体现"教—学—评"一体化。只有把每一课都落在了实处，口语交际的编排意图才能得以彰显，学生的口语交际能力才能形成体系，学生的口语交际素养才能不断地提升。比如，教学《商量》一课，教师在实施分组活动时，让每一组的一名学生做评分员，并借助具体的评分表，让商量的孩子明白要求，也让学生评价时有依据，不空说。一位教师执教《劝告》一课，则通过设计"群众演员招募"这一有趣的活动来检测，入选标准实际上就是评价标准。通过活动巧妙评价，让学生在真实的情境中不断提升口语交际能力，同时反馈目标的达成情况。

评价还可以被设计成有趣的活动，发挥更大的作用。如一个老师在执教《请你帮个忙》教学活动的最后，让学生在点赞卡上写自己的名字，学生纷纷议论没有笔（这其实是老师特意创设的一个较为复杂的交际情境，课前特意要求学生什么文具都不带），怎么办呢？小朋友想出办法——找听课老师借。老师趁势提出要求：找老师借到笔以后，就在老师那儿把你的名字写上去，然后把笔还给老师。同时请听课的老师根据小朋友的表现在点赞卡上为他们做出评价。这样巧用活动进行评价，既出其不意，有新鲜感，又能在真实的情境中提升学生的口语交际能力，还能反馈目标的达成情况，更好地改进口语交际教学。

学科核心素养视域下的口语交际教学要立足交际现状、营造交际情境、强化交际训练、指向交际实践，不断促进学生交际能力的提升和语文实际运用能力的发展，最终才能实现语文综合素养的全面提升。

第六章　单元写作"活"起来

在小学语文教学中，习作教学一直是小学语文教学中最难啃的一块硬骨头。它是小学语文教师教学的重点，学生学习的难点。虽然老师们做过种种努力，试图找出一种行之有效的方法去提高学生写作文的能力，但总是收效甚微。学生们一谈起作文，神情紧张，灵气全无，这样在教与学之间就形成了一道无形的屏障，从而影响着作文教学计划的实施和教学质量的提高。

叶圣陶先生在《阅读是写作的基础》一文中表示，实际上写作基于阅读，老师教得好，学生读得好，才能写得好。要使学生的写作能力得到提高，首先取决于教师在阅读教学中"教得怎么样"，"教得怎么样"包含了"教什么"和"怎么教"。

从教学现状来看，阅读课的课时占据语文课的最大比重，很多学生进行了大量的阅读，但依然不能写好作文，怕写作文。因此，我们需要反思阅读教学在"教什么"和"怎么教"上出现的问题，其中，首先需要思考的就是：怎样的阅读才能成为写作的基础？阅读要想成为写作的基础，就需要在"怎么写"的角度去品析，为写作提供方法和资源。

第一节　编排解读

统编小学语文教材习作内容采用"习作单元"和"单元习作"，双线并进，编排方式自成体系，纵向上体现习作要素螺旋进阶，横向上习作能力的迁移运用的教材资源，期望从"怎么写"的角度为学生习作提供必要的认识，改变传统的完全以阅读为中心的编排体系，在重视培养阅读理解能力的同时，引导语文教学更加关注表达，改变多年来语文教学实践中重阅读轻习作的状况，对小学生的习作教学有着积极而重要的意义。那么如何开展统编教材习作单元教学呢？

一、准确把握习作单元的编排特点

（一）编排体系

习作单元以习作能力发展为主线，组织独立的单元内容，不同阶段侧重不同方法的习得，三至六年级每册安排了一个"习作单元"。教材具体内容为：三年级上册是留心观察，三年级下册是大胆想象，四年级上册是写清楚一件事，四年级下册是按游览的顺序写景物，五年级上册是用说明方法介绍一种事物，五年级下册是运用描写人物的基本方法把人物特点写具体，六年级上册是围绕中心意思写，六年级下册是表达真情实感，结合"写清楚—写具体—写出真情实感"的习作训练要求梯度，逐步培养学生的习作能力，构建小语教学习作体系。

（二）结构特点

统编教材提出"读写分编，兼顾读写结合"，围绕习作能力主线习作单元，由"精读课文""交流平台""初试身手""习作例文""习作"五部分构成。"精读课文"重在引导学生从阅读中学习写作的方法；"交流平台"结合对精读课文的分析，梳理总结从精读课文中学到的写作方法；"初试身手"让学生尝试运用学到的写作方法进行表达；"习作例文"为学生提供习作范例，便于学生借鉴和模仿；"习作"引导学生运用学到的方法，进行单元习作练习。这五个组成部分"前后贯通、环环相扣、彼此呼应、循序渐进"，构成一个以习作能力培养为中心的传动链。从单元导语到习作练习，学生经历一个完整的"学习方法—尝试习作—完成习作"的学习过程，有助于学生习作能力的构建，以及小语习作教学体系的形成。

二、将方法指导有机融入教学的全过程

作为统编教材体系下的特殊单元，习作单元旨在加强读与写的联系，帮助

学生形成系统、有序列的习作能力，所以要抓住习作单元内部的联系，统整教学，进行大单元备课；准确把握习作单元各部分的目标和功能，这样才能大大提高教学效率，突出重点，提高教学效果，从而更好地达到提高学生习作水平的目标。以统编版五下第五单元为例，阅读与写作的要素是高度对应和吻合的，阅读上提出了"学习描写人物的基本方法"，在习作上要求"初步运用描写人物的基本方法，具体地表现一个人的特点"。显而易见，集聚阅读与表达两大板块的核心要素是"描写人物的基本方法"，前者是借助阅读学习"人物描写方法"，后者通过表达来运用"人物描写方法"，并且这个"人物描写方法"，作为单元核心，让"精读课文""交流平台""初试身手""习作例文""习作"形成一个"结构性"知识网络架构，"以表达为中心，让阅读基于表达，指向表达，让表达更显层次，更具优势"。我们可以将习作单元几个板块的内容做以下整合。

（一）精读引领课

统编版小学语文教材"习作单元"五大板块与写作训练无不契合，主要训练方式就是"读写结合"。每个习作单元有两篇精读课文，都是以学习写作方法为主要目标的，可以与"初试身手"或"习作例文"进行整合，形成精读引领课型，聚焦在"表达方法"上，主要指向本单元习作要素。如：在教学五年级下册习作单元"运用描写人物的基本方法把人物特点写具体"时，整合精读课文《人物描写一组》《刷子李》和习作例文《我的朋友容容》《小守门员和他的观众们》。引导学生品悟，要把单元课文中鲜活的人物写好，不仅要细致观察，还要了解一些写人的基本方法。首先，选用典型事例，把它写具体。人与事是分不开的，一个人往往在做事情、与别人相处时，会反映出自己的特点，习作时应选择最能表现人物特点的典型事例。如《两茎灯草》通过写严监生临死时仍惦记节省灯油这件事，表现他的吝啬。其次，用多种方法表现人物的特点。如为了表现车夫祥子旺盛的生命力，《他像一棵挺脱的树》细致描写了他结实健美的身体；为了表现小嘎子的机灵，《摔跤》生动刻画了小嘎子的一连串动作。还可以描写人物的神态、语言、心理等，具体地表现人物的特点，使人物的形象更鲜活。此外，也可以描写周围人的反应，间接写出人物的特点。如《刷子李》写了曹小三在观察师傅刷墙时，从崇敬到质疑再到崇敬的一波三折的心理变化，从侧面反映出刷子李的高超技艺。

在此基础上，通过"初试身手"进行小练笔，"课间十分钟，观察一位同学，试着用学过的方法写一写他"重点突出人物描写的方法；而"你的家人有什么特点？想一想可以用哪些典型事例表现他们的特点，列出来和同学交流"则突出典型事例的选取和描写。这样的整合教学更好地落实了单元语文要素。同时，在教学精读课文时要注意：对于识字写字、解词析句、内容理解、情感表达、指导朗读都不做过多要求，处理要简要、集中，直接指向表达方法的学习，一定要避免教成普通单元的精读课文。

（二）总结练笔课

总结练笔指的是习作单元中的"交流平台"和"初试身手"。一个总结方法，一个尝试训练，两者的统整教学能更好地为单元习作搭建支架。统编小学语文教材"习作单元"中的"交流平台"，就是运用对话的形式，对本单元"语文要素"在精读课文中运作状况进行梳理与总结，是将单元语文要素语境化、知识化的一个重要载体与平台，让学生看得见，能领会，真切触摸到某个写作知识点的呈现方式与应用策略；而"初试身手"板块，是学生进行初步地迁移与运用写作知识的阶段性写作活动，促进了学生对写作知识的认知与内在转化。以统编版四上的习作单元为例，首先，结合"交流平台"回顾总结在两篇精读课文中学到的写作方法——写清楚一件事，要按一定的顺序写（《爬天都峰》），并把事情发展中的重要内容写清楚（《麻雀》）。两篇精读课文的课后练习注重引导学生通过阅读交流，发现作者通过不同角度把事情写清楚的方法。接着，对于"初试身手"安排的任务——"跑步比赛""奶奶的生日""擦玻璃"，任选其中一个或两个话题进行"写清楚一件事"的练笔。需要注意的是："交流平台"在梳理总结时不能只是读一遍内容，而是要回到课文中，结合内容理解，梳理方法，并将方法的指导有机融入整个单元教学的全过程。"初试身手"定位在"初试"，是让学生初步尝试写，不做字数、质量等方面的限定。教师要充分关注"初试"的成果，发现学生在实践中存在的问题，发现习作的难点，突出讲评的诊断作用，及时予以有针对性的指导，为学生顺利完成单元习作打好基础。

（三）例文引领课

习作例文作为习作单元中独立的一部分，不提倡独立教学，而更倡导统整教学。统编版小学语文教材将"习作例文"放在"习作"之前，"于学生而言，是习作时可以用来学习、借鉴的文章；于教师而言，就是在指导学生习作时，通过借鉴、说明、示范等形式直观呈现写作知识的文章"。纵观"习作单元"，前面提供写作知识学习的"精读课文"和"交流平台"，在"习作"前安排"习作例文"有其特殊的作用。精读课文对"习作单元"的价值在于写作知识的开发生产，而"习作例文"的意义在于提供灵活运用写作知识的范例，引导学生"活化"写作知识，以改善写作知识之前的读写分离、生搬硬套的状态。两篇风格迥异的"习作例文"，呈现了写作知识运用的丰富状态，让学生在写作学习中，真切感受到：写作知识是有形的，但是知识运用是无形的，需要在具体的文体表达中，结合习作目的，进行灵活多样的组合，让学生感受到写作知识在言语运用中的多元面貌和神奇作用。

不仅可以整合精读课文，还可以贯穿于习作教学的始终。习作前，范文引路：根据所选习作内容，利用习作例文提供的范式模仿写作。习作中，回读借鉴：仿神、仿意、仿路、仿法等。习作后，迁移内化：根据习作共性问题，利用例文的支架，再次对比阅读，内化方法，修改提升。习作例文的使用，四年级下册（"按游览的顺序写景物"）的《教师参考用书》为我们提供了很好的范例。思路一：在"初试身手"后，借助例文引领指导习作。借助例文、课文指导学生确定习作内容，厘清游览顺序；再借助例文指导写好印象深刻的景物，最后习作成文。思路二：总结方法、明确习作要求后直接进行习作，初稿完成后针对习作中出现的问题结合习作例文进行有针对性的指导、修改，最终成文。

在教学"习作例文"过程中也要注意一些问题：首先，习作例文要指导学生自读、自学、借助旁批和课后题了解写作要点。不需要做字词、内容理解、情感体会等方面的要求，避免教成略读课文。其次，习作例文的教学，可以根据"初试身手"练写时学生存在的问题和遇到的困难，进行有针对性的指导，可以不采用整篇完整教学的手段，只选择例文中有用的部分，帮助学生解决问题。最后，就是要注重习作例文与习作的整合，要把习作例文作为习作指导、评改的全过程范例。

（四）习作实践课

"习作"板块安排在"习作单元"的最后环节，是对学生写作学习状况综合而整体的考察。在此环节中，学生对写作知识的运用已经到了水到渠成的地步，较好地实现了写作知识的"内化"。在习作例文引领下，学生顺利完成习作撰写后，就要落点到习作的评改和提升上。如六年级上册"围绕中心意思写"这一习作可采取如下评改环节：首先，回顾单元内容和写作方法，再次明确习作要求，提出评价标准；其次，小组内互相评价；再次，展示佳作，交流用到的写作方法和成功之处，点评有典型问题的习作，结合习作例文引导学生有针对性地修改；最后，习作修改完成后，可引导学生交流自己做了怎样的修改。通过这样反复的展示、评价、修改的过程，使学生的习作达到质的提升。

习作教学的过程就是把写作知识融进写作学习的过程，就是学生言语实践活动的过程，就是写作知识向着言语能力与素养转化的过程。习作单元的每个部分都是相互衔接的有机整合，都指向最终的习作成果，所以统整教学是更适合于习作单元教学的，而且在实际教学中，要努力淡化写作知识的生硬说教，竭力引导学生在单元课文和例文中感悟写作，在创设的情境中驾驭写作，从而自然而然地服务于写作任务的达成。

第二节　链接生活

苏联著名教育家苏霍姆林斯基说："每一个儿童就其天资来说，都是'诗人'。"我国著名教育家叶圣陶说："把无形的语言写下来成为有形的文字，只要是会写字的人，谁又不会呢?"可是，多少年来，我们的语文老师为攻打作文这半壁江山而冥思苦想、上下求索；我们的学生艰难爬行于字格之间，有几个是真正乐写和会写作文的呢? 在现实的教学中，一提起作文，学生总是愁眉苦脸，觉得无话可说，无事可写，或是假话连篇，加之，学生从三年级的片段作文过渡到四年级的篇章式作文，要把作文写精彩就更是难上加难，学生就更害怕写作文，对作文更加提不起兴趣，无从下手，要不就是为文造情，内容空洞，缺乏真情实感，完全失去了其纯粹的、可贵的童真与自我。

《课标》指出："写作教学应贴近学生实际，让学生易于动手，乐于表达，应引导学生关注现实，热爱生活，表达真情实感。"基于这样的理念，我认为作文教学首要的就是激发学生的表达欲望，树立其写作的信心，这样学生才能表真情、吐真言，作文内容自然充实而有个性。

生活是作文的源泉，作文教学应努力生活化。依据这样的理念，我的作文教学设计着力于创设各种生活情境，精心设计参与过程，引导学生全身心地投入活动，利用各种感官体验，从而为自主作文提供了有利的条件和广阔的空间。

一、淡化习作痕迹，以情趣激荡情趣

在学生的头脑中，根深蒂固的想法是，作文就是关于语文方面的训练。每次老师教完一个单元的语文课，作文就会"如期而至"。老师先指导同学们审题，然后同学们就打草稿，再修改，再统一誊抄到方格本上让老师批阅。周而复始！这样的作文，充满生命灵性的，几乎没有。渐渐的，学生疲惫了，批阅的老师也疲惫了……

开学第一堂作文课，我兴致盎然地走进教室，看见一张张灿烂的笑脸，一双双略带成熟的眼睛，心中不由一动，风趣地在黑板上写下"家有少年初长成"，学生一脸疑惑地，异口同声地念道"家—有—少—年—初—长—成"，我故作神秘地说："新学期到来了，同学们都升上了五年级，成为高年级的大哥哥、大姐姐了，老师首先在这里祝贺你们。你们现在可是个性十足的大男孩和亭亭玉立的大姑娘了。"我边说边穿梭在孩子们之间，拍拍这个的肩膀，捏捏那个的脸蛋，一种无形的力量让他们的脸上多了几分成熟的自信。我接着说："你对自己了解多少呢？"说着我在黑板上板书了一个大大的"我"字，"说说你的个性吧"。短短的几句话，给学生创设了轻松、和谐、自然的写作环境，激发了学生的遐想。于是我让学生写了一篇以"我这个人"为题的作文，学生的情绪被调动起来了，迫不及待地写了起来："我这个人挺多嘴的，所以老师'赐'给我一个'号'——多嘴精！我喜欢玩电脑、看电视和看书，可是，自从上学以后，我的这些爱好，已经变成了想做而做不了的事情了。所以我已经加快了速度完成作业，争取实现每天晚上睡觉前都能看上一本书。"还有的孩子写道："记得有一次，我睡觉说梦话，你知道我说了什么吗？哈哈！我在背古诗呢！原来，梦中的我也在背古诗呀！"只要用心去写，作文真实、具体、感人，那就是一篇好文章。

学生喜欢在游戏中完成自己的习作，于是我又组织学生介绍自己喜欢的一种小动物，然后在完成习作后通过猜谜的形式进行交流，看谁观察得最仔细，描写得最形象，最快被大家猜出来，学生的兴致一下被调动起来了，有的说："宝宝全身都是米黄色的，除了肚皮那片毛是雪白色，你瞧，它的眼睛就像两颗黑葡萄似的，尾巴如小松鼠的尾巴，又像一把'鸡毛扫'，它的耳朵毛茸茸，谁见了都想摸一摸。"有的充满童趣地说，"因为它，我和臭屁'结上了缘'：它总是跟着我乱跑，像个跟屁虫似的。有时，人放个屁也是理所当然的嘛！它跟在我身后，有时被熏了熏，它就开始到处乱跑，还'汪汪'地大声乱叫。谁叫它要当'跟屁虫'的嘛！所以……"。细细品味这些充满童真、童趣的作文，总让人情不自禁地露出会心的微笑。

一天，一位"不速之客"——一只小飞虫闯进了我们的课堂，孩子们一下子被吸引住了，我并没有批评他们，而是借助这个机会，引导学生即兴写了一篇《刚刚发生的事》的作文，孩子们一边投入地写着，一边不时窃窃地笑。看着他们即兴创作的文章，无不为他们的童真、童趣而拍手称妙。一学生写道："原来在听课的我，慢慢地把目光转移到它那儿，它有两只翅膀，翅膀上有很密很密的花纹，四只细细的脚，它先用脚，在我面前挥了九下，似乎在跟我打招呼，它这一举动，使我更加入神地观察它了。它用脚刮了一下翅膀，接着走到我擦出的橡皮碎旁边，用脚推了一下，似乎想搬走它似的，果然，它用四只脚紧紧地捉住，在天空转来转去，好像迷失了方向似的，我用嘴吹了一下窗口的位置，它找到了出口，慢慢地飞走了……"

二、创设生活氛围，调动学生写作的积极性

古今中外优秀的文学作品之所以能够流芳千古，无不是因为它有与众不同的特点，有闪烁着的作者鲜明的个性，有作者独特的心声。而这一切无不因为他们拥有丰富的生活经历与情感。所以，教师指导学生作文不要只把精力放在指导写作方法上，还要在引导学生从自己的思想感情出发认识生活，以形成自己独有的生活体验上下功夫；要千方百计地为学生创造"走进生活"的情境，

构建能够让学生自由、自主地认识生活、体验生活和思考生活的氛围，使他们从内心产生写作的激情与需要。

为了培养学生能用自己的眼睛发现问题，用自己的头脑思考问题，用自己的心灵感悟问题，我在班里搞了一次"我们只有一个地球"的活动，启发学生利用各种媒体搜集信息，开阔视野。学生在搜集材料的过程中，受到极大的震撼，产生强烈的情感，迸发出心灵的火花。一位女同学从网上搜集了大量的生态环境被破坏的信息，看到这一幕幕，她思绪万千，于是她痛心地写道："善待地球，人人有责。保护环境成了人人可以参与的活动。这是为什么呢？正是因为人类没好好保护环境，你看，森林都被砍光了，只留下孤独的土地。又被大量开垦，水源日益紧缺，加上许许多多的生物被捕杀，地球都失去了原来的活力了！"还有一个孩子写道，"我相信大家都应该看过《后天》这部电影，里面讲述的是人们不保护不爱护大自然造成温室效应，它带来了冰雹、龙卷风、海啸……他告诉我们的道理是：我们只有一个地球！"多可爱、多善良的孩子呀！他们号召大家都来为人类做有益的事，抒发了自己对人类共同的家园——地球妈妈的热爱之情。

学生虽小，但处于四年级这个开始有了自我的阶段，更希望教师把他们当大人看。于是借助这种心理，我首先表扬他们懂事，能干，然后抛给他们一个难题——写一篇植物的研究报告，孩子们开始愣住了，后来在例文示范作用下，他们又开始自信地说行！行！行！没问题，但要给他们一些时间去"好好考察"一下，这正中我的下怀，我当即答应，带领他们到校园里观察、记录植物的特征，并答应给他们时间回家收集相关资料，孩子们果真不负所望，交来了自己的力作："经过我的仔细观察，白兰花有8片花瓣，花瓣上有一点点淡黄色，用手摸有一点粘，不滑的感觉，它的花瓣犹如一片片天使的羽毛。白兰花体内含有樟醇，苯乙醇，甲基丁香酚等成分，可供熏茶、酿酒或提炼香精，也可以做成香水、润肤露和雪花膏呢！"

三、丰富学生的生活体验，积累个性化素材

新的教学大纲明确指出："指导学生作文要从内容入手。"这里的内容，其实质是要解决"写什么"和"怎么写"的问题，这也就是如何培养学生的感知

生活能力和创造思维能力。因此在教学中教师就要尽力去丰富学生的生活体验，注重培养学生的感知生活能力，帮助他们积累作文素材。

由于小学生年龄较小，在生活中观察不够细致，对生活中的事物、事件往往"视而不见""听而不闻"，这时，教师就要成为学生习作实践的合作伙伴，成为学习资源的开发者，要善于引导学生挖掘生活中的写作素材，如生活中的热点话题，生活小火花，做到有内容可写。比如：过年后，我们班开了个"家乡美食大家尝"的活动，孩子们每人带一样家乡的特色美食到学校与同学分享，看谁把食品"推销"得最好，我从食物的色、香、味三方面引导孩子去说，孩子们馋得都"垂涎三尺"，个个跃跃欲试，都想来推销自己的家乡美食。在一种愉悦的氛围中，学生完成了习作，有的孩子在介绍自己家乡的茶果时说："它的皮晶莹剔透，能看见里面的馅，爱吃甜的，就包红豆或者绿豆，爱吃咸的，就包肥猪肉，火腿和花生碎。放在锅里蒸上十来分钟，香气扑鼻，把它放进嘴里轻轻一嚼，满嘴都是香味，如果你吃了，真是险些就会把自己的舌头吞下去了呢！"有的孩子写道："初尝花生糖，一口咬下去，'咔'的一声，你会感觉满嘴飘香，回味无穷。花生糖外表很普通，黄黄的花生包住了糖的外表，感觉好像只有一种颜色，更别说迷人，可是，我小时候，饿时，第一个就想起它了，拿着它便狼吞虎咽地吃了起来，吃饱了，便拍拍肚皮，擦擦粘满糖的嘴，心满意足了！"还有的写道："面一上来，热气腾腾，香喷喷的，我都馋得'口水流下三千尺'了。我学着妈妈的样子，倒一些辣椒粉，再倒一些醋，搅拌一下就可以吃了。第一口吃下去，滑爽！那粉从你的嘴里'咻'的一声滑过，粉又爽又脆。第二口吃下去，酸酸辣辣！醋加辣椒粉真是美味无比。第三口吃下去，原汁原味！就算加了配料也可以尝到汁的味。"

四、抒写独特的感受，表达真实的自我

传统作文教学中，学生是被动写作，教师是学生作文的"发令员"和"裁判员"，学生作文是好是坏全凭教师说了算。《课标》关于作文教学指出："应为学生的自主写作提供有利条件和广阔空间，减少对学生写作的束缚，鼓励自由表达和有创意的表达。"因此，我树立了"以人为本"的教学理念，尊重学生的主体地位，关注学生的个性差异，培养学生写作的自主和自信，破除畏难情

绪，让他们勇于展现自我。此外，我还善于发现学生作文的每一个亮点，鼓励学生的一得之见，以拳拳爱心，引燃他们坚定自信、勇于进取的写作激情。

有一段时间，发现有不少孩子开始迷恋上网打游戏、聊天，严重影响身心健康，针对这样的情况，我特意组织学生以"我对电脑网络的看法"这个话题展开辩论，孩子们各抒己见，各有各的观点，争得面红耳赤。在激情燃烧的时候，我让学生把自己的看法写下来，有的孩子写道："电脑和网络是现代生活重要的东西，它可以让我了解更多知识。……电脑和网络，对我们有益又有害，只有善于利用，我们才能得到好处，要知道，适量游戏可以放松自己，但沉迷于游戏则会伤身。"有的写道："拿电脑来上网查资料，固然是好，可上网玩游戏，可能不太好，因为这些游戏，都是很好玩的，特别是我们这些'小不点'最容易踩下这些'诱惑的陷阱'，整天都沉迷于电脑网络游戏，上学都无精打采，上课肯定也不能专心的了。"有的说："玩电脑，是可以玩，但不要荒废学业，不能辜负父母对你的期望哦！"有的说："人类拥有了电脑和网络，是不是该想想怎样使用它了呢？是沉迷在网络里整天玩游戏，还是在网络里、电脑里多学知识，少上网聊天、游戏呢？玩网络游戏只能是偶尔玩，如果经常玩网络游戏的话，那你的一生就会毁在它的手上了。"

我还善于挖掘学生内心深处的美好情感，让他们大胆地写下来。在教学中我们发现许多学生都不愿说，究其原因就是怕自己说不好，学生渴望成功，渴望被周围人认可，他们往往在意自己在老师和同学心中的位置。小学生写作文其实是一种并不轻松的劳动，必须使儿童感到自己是个劳动者，使他为自己的劳动成果而感到自豪，作文才会达到事半功倍的效果，所以，我们应尽可能鼓励学生把自己想说的话说出来。例如在指导上面讲的这篇作文时这样引导学生："在你们心里珍藏着的这份情感，它美丽又动人，一定不亚于电视上感人的情节，你们愿意说出来吗？愿意的话，那么，请你们酝酿一下自己的情感。"他们随着优美的音乐进入各自的角色，充分感受着这份浓浓的情意，写下了很多让人感动的文章，如一个学生在《老师，我想对您说》中写道："每一次，您声嘶力竭地为我们讲课，连嗓子也都喊哑了，都没有顾得上，而是一心一意地把知识输送给我们。这时候，您是那样呕心沥血！每一次，您严厉地批评着每一个同学时，里面的一字一句都包含着您对我们的爱。您那一张张亲切、严肃和太阳般的笑脸总在我们眼前浮过。"有的学生在《我的妈妈真辛苦》中写道，"抹完了地，妈妈又拖着疲惫的身子去煮饭，洗衣服，吃完了饭，又去洗碗，就这样日复一日，妈妈的身子落下了许多毛病：腰疼，脖子疼，背疼，肩周炎……如今，我们根本不可能感受得到以前的人的辛苦，有吃有穿，有这么好的条件，我们一定要珍惜啊！"

融情入境，随心所欲，学生的写作欲望增强了，写作信心也有所提高，能联系生活实践，积累生活素材，抒写自我，文章的"虚假"成分减少，语言更富童真与个性。

第三节　作文发表

马斯洛原理指出：人天生有感情抒发、被尊重和自我实现的需要。大胆地表达无疑是最方便和直接能满足这些需要的方法之一。所以从这个层面来说，人的天性里本来就蕴藏着表达的天然欲望。为何我们有些学生却一提笔就不敢作文呢？

《课标》指出："写作是运用语言文字进行表达和交流的重要方式，是认识世界、认识自我、进行创造性表述的过程。写作能力是语文素养的综合体现。写作教学应贴近学生实际，让学生易于动笔，乐于表达。老师应引导学生关注现实，热爱生活，表达真情实感。"怎么才能引导学生关注现实，热爱生活，表达真情实感呢？我认为，解决问题的关键还在于激发学生的作文兴趣。我在教学实践中做了以下三点尝试。

一、创办"春笋报"，激发写作动力

接任四（1）班的语文教学工作，对于学生每单元的优秀习作我总是没有时间逐一进行讲评分享。于是，在家长的支持下，结合学校"竹特色"校园文化，我们创办了班报"春笋作文报"，并成立家委编委会，刊登学生的周记和单元作文中的优秀习作，尽量给每个学生展示的机会。同时，我们还设置了一些学科趣味题目，如"看图猜成语""歇后语""IQ题"等，增加作文报的趣味性。每单元一期：批改作文—修改完善—评选佳作—提交稿件—家委编印，每每印制精美的作文报被发到学生手中时，孩子们捧着新鲜"出炉"的作文报，欣赏着身边同学的习作，阅读的幸福和被阅读的自豪之情充满了整个课室，不知不觉让写作变得让人期待！

二、建立评选机制，激发写作热情

印制的作文报需要一个评价机制以发挥其学习交流平台的作用，每期的作文报，我特意隐去作者的姓名只留下编号，同时在作文报中设置了一个投票栏，供学生评选本单元最优秀的作文，同时根据学生的投票情况，选出班级"小作家"奖，激励全体学生认真写作，争取入选班级作文报。通过这样的评价方式的设置，推动了阅读者去认真阅读批注，积极评选投票，也给全体学生提供了被学习、参与评选的机会，在互相学习和交流评价中，学生的作文兴趣和水平也在潜移默化中逐渐提高。

三、搭建展示平台，许一个作家梦

对于从班级评选中脱颖而出的"小作家"，又该如何更进一步激发他们写作的热情和动力呢？我通过投稿和参加作文比赛的方式，为孩子们搭建了一个更高层次展示交流的平台，学生先后有 20 余篇作文发表在《珠江晚报》《南方都市报》上。当通过"作文发布会"宣布发表的作文并颁发报纸和稿费时，小作家捧着自己发表的作文，拿着自己的稿费，那一刻"作家梦"被点燃，这对投去羡慕眼光的学生而言，也是一种有力的推动。有家长更是动情地感叹："成老师啊，我要代表全家感谢您，静瑜的文章发表了，爷爷拿着那份报纸，看了又看，竟然欣慰地流下眼泪。"那一刻，我也动容了，是啊，当我们用心搭建一个个可以促使学生不断晋级的展示平台，一颗颗"作家梦"的种子被激活，让作文成为自我表达、自我成就的媒介时，作文是那么的可亲可爱，那么的被人期待。

第七章 综合实践"活"起来

　　语文综合性学习是一种新型的学习方式，一种全新的课程组织形式。2001年教育部在《全日制义务教育语文课程标准（试用稿）》中首次将语文综合性学习列入语文课程目标，"综合性学习"与"识字""阅读""写作""口语交际"一样，便成了语文课程内容的有机组成部分。"综合性学习"作为语文课程的一种崭新的课型正式进入教材，进入课堂。它超越了传统单一学科的界限而按照水平组织的原则，将现代社会的综合性课题和学生关心的问题统整起来，通过解决学生在主题式的、创造性的学习过程中出现的问题，有机地将语文知识与生活经验、课内与课外、校内与校外结合起来，以提高学生运用语文知识、综合解决问题的能力，促进学生知情意行的和谐发展。这是出于基础教育改革、全面实施素质教育、实现教育面向"三个面向"、提高国民素质和促进学生、教师和学校发展的现实提出来的，让学习从单一性转向综合性。

　　语文核心素养强调语文学习的综合性与实践性，关注学生语用能力的提升，这与语文综合性学习的特性不谋而合；语文核心素养提出，语文课程要与实际生活密切联系，促进学生语用能力的提升，这与语文综合性学习的目标不谋而合。语文综合性学习的综合性与实践性的特点也要求活动要有真实的问题情境、让学生在语言实践中学语文、用语文。可以说，语文综合性学习也渗透着语文核心素养的四个方面，探索语文核心素养下的小学语文综合性学习，可以从语言、思维、审美、文化四个方面让它们建立联系，做到从提升学生语文能力到全面发展语文素养。

第一节　综合实践活动与生活

对于语文综合性学习，《课标》在"课程设计思路"部分指出：提出综合性学习的要求，是为了加强语文课程内部诸多方面的联系，加强与其他课程以及生活的联系，促进学生语文素养全面协调发展。统编教材从三年级开始，每个年级下册都安排了一个综合性学习单元，这是统编教材编写的全新设想，反映了教材编写的新理念。这些综合性学习单元编排强调的是语文知识与能力的综合运用和听、说、读、写能力的协调发展，课堂学习与生活实践的紧密结合，学习目标则聚焦在两个方面：一是学习传统文化，如三年级下册《中华传统节日》、五年级下册《遨游汉字王国》；二是综合运用语文，如四年级下册《轻叩诗歌大门》、六年级下册《难忘小学生活》。四个单元采用两种不同编排形式，为学生提供了由易到难的学习路径。三年级下册《中华传统节日》和四年级下册《轻叩诗歌大门》采用单元内嵌入的形式，将综合性学习活动贯穿在整个单元学习中：单元导语页提出了综合性学习活动的任务；"活动提示"穿插在课后练习中，对活动提出具体的指导；安排了"综合性学习"这一板块，进行学习成果的总结和展示。五年级下册《遨游汉字王国》与六年级下册《难忘小学生活》是以专门单元的编排形式呈现的：单元导语页提出了综合性学习活动的任务，围绕活动主题，每个单元安排了"活动前言"和"活动过程"两个板块；教材在"活动过程"板块中编排了"活动建议"和"阅读材料"两个部分的内容，不仅提出了要完成的学习任务，而且也对活动开展作出了阶段性的安排，还为学生顺利开展活动提供了必要的支持和引导。掌握好综合性学习策略对提高学生语文整体素养意义重大，并将终生受用。

一、突破封闭，走向开放的世界

语文综合性学习，有利于打破传统语文教学中的封闭状态。课本不再是唯一的信息源，课外书中的知识，生活中的知识、网络媒体上的资源等都可以是学生学习信息的来源；教师也不再是唯一信息的传递者，教师的角色也由原先的知识传授者变成了学生学习的组织者、引导者、合作者和参与者。学生也由原来的被动接受者，变为学习的主动参与者、实践者，发挥着自身的主动性、积极性和创造性。教室也不再是唯一的信息交流场所，校园、家庭、社区、博物馆、科技馆、展览馆以及大自然等，处处都是学生学习语文的场所，处处都有学生语文学习的资源。语文综合性学习，打破传统语文学习的壁垒，让学生走出课堂，走出学校，走进场馆（科技馆、展览馆、博物馆等），走进生活，走进大自然，体验真实的生活情境，学生会学得更好。如在学生学完《走进田园》的课文后，我组织学生通过"走进田园"的项目式实践活动，真切体会课文中作者的感受，引导学生亲近自然，通过观察乡村美景、体验农家生活，陶冶情操和审美能力，记录有关实践活动过程中的见闻、趣事，表达自己对乡村生活的独特感受和赞美之情。活动一经布置就得到家委会的大力支持。家长马上通过班级 QQ 群发出"斗门十里莲江亲子活动"的邀请，一呼百应。家委会还制作了任务卡，引导孩子们在玩乐的过程中，学会观察、发现，即时将所见所闻记录下来，并在最后的分享活动中将自己的见闻通过文字表达出来，比比看谁看得仔细，写得真切。活动中，孩子们领略到田园独特迷人的美景，还参观了解了农用工具，体验了舂米、磨豆浆，真切感受到农家生活的辛劳。因而，在孩子们的感悟中，不仅有对美景的赞美，也有对"粒粒皆辛苦"的感叹。当天还有部分孩子由于其他原因，未能跟上大队伍，但每个人都有自己的体验，有的孩子走进梅华城市公园，了解玉米、油菜、四季豆的种植和养护等，获益良多。

我们常说"好文章源自生活"，学生只有亲身体验，才能有所发现、有所感悟，才能有感而发，并从中陶冶情操，热爱生活。这样的实践活动，使学生带着目的去看世界，感受生活，给学生留下了深刻的印象，也得到了家长的充分肯定，正如彭滢如家长所言："不为课本束缚，灵活多变地利用课本知识使学生真正学会所学知识，提高教学学习的实用价值。"这正是我们开展这样的活动的目的。

二、创设情境，回到真实的生活

语文综合性学习，应紧密联系学生的学习与生活，还原真实的学习"现场"，使学生所学的知识和能力在他们的生活中是真正"有用"的。如学习完《圆明园的毁灭》，学生充分感受到了圆明园的宏伟、壮丽，也感受到了被毁灭的痛心。恰好珠海就有一个"圆明新园"，为了让学生亲身体验，感受复原后的"圆明园"，我们开展了一次特别有意思的游园任务，让学生结合所学课文内容去参观游览"圆明新园"，以导游的身份亲身介绍"圆明新园"。活动一经推出，得到家长的大力支持，他们还请来了专业的导游带领孩子一起游园、负责讲解，让学生不仅进一步了解圆明新园，而且还学会了如何进行介绍。随后，我们给孩子们分组，每小组选择一处景点进行介绍，最终游客评价点赞，集赞最多的小组获胜。

　　这一来自生活又回归生活的真实学习素材和场景，不仅使孩子们意识到学习语文是有趣的，提高了语言表达能力，也增强了他们的社会责任感和参与感，进一步激发了孩子们学语文、用语文的兴趣。因此，语文综合性学习，应多联系学生的学校生活、家庭生活、社会生活等真实生活场景或模拟真实生活情境，孩子们会觉得语文的学习更加有效又有趣！

三、项目驱动，统整融合的成果

　　《课标》指出："语文综合性学习主要体现为语文知识的综合运用，听说读写能力的整体发展、语文课程与其他课程的沟通、书本学习与生活实践的紧密结合。同时也学会与人合作，培养互助合作、探究分享的精神。"教学时，教师可以对单元内的教学目标、资源、方法等方面进行统整：通过项目任务驱动，运用以单元为基本单位的教学方式，逐一推进，帮助学生完成综合性学习任务，实现单元学习的目标。例如三年级下册《中国传统节日》单元，许丽那老师设置了"我们的节日"展示活动，通过营造真实的情境，完成任务单的形式，引导学生通过小组合作，搜集整理节日资料、唱诵节日诗文、绘制节日作品、制作节日美食、表演习俗歌舞等感受不同节日的特色。如对于六年级下册《难忘小学生活》这一综合性学习单元，教师在教学时须统整项目学习目标，以开展"毕业联欢会"为驱动任务，先后进行"回忆往事"和"依依惜别"两个板块的教学：学生回忆成长，填写时间轴；教师引导学生参考"活动建议"和"阅读材料"，自主整理成长资料，设计制作成长纪念册；通过第二个活动板块"依依惜别"，策划毕业联欢会，用书信等形式表达对师友、母校的惜别之情；进行展评交流。在这样项目式学习活动的推进中，完成本单元的学习目标。

从培养学生的语文素养这一核心目标出发，结合项目式学习这一新型学习方式的特点，我们应当在做中学，在学中问，在问中得，力求拓展学生的综合性视野，有效融合多学科知识展开语文教学；同时，更应立足语文学科本位，深度进行实践，让项目化学习模式的语文课更具有"语文味儿"，让孩子的语文学科素养得到真实而有力的提升。

第二节　非连续性文本与生活

在现实的生活和工作中，"非连续性文本"大量存在，其实用性特征和实用功能十分明显。"非连续性文本"来自"PISA（Programme for International Student Assessment）"即国际学生评估项目，是相对于以句子和段落组成的"连续性文本"而言的一种阅读材料，多以图表、图画、图示、目录、索引、数据或清单等形式呈现，其主要特点是直观、简明、概括性强、易于比较。

PISA给我国中小学校正在深入推进的基础教育课程实践改革带来了若干新的思维，也提出了许多新的任务和挑战。其中，从传统、单一的连续性文本阅读习惯走向同时胜任连续性与非连续性两种文本双重阅读的能力，从传统的线性阅读单一方式走向线性和非线性并重并用的阅读方式，便是我国当下中小学课程改革以及发展中小学生核心素养实践中亟须强化的一项重要工作。21世纪中小学教育必须努力适应时代发展的新特点，积极培养学生非连续性文本阅读、非线性阅读等新型阅读能力。

非连续性文本也称为非线性文本，它的概念是相对于连续性文本而言的。就传统的经典阅读内容而言，人们接触最多的是大量的连续性文本，顾名思义，连续性文本就是连续的线性文本，主要是由字、词、标点组成句、段落、篇章甚至一本书，来构成一个提供完整信息的单元。阅读非线性文本的时候按照从左至右的直线性的阅读方式阅读。在学习生活中常见的记叙文、散文、诗歌等都属于连续性文本。但在当下的信息时代，对于高容量的信息传播，人们不断尝试以新型的文体方式予以简明、生动、快速表达，于是非连续性文本——以非线性的方式阅读的一种完整明确的信息单元应运而生。相对于连续性文本而言，非连续性文本更具有实用性、直观性、简易性，是在综合性阅读学习基础上进行提升与开拓的。

2011年的《课标》就已对义务教育阶段学生的阅读非连续性文本能力提出了以下要求：第三学段（5—6年级），应"学会阅读简单的非连续性文本，即能够从图文等组合材料中找出有价值的信息"，这里主要强调的是，要考查学生在非连续性文本阅读中的筛选、收集、处理而获取信息的能力；第四学段（7—9年级），"不仅能够阅读多种材料组合、较为复杂非连续性文本，能领会文本的意思，得出有意义的结论"，这里主要强调的是，要考查学生在非连续性文本阅读中的理解、鉴赏、评价信息的能力。应该说，非连续性文本阅读，就是要让学生学会准确有效地提炼有意义的信息，最终目标是培养学生解决日常生活实际问题的能力。随着学段、层次的提升，《课标》对学生非连续性文本阅读的难度也有相应梯度的要求。"非连续性文本"作为新增的《课标》内容进入阅读教学的视野，作为与九年义务教育相衔接的基础教育的小学语文，更应该在义务教育语文课程改革的基础上继续推进，深入推进。

如果说以往的人教版教材中还只是散落地出现一些非连续性文本，那么在统编版教材中我们惊喜地看到了非连续性文本作为课文出现了，虽然课标没有对低段提出"非连续性文本"的教学要求，但其中也在循序渐进地渗透着各种非连续性文本。如低年段的语文园地"识字加油站"的课程表，高铁票、公园平面图等都是非连续文本，在帮助学生识字的同时，也培养了学生提取相关信息的能力。

为了落实"复述"的能力，教材中对于一些故事提供了插图或思维导图等形式，在给予学生语言表达支架的同时，也进一步熟悉了非连续性文本的表现形式。

到了高年级段，则呈现整单元的非连续性文本，如统编版五下第三单元《遨游汉字王国》，通过阅读非连续性文本材料，进行综合性学习。

为什么国家如此重视非连续性文本阅读呢？我认为至少有三点原因：

首先，这是培养学生核心素养的需要。《中国学生发展核心素养》总体框架从文化基础、自主发展、社会参与三个方面，提出了"人文底蕴、科学精神、学会学习、健康生活、责任担当、实践创新"六大素养，并具体细化为十八个基本要点。这是学生适应未来社会发展所需要的关键能力与必备品格。其中，在第二方面"自主发展"、第三个素养"学会学习"中提出要培养"信息意识"，其重点是"能自觉、有效地获取、评估、鉴别、使用信息"。而非连续性文本多以图表等形式呈现，正需要人们学会从中获取有效信息。

其次，这是由语文学科的性质决定的。语文作为基础学科，工具性是其特征之一。生活中的非连续性文本包括地形图、表格报表、票据（发票、购物小票、电影票、门票、火车票、飞机票等）、说明书（药品、食品、电器、器材说明书等）、证件（身份证、工作证、学生证、图书证、毕业证、驾驶证、名片、各种证书等）、卡券（购物券/卡、银行卡、社保卡等）、图纸、包装盒（袋）、指示标志、宣传海报或平面广告、各式招牌、调查或研究报告、QQ 和微信的聊天记录、校园里教室的标识牌、课程表和作息时间表等。这些与生活紧密相关的非连续性文本，由于其简明扼要，直观醒目，用最少的文字传递丰富的信息等优点被广泛使用，教师要让学生学会解读。

最后，语文教学必须回归现实需要。长期以来，人们忽视或不重视非连续性文本阅读，教材中既没有相应的非连续性文本教学单元或知识点，又难觅其身影。于是，学生对非连续性文本知之甚少，甚至看不懂。但生活中却常常需要阅读非连续性文本，它植根于生活中的方方面面。日常生活中包含"非连续性文本"的事物不胜枚举，如：乘坐公交车前，需要看懂站台上的车辆信息；

游公园时，需要看懂地图；吃药或第一次使用电器设备前，需要读懂说明书；去图书馆借书时，应提前了解如何办理图书证等。因此，我们必须要改变语文教学与生活脱节的现象，让语文学习与实际生活紧密相连，解决生活中的实际困难。

在小学语文新教材中，关于非连续性文本阅读有专门的安排，这也为新课标的落实提供了依据。如何规范有效地落实非连续性文本阅读教学是每一个小学语文教师需要思考的重要话题。

一、专项型非连续性文本阅读教学

专项型非连续性文本不同于传统的连续性文本，如《金字塔》《故宫博物院》《鲁滨逊漂流记（节选）》等课文。教师在引导学生阅读这类文本时，可以从文本入手，为学生提供充足的阅读材料，指引学生在阅读中识别文本的构成元素、结构，体会其想要表达的含义，获取相应的信息。在此基础上教师指引学生对信息进行解释、归纳、对比，结合学生的实际生活，让学生可以用自己的语言来解释文本关键信息。

如在引导学生学习《故宫博物院》时，教师要先引导学生对文本进行分析，明确课文是一组非连续性文本，让学生可以对这类文本材料类型有所了解，其中材料一是说明文，材料二是一段文字，材料三则是官网网站图片，材料四是平面图。随后教师指引学生对课文中的文本材料进行阅读，从整体上对文本信息进行感知，材料一运用空间顺序，对故宫的主要建筑、布局及功能进行了介绍；材料二叙述了关于太和门的故事；材料三对故宫博物院的参观路线进行了介绍；材料四出示了故宫博物院的平面示意图。接着教师指引学生带着相应的任务来完成材料阅读，如制定故宫一日游参观路线、为游客介绍故宫。在任务引导下学生可以更加有指向性地进行阅读。在学生完成阅读后，教师还可以让学生针对阅读材料、阅读方法、阅读成果等进行互动交流，从而提高学生信息整合、信息解释、文本重构的能力。

二、主题型非连续性文本阅读教学

在小学语文统编教材中，除了课文之外，还设置语文园地、口语交际、习作、综合性学习等板块，而每个板块都设置相应的训练主题。这些主题也可以看作非连续性文本。这些非连续性文本功能各异，有的是明确语文要素；有的是强化语文要素，梳理学习方法；还有的是实现语文综合能力的训练。在主题型非连续性文本阅读教学中，教师要引导学生先明确主题，注重上引下联，注重单元人文主题和语文要素的良好结合。在教学中，教师引导学生明确单元学习目标，收集整理、解释迁移、运用文本信息，便于后续的交流学习。

如统编版五上第五单元属于习作单元，课文类型为说明性文章，单元的目标在于引导学生学习写说明文，在单元后面设置交流平台、初试身手，需要学生梳理总结说明文的相关知识，联系生活来应用这些信息、教学中，首先教师可以引导学生交流课文《太阳》《松鼠》的学习体会，并阅读交流非连续性文本，提炼出关于说明文的关键信息；接着教师指引学生对两篇课文进行精读，列表归纳说明文特点、不同说明方法、不同语言风格等；最后教师引导学生对照图文进行练笔，让学生在练笔中加深自身对语文知识的理解。

三、辅助型非连续性文本阅读教学

辅助型非连续性文本主要是辅助学生学习文本，在统编教材中，辅助型非连续性文本内容有很多，如单元导读、课文阅读提示、泡泡图、课后阅读链接等，这些非连续性阅读文本穿插于连续文本中，可以引导学生更好地感悟、理解课文，有助于增强学生的阅读体验。教师在开展辅助型非连续性文本阅读教学时，要突出其本身的辅助型特征，做到与课文的良好对接，将其很好地穿插于教学中。同时，教师在教学过程中，需要对教学资源进行优化整合，科学梳理各种文本信息，确定教学衔接点，促进课堂教学效果的提升。如在教学《一个豆荚里的五颗豆》时，教师要结合单元语文要素"阅读时尝试从不同角度去思考，提出自己的问题"找出教学辅助点，引导学生结合课后题对文本信息进行梳理，学会从不同角度提问。学习《爬山虎》，可结合课后"资料袋"学用观察日记或做表格进行记录，促使学生可以更好地提取和整理信息。

四、应用型非连续性文本阅读教学

在日常教学中，为了梳理文章内容，便于学生理解与把握，我们可以借助图表等形式进行教学，这其实就是一种"非连续性文本"的间接教学。如教《丝绸之路》时，出示张骞出使西域的路线图；教《圆明园的毁灭》时，可以插入圆明园的平面示意图，让学生直观感受对毁灭的惋惜、痛恨；教《狼和鹿的故事》时，插入柱形比较图；学习《鲸》时，比较须鲸、齿鲸；学习《新型玻璃》时比较新型玻璃的种类、特点及作用等可以通过列表梳理信息；学习《飞向蓝天的恐龙》时，可借助表格分析不同恐龙的外形、习性等。同时，生活中，处处是非连续性文本资源。我们可以结合综合实践活动和语文园地"展示台"，引导学生学会看地图、药品、产品的说明书、站牌、购物小票、各种票据等，并以此开发出更多的非连续文本的题目，让学生学习。

　　总而言之，在小学语文教学中，要挖掘语文综合性学习教材中的非连续性文本内容，有效整合语文综合性学习与其他学科中的非连续文本资源，在生活实践中引导学生学会阅读提取非连续性文本信息，促进学生语文核心素养的提升，促进学生全面发展。

第二篇　我的"活力"教学

第一章　教学实践

第一节　低年段

《我多想去看看》教学设计

【学习目标】

1. 认识 13 个生字，会写"广、升、足、走" 4 个字，认识 2 个偏旁"心、方"。

2. 正确、流利地朗读课文。背诵课文。

3. 理解课文内容，激发热爱北京、热爱祖国的思想感情。

【教学准备】

北京的风景图，课件，升旗仪式录像片。

【教材分析】

《我多想去看看》是小学语文一年级上册的一首诗歌。诗歌用第一人称，以一个山村小孩的口吻，通过和妈妈的对话，讲自己非常想到遥远的北京城去看看天安门广场的升旗仪式。全诗语言朴实，感情真挚，抒发了少年儿童向往北京的强烈思想感情。其中"广场上升旗仪式非常壮观"是学生理解上的难点。如何让身处山村的孩子在读诗中感受到天安门广场上升旗仪式的壮观，并与诗人在情感上产生共鸣，笔者试从以下几方面入手。

【教学过程】

一、抓住主线，导入课题

师：同学们，每个人心中都有自己的愿望，谁能用上"我想"来说一说自己的心愿。（板书：我　想——）

生：我想去北京。

师：还有谁也想去北京看看？（补充板书：我　想去看看）

（生纷纷举手）

师：北京是我国的首都，你们想去，老师也很想去看看。（故意突出"很"字）听了这句话，你们能体会到老师的心情吗？

生：老师的心情很着急。

师：你怎么体会到的？

生：你说"很"想去。

师：你真善解人意！谁能像老师一样在"想"字前加一个字或一个词来表达你想去北京的急切心情呢？

生：我真想去北京看看。

生1：我非常想去北京看看。

生2：我十分想去北京看看。

生3：我特别想去北京看看。

生4：我多想去北京看看。

【设计意图：课堂教学的最终目的是让每个学生都收获更多。面对不同的学生，同一篇课文教学的重难点及教学策略应有所不同。《我多想去看看》这首诗，全诗虽只有三句，却在诗的结尾连续两次发出感叹："我多想去看看"，而且还以作者"我多想去看看"的心愿为题，可见这句话不但揭示了诗歌的中心，还有着较深的意思。教学时若能抓住这句话，就等于抓住了"牛鼻子"。】

二、直奔主题，揭示课题

师：是啊，我多想去北京看看，（补充板书：多 看看）这是所有山里孩子的心愿。这节课我们学习《我多想去看看》，一起齐读课题。

三、轻松游戏，识记生字

师：小作者最想去北京看什么呢？现在请大家自由地读读课文，把答案圈出来。

生读。

师：看小朋友读得这么认真，一群生词宝宝从书里飞到了一条弯弯的山路，沿着弯弯的山路，如果能把生词读准，就能更接近北京城了，有信心吗？

【设计意图：识字与积累词语是低年级阅读教学的重点。况且，一年级正是识字的高峰阶段，学生认得快，忘得也快，所以很有必要每节课都让学生认读一下生字，这样不断地复现与巩固，才可以打牢识字的基础。虽然，这个环节的主要目的是复习字词，但复习不是僵化与生硬的，而是力求创设出一种情境，让学生在愉悦的情境中学习。】

四、品读课文，升华情感

师：（过渡）：通过刚才的自读课文，谁来说说小作者最想去北京看什么？（升旗仪式）

师：为什么那么想去看呢？请小朋友小声读读课文，寻找答案吧。

【设计意图：根据低年级学生好奇心强的心理，引导学生去寻找书里藏着的秘密，学生个个兴趣盎然地寻找书里的秘密，有些大声地朗读，有些则小声地边读边想。】

1. 导读——广场上升旗仪式非常壮观。

师：小作者为什么那么想去北京看升旗仪式呢？

生：因为广场上升旗仪式非常壮观。

师：从哪里找到答案的？

生：从"广场上升旗仪式非常壮观"这句读懂的。

（相机出示句子：广场上升旗仪式非常壮观。）

师：对，我们一起来读读这句话。

生齐读。

师：你去过天安门广场或在电视上看到过广场上的升旗仪式吗？谁愿意和

大家分享一下你的感受？

师："壮观"是什么意思？

【设计意图：大多数学生表现出只可意会不可言传的姿态，是因为学生对"壮观"一词还不理解，不能走进文本。我想此时如果只对"壮观"一词进行解释，它会显得深奥晦涩。所以，我巧妙借用生动的影像资料为教学服务。】

师：让我们一起来看看（出示图片）。（学生观看天安门广场的升旗仪式图片，个个激动，不时地发出"哇"的感慨。）

【设计意图：这些直观形象的图片已抓住了学生的心，只等老师投"石"。】

师：小朋友，你们不停地"哇"，"哇"什么？谁来说说。

生1：哇，天安门广场上的人真多啊！

生2：解放军叔叔真威武啊！

生3：解放军叔叔的衣服真帅啊！

生4：解放军叔叔的脚步真整齐啊！

生5：国旗真红啊！

生6：旗杆真高啊！

生7：旗手的动作真潇洒啊！

……

师：你们的感慨还真不少，谁能带着崇敬与激动的心情再读这句话？（学生动情地读这一句）

师：为什么要突出"非常"？

生：这样才能表现出场面的宏大。

师：我们一起向他学习，齐读这个句子。

【设计意图：真是情到深处自然浓。学生声情并茂，走进文本，走进"天安门广场"。对广场上升旗仪式的惊叹和自豪之情在学生的琅琅书声中淋漓尽致地展现出来。我知道，此时学生的情感已到了高潮，只等我推波助澜了，于是我顺势而导。】

2. 导读——遥远的北京城，有一座天安门。

师：这么壮观的升旗仪式，为什么不马上行动，去北京看看？

生：因为小朋友的家离北京很远。

师：你从课文哪里找到答案的？

生："遥远的北京城，有一座天安门。"说明他的家离北京很远。

师：（出示句子）你真会读书，哪个词写出了"很远"？

生：我从"遥远"这个词知道的，遥远就是很远很远。

师：（出示"遥远"一词）有多远呢？你能读出来吗？

生：把"遥远"拉长来读。

师：为什么这样读？

生：因为距离远，所以声调拉长。

师：有道理！来向他学习，一起来读读这句话，体会北京城的遥远。

3. 导读——沿着弯弯的小路，就能走出大山。

师：那么远，他们想怎么去北京？

生：要沿着弯弯的小路走去。

师：是啊，（出示组图）山里的孩子，生活条件没有大家好，破旧的校舍、残缺的桌椅、掉漆的黑板，别说到北京城，就是要上学，有的甚至都要走上几十里路，山高路险，跋山涉水，险象环生，但是再差的条件，再艰险的路程，也挡不住同学们怀有求知的渴望，走出大山，走进北京城，这条弯弯的小路就是一条通往希望之路！

出示句子：沿着弯弯的小路，就能走出大山。

师：谁来读读这句话，读出对北京城的无限向往和坚定的信心。

生：突出"就"字。

师：让我们合起来，把这一小节有感情地读读。（出示课文第一小节）

4. 导读——我多想去看看！我多想去看看！

师：五星红旗是我们国家的象征，尽管在最偏远的山区，尽管他们没有标准的旗杆，尽管学校里只有两名学生，但是每周一，五星红旗仍然在国歌中被高高地升起。

师：妈妈告诉小作者，天安门广场的升旗仪式很壮观！如果能亲自参加那该多好啊！难怪小作者会对妈妈说——

（出示：我多想去看看！我多想去看看！）

生齐读。

师：（装出一副疑惑的样子）是不是课文印错了，为什么要大声地说两遍？

生：（忍不住笑了，纷纷摇头）不是这个意思！

师：那为什么要说两遍？

生：广场上的升旗仪式确实太壮观了，他太想去了。

生：一句"我多想去看看"还不够。

生：他实在太想去了，就会不停地叫。

师：我想小朋友的愿望一定会实现的，现在让我们的男同学起立，从心底里大声地说一遍——

生：我多想去看看，我多想去看看。

师：我们的女同学也起立，甜甜地向着北京说——

生：我多想去看看，我多想去看看。

师：全体起立，让我们满怀对北京的无限热爱和向往，齐声喊出我们的心愿——我多想去看看，我多想去看看。

【设计意图：这时人与文已融为一体，无须使用过多的语言去指导读这两句话了，学生都自觉地读得一句比一句更响亮、更深情，教学已达到"言有尽而意无穷"的境界了。】

师：小朋友，你们的心声飞过高山，越过平原，跨过河流，一直飞到北京市市长伯伯的耳中，市长伯伯听了十分感动，特意送来了一份礼物，想看看吗？

生：想！

师：那就请坐好吧。让我们坐上通往北京的特快专列，出发！（播放北京美景和天安门广场上国庆节升旗仪式的现场录像）

师：（介绍）亲爱的同学们，北京是中华人民共和国的首都，具有3000多年的悠久历史，具有许多宏伟壮丽的宫廷建筑，其中就有世界上最大的皇宫——紫禁城，紫禁城也称故宫，有祭天神庙天坛、皇家花园颐和园，蜿蜒起伏、如卧龙般盘旋于崇山峻岭之上的世界文化遗产——万里长城，还有毛主席纪念馆、人民英雄纪念碑、鸟巢、水立方——2008年奥运会在这里成功举办，最后我们来看看向往已久的天安门广场，天安门是我们国家的标志性建筑，1949年10月1日，毛泽东就是站在天安门的城楼上宣布中华人民共和国成立的。现在，壮观的升旗仪式开始了！（学生纷纷起立，行礼，唱国歌）

【设计意图：虽说这是一段录像，与我们的生活相距甚远，但学生却在没有人带领，没有人提示的情况下，自发地起立、行队礼、唱国歌，神情是那样的严肃、那样的庄重，可见，一颗热爱祖国的种子已经播撒在学生的心灵深处了。】

五、拓展延伸，回归主题

师：欣赏了北京的美景，领略了壮观的升旗仪式，现在，你最想对北京说些什么？

师：（出示句子：我们爱_____。）能用这个句式对北京说一句话吗？（生自由交流）

师：（出示课后句子并范读）北京是我国的首都，五星红旗是我国的国旗，我们爱北京，我们爱五星红旗。让我们齐声朗诵，表达我们作为中国人的自豪与骄傲吧。（学生把情感表达出来，使得课堂气氛再次进入高潮，言语实践和悟情达意水乳交融。）

师：最后让我们走进山里孩子的心灵，带着对北京的无限向往，有感情地齐读一遍课文，能背诵的可以不看书。（配乐）

《吃水不忘挖井人》教学设计

【学习目标】

1. 学会 10 个生字和由生字组成的词。

2. 理解每句话、每段话的意思，了解毛主席是怎样关心人民疾苦，为人民解决困难，造福人民的。教育学生，要热爱共产党和毛主席，不要忘记那些教育、帮助、关怀过自己，对自己有恩德的人。

3. 能正确、流利地朗读并背诵课文。

【教学准备】

PPT。

【学情分析】

本班的学生在以前的语文教学中，一直把识字和朗读放在第一位，有着较强的识字能力和扎实的朗读基础。在这一课教学中，学生能够运用我们自创的识字方法很快掌握本课生字，通过各种形式的读和情景创设能够感悟老百姓挑水喝的辛苦、毛主席心里装着老百姓的高尚品质，初步懂得饮水思源的道理。

【教材分析】

《吃水不忘挖井人》这篇课文为我们讲述了伟大领袖毛泽东同志，为了让当地的村民吃上甘甜的井水，亲自带领战士和乡亲们挖了一口井，解决了乡亲们的吃水难问题，让我们深刻感悟到毛泽东主席为人民着想、为人民服务的好思想、好品质，感悟乡亲们饮水思源的情怀。

【教学过程】

第一课时

一、歌舞导入，感受功绩

师：同学们，今天我们一起来欣赏一段歌曲，大家想看吗？（播放歌曲录像《太阳最红毛主席最亲》）

师：你们看完了听过了之后想到了什么？明白了什么？

师：（出示毛主席画像）是呀，毛主席是中国人民的伟大领袖，他为我们中国的解放做出了很大的贡献。他就像那红红的太阳，让人感到温暖，让人感到亲切。

二、紧扣课题，指导朗读

师：今天，我们一起去瑞金城外沙洲坝村，看看那里的老百姓是怎样怀念毛主席的，好吗？

生：用心看老师写课题（板书课题）。

师：谁来读一读课题？（吃水不忘挖井人）

今天你不会忘记，明天你就会忘记了。谁再来读？（开始读出重音：突出强调"不忘"二字）。你二十年都不会忘记了！谁愿意再来读？哇！你一百年都不会忘记了！我们一起来读！（学生朗读）

师：吃水的时候，不能忘记谁？谁敢再来读一读题目，把你的这个意思告诉大家？（重点指导，把"挖井人"三个字读得重些）

三、自主识字，交流方法

师：刚才大家把课文的题目读得非常非常棒！现在我们要朗读课文，老师不教你们，有没有信心把它读得正确、流利？

师：好，下面，老师就来考考你们，轻声地读一读课文，边读边圈出课文中的生字，多读几遍，看谁找得又快又准，读得又正确又响亮。

师：你们学得真认真。接下来，比一比看谁的眼睛看得更仔细。仔细观察这些生字，动脑筋想想有什么好方法记住它们。可以找同组的小朋友商量商量。（小组合作学习生字）

师：准备好了吗？咱们来交流交流你们的学习成果。

（预设：学生通过熟字加偏旁、拆分生字记忆、偏旁识字义、形近字辨析等方法自由发言，教师相机点拨强化各种学习生字的方法。）

师：下面请小组长利用自制的生字卡片，检查组内识字情况。

师：小朋友们动眼、动脑、动口，这一个个生字肯定都刻在我们的心里了是吗？下面，我们就来玩一个游戏——"生字闯关"，看看哪一小组的小朋友最先到达胜利的终点。【分小组进行游戏，第一关：看谁读得准（去拼音朗读）；第二关：看谁朋友找得多（练习组词）；第三关：看谁最会用（练习说话）。】

四、比赛朗读，读通课文

师：刚才我听了好几位小朋友的朗读，声音响亮，充满自信，还能及时纠正读音！老师非常喜欢这样的小朋友！你们愿意做这样的小朋友呢？

师：现在我们来一场课文朗读挑战赛。请你邀请一位同学，向他挑战朗读！由挑战的人选他自己读得最好的一段，两人比一比，谁读得更好。

师：（请学生读）你有信心吗？我们为你加油！

师：同学们评一评，谁读得更好？（问读得好的学生）你觉得自己为什么这次能够读得这么好？（通过营造比赛的氛围，激发学生的竞争意识。）

五、指导观察，练习书写

师：下面我们仔细观察，看老师写一写这些生字。你发现了什么？

（教师范写，学生仔细观察，总结书写要领。学生练习描红，尝试书写，教师巡回指导。）

第二课时

一、找朋友，复习生字

师：上节课我们学习的生字宝宝要和大家找朋友，比比谁找朋友的速度最快。

（教师拿出生字卡片和全体学生找朋友，同桌同学互相找朋友。）

二、深入细读，品文悟情

师：（出示红井图片）老师今天给小朋友带来一幅图，是什么？

师：这可不是一口普通的井，今天我们就继续来学习第22课《吃水不忘打井人》，了解关于这口红井的故事。

学习第一自然段。

师：这口井在哪里呢？读读课文的第一自然段就知道了。（出示：沙洲坝图片，介绍——这个展现在大家面前的小村子就是沙洲坝的旧址群，这是当年毛主席和红军生活过的地方。这是非常有名的中华苏维埃共和国临时中央政府大礼堂旧址。）

师：谁来读一读这个地名？（指名朗读）沙洲坝是个怎样的地方呢？

师：听老师给小朋友唱一句民谣：沙洲坝，沙洲坝，三天不下雨，无水洗手帕。

师：从这句民谣中你知道了沙洲坝是个怎样的地方？

学生回答。

师：是呀，可见沙洲坝是多么干旱呀。村民们吃水一定有困难，不信，请你用自己喜欢的方式读读第二自然段，找出有关句子来。

学习第二自然段。

(相机出示句子:村子里没有井,吃水要到很远的地方去挑。)

师:你走过很远的路吗?你有什么感觉?

师:乡亲们走很远的路,还要挑着水,他们又会感觉怎么样呢?

师:是啊!水是生命之源,他们每天要喝水,每天都要走那么长的路,晴天还好,要是雨天、雪天、冬天、夏天……他们可能会遇到什么样的困难?(生自由想象说各种天气)

路好远啊!他们走着走着_____;

路好远啊!他们走着走着_____;

夏天,烈日当空,他们_____;

冬天,大雪纷飞,他们_____;

老百姓多么想_____,多么想_____,

多么想_____,多么想_____。

师:是啊,乡亲们为了能喝到水,吃了多少苦呀!你能把乡亲们的困难和艰难读出来吗?(生读句子)

师:毛主席初到沙洲坝时,看到乡亲们吃水这么难,他心里会怎么想?那么毛主席是怎么做的?读读第二句后告诉大家。

猜猜,他们在挖井的过程中会遇到哪些困难?(生自由想象发言)

在挖井的过程中,

他们也许_____;

他们也许_____;

……

师:同学们,毛主席的心里时刻装着老百姓,时刻牵挂着人民,再苦再累也坚持挖井。

感悟第三自然段。

毛主席这样关心人民,那么沙洲坝的乡亲又是怎么做的?请自由读第三自然段。想象一下:

当乡亲们终于方便地用上了井水时,他们会激动地说:"_____"

当立石碑时,他们心里默默地说:"_____"

师：是啊，要不是毛主席心里装着老百姓，乡亲们又怎能喝上干净的井水。所以乡亲们发出肺腑之言——"吃水不忘挖井人，时刻想着毛主席"。

师：来，让我们带着这份感激之情一起朗读这一自然段。

三、回顾课题，饮水思源

师：同学们，吃水不忘——（挖井人），时刻想念——（毛主席）。古语云：做人不能忘本，饮水要思源。沙洲坝的乡亲们因为感恩，所以立下了石碑。那同学们谁又是你的挖井人呢？（幸福生活、衣食住行、知识文化）你又该不忘谁呢？（播放背景音乐《感恩的心》）

师：这么懂事的孩子，老师心里真开心啊！滴水之恩当涌泉相报！前人种树，后人乘凉。我们应该对帮助过我们，关心过我们的人常怀感恩之心，做一个饮水思源，知恩图报的人！

《小鸟》童谣创编

一、入情入境，激发情感

《小鸟》是人教版一下语文园地三的一首儿童诗，这首诗写的是一个小朋友在跟小鸟说话，表达了小朋友爱护小树，心疼小树，生怕跳来跳去的小鸟弄伤了小树，吵醒了小树的纯真的情感。多可爱的小朋友，多童真的话语。小朋友们读着读着，进入状态，并翩然地做起了动作。

二、拓展思维，建立新的联系

1. 树的联想

看着孩子们可爱的、陶醉的表情，我引导他们：跳来跳去的小鸟让你们心疼小树，还有谁可能还会来找小树玩啊？

生：猴子、蝴蝶、知了、春雨。

受到启发的孩子，联想起《柳树醒了》一课，说了春风、春燕、春雷。

师：那你能试着将你想到的词语套进这首小诗吗？

孩子们七嘴八舌地开始仿编起来：

春雨

春雨，春雨，

你快快地下，

我栽的小树，

它想发芽。

春雨，春雨，

你快快地下，

可爱的小树，

它想长大。

春雨你快点下啊，

再快一点，

好不好，

飘来飘去的春雨。

（何宇恒）

蝴蝶

蝴蝶，蝴蝶，

你慢慢地飞，

我栽的小树，

它还太小太小。

蝴蝶，蝴蝶，

你慢慢地飞，

可爱的小树，

它还在睡觉。

蝴蝶你慢慢地飞吧，

再轻一点儿，

好不好，

飞来飞去的蝴蝶。

（黄诗雅）

2. 类比联想

这样的小诗创作激起了孩子们强烈的兴趣，但是仍然局限在"小树与谁"的关系上，于是我问："除了想到小树与蝴蝶、小猴等这些词语的关系，你还知道谁和谁也会有这样的关系？"

孩子们顿时觉得有些犯难了，这时一个孩子起身说："小兔和小草"，于是一石激起千层浪，有的孩子说："小羊和小草"。

师：太棒了，同学们的环保意识真不错，春季草芽青青，小草也是需要我们细心爱护的！谁来试着编一编？

小兔

小兔，小兔，

你轻轻地跳，

小羊

小羊，小羊，

你慢慢地跑，

嫩嫩的小草，
它还太小太小。

小兔，小兔，
你轻轻地跳，
可爱的小草，
它还在睡觉。

小兔，你轻轻地跳啊，
再轻一点儿，
好不好，
跳来跳去的小兔。
（黄滢）

我种的小草，
它还没有发芽。

小羊，小羊
你慢慢地跑，
绿绿的小草，
它还没有长大。

小羊你慢慢地跑啊，
再慢一点儿，
好不好，
跑来跑去的小羊。
（廖中源）

师：真了不起，老师觉得你们都是小诗人！能从"轻轻地跳"改成"慢慢地跑"，就是一个突破！

生：老师，我还想到"知了和爸爸"，我想让知了不要吵醒我的爸爸，他还在睡觉！

师：你真是个懂事的孩子，你能试一试吗？

生：老师我想到"小猫和小狗"。

知了

知了，知了，
你轻轻地叫，
我亲爱的爸爸，
他还太累太累。

知了，知了，
你轻轻地叫，
亲爱的爸爸，

小狗

小狗，小狗，
你轻轻地叫，
我家的小猫，
它还在睡觉。

小狗，小狗，
你轻轻地叫，
可爱的小猫，

他还在睡觉。	晚上还要捉老鼠。

知了你轻轻地叫啊，	小狗你轻轻地叫啊，
再轻一点儿，	再轻一点，
好不好，	好不好，
叽叽喳喳的知了。	叫来叫去的小狗。
（张启智）	（杨雅茜）

反思：

由于平时课时真的很紧，能抽出时间和孩子们进行如此有趣的尝试，这是第一次，通过仿编儿歌，孩子们找到了运用语言文字的乐趣，从中迸发出来的联想与创意，让我感到十分惊喜。课后孩子们还将自己的诗作写在了纸上，还给自己的作品配上了漂亮插图，相信创意的种子已在孩子们的心中萌发。

《夏夜多美》的几点创意

这是一个感人的童话故事，讲述的是在一个夏天的夜晚，一只小蚂蚁掉进池塘，是朋友们帮助它回到了家。通过温馨的故事，感受夏夜的景色美，助人为乐的心灵更美。

创意点之一：课前——词语联想"夏夜"

课前，为了激起孩子们的热情与创意，结合课文的内容，我将"夏夜"两个字写于黑板。

师：同学们！你们喜欢夏天的夜晚吗？提起夏夜，你会想到什么？

也许是受到前面《荷叶圆圆》一课的影响，孩子们最开始想到的是：荷叶、荷花、青蛙、小鱼、小虾、螃蟹、蜻蜓、蝌蚪、蝴蝶。

师：除了这些与"荷塘"有关的词，夏天还有什么特别的？

学生纷纷给出答案：

蚊子——夏天最多蚊子，咬得我到处都是包，真讨厌！（邵峥然）

月亮、星星——夏天的夜晚，月亮在给星星讲故事。（黄诗雅）

黑猫——夜晚，黑猫要到老鼠洞里抓老鼠。（何文迪）

夜来香——夏天的晚上，夜来香的味道特别香。（何宇恒）

采莲——我想起了《江南》的诗，想撑着小船去采莲，采好多好多莲。（张启智）

萤火虫——夏天的夜里，萤火虫特别亮。（林子琪）

大树——夏天的晚上大家都在大树下乘凉，聊天。（伍俊华）

词语联想环节，记得余老师说过限定时间，想得越多越好，但是由于很想知道孩子们的想法，于是我将词语联想部分进行了充实，增加了师生的互动和交流，希望在交流中，孩子的思想会碰撞出更多创意的火花。

创意点之二：课中——颠倒词组练习

孩子们天生就喜欢童话。面对如此充满意境又温情的童话，从孩子们朗读中的语气、语速变化，我知道孩子们已渐渐走进了文本，走进了故事中的角色。

我以课题"夏夜多美"，引导学生寻找"夏夜多美"在课文中出现了几次？孩子们快速地寻找，有的说一次，有的说两次，我将两句话板书于黑板：

夏夜多美啊！

多美的夏夜呀！

让孩子们讨论都是谁说的？在什么情况下说的？意思是否一样？

经过结合文本的一番讨论，孩子们感悟到了这两句话虽然文字基本相同，但是由于前提不同，表达的意思也不同，从中理解了"夏夜多美"的两层含义。

借此机会，我又拓展开。

师：同学们，你们瞧，中国的文字就是这么有趣，谁能向作者学习，也来试着玩玩这个"颠倒词组"的游戏？

此时孩子们还有点迷糊，于是我示范了一个：西瓜多甜啊！——多甜的西瓜。这下孩子们明白了，纷纷举手回答：

兔子多白——多白的兔子

花儿多香——多香的花儿

小草多绿——多绿的小草

大海多蓝——多蓝的大海

大树多高——多高的大树

太阳多红——多红的太阳……

创意点之三：课后——组合创编童话故事

在解读课文后，我让孩子们回顾故事中都有哪些角色？孩子们兴奋地数着……

师：谁能用一两句话将故事情节复述一遍？（孩子们看着板书练习说了起来。）

师：看作者多有想象力啊，就这么五个角色，竟能创作出这么精彩的故事，小朋友能不能也试着从课前大家联想到有关"夏夜"的词语中，选择3—5个，来编小故事？（孩子们又一阵激动，经过一阵思考之后，同桌之间开始交流起来……）

【反思】

1. 本课教学，从课前引导"夏夜"的词语联想，到课中"颠倒词组""创编谜语"的练习，以及课后的"组合创编童话"，我都尽量做到与实际的阅读教学相结合，尽量挖掘课文中的创意点，在学文懂理的同时渗透、培养孩子们的创造思维，使课堂显得更有活力，更充实。

2. 另外，根据前一课教学的思考，本课创意点由字到词到词组再到篇的设计，难度有一定的坡度，照顾不同层次的学生，促进共同参与，逐步提高。

3. 不过，有时真有点"巧妇难为无米之炊"，虽说自己不是特别出色的"巧妇"，但是实在是迫于"时间"之"米"，本套教材的内容多，课时分摊的时间紧，在开始指导学生进行创意练习时，还是需要一定的时间与孩子进行互动交流。要真正扎实有效地兼顾好阅读教学、识字教学与创意教学，还要多思考、多整合。

4. 为了方便练习和积累，现在孩子们人手一本"创意作业本"，每天将大大小小的创意作业记录在上面。今天，我迫不及待地欣赏了孩子们的作品，真的挺震撼的，走进孩子们的幻想世界，我感受到的是一份份家长的爱和孩子们童真的心，相信长期坚持下去，在家长们的支持下，孩子们的创造能力、识写能力和感悟能力一定会逐步提高。

【学生创作的童话】

夏夜多美

夏天的晚上，公园里静悄悄的，一只小青蛙在荷叶上看着美丽的风景。青蛙想：只有我在看风景多无聊啊。这时，一条小金鱼游过来说："青蛙先生，有什么事吗？"青蛙说："小金鱼，你能陪我看风景吗？"金鱼说："行啊，我也喜欢看风景。"青蛙说："太好了！"（杨雅茜）

夏夜多美

夏天，池塘边很热闹
青蛙在荷叶上"呱呱"地唱歌
蜻蜓在荷叶上休息
小蝌蚪很开心地游来游去
小鱼在荷叶下玩捉迷藏
小朋友在池塘边聊天
（黎颖欣）

夏夜多美

勤劳的蚂蚁们，正忙碌着搭建自己的窝，一趟一趟地来回运着材料，眼看天色越来越黑，蚂蚁们似乎没有收工的意思。

这时，天色已经暗下来了，星星都出来给蚂蚁们加油，说："小蚂蚁，你们别慌，慢慢来，我们给你们照明。"

过了一会，萤火虫也飞来了，说："小蚂蚁，你们别慌，我们也来帮助你们指引光明。"说着说着，萤火虫开启了尾巴后面的灯。

在这黑夜里，有了星星和萤火虫的帮助，蚂蚁们很快搭建好了自己温暖的家，这时，它们一起为蚂蚁的新家欢呼。（黄静仪）

夏夜多美

夏夜，池塘边热热闹闹的。池塘里，游过来一群黑乎乎的小蝌蚪，正焦急地东张西望，金鱼看见了，问："小蝌蚪，你怎么了？"

小蝌蚪说："我想找妈妈，可是找不到。"

金鱼说："你今晚在这里住下吧！你瞧夏夜多美啊！"

小蝌蚪说："我得去找我妈妈，晚了，妈妈会着急的。"

他们的话被正在旁边休息的小鲤鱼听见了，问："金鱼姐姐，有什么事吗？"

"小蝌蚪想找妈妈，可是不知道他们的妈妈在哪里。"金鱼说。

小鲤鱼说："我跟小蝌蚪的妈妈是好朋友，我知道她在哪里，我带他们去找吧。"

小鲤鱼带着蝌蚪游啊游，游到一片荷叶旁边。青蛙看到孩子们，"呱呱"地大叫起来。

啊，多美的夏夜啊！（骆培康）

夏夜多美

夏夜，小区的花园可真热闹。这里正在举行一场特殊的比赛。花园的水池里，圆圆的荷叶是大家的舞台。

萤火虫闪烁着晶莹的光芒，照亮了整个舞台，睡莲姐姐站在舞台中央，主持整个晚会。

我看见青蛙穿着绿色的晚礼服，站在台上"呱呱"地唱着响亮的歌。

蚊子披着一身黑黑的风衣"嗡嗡"地大叫，好像在说："今晚我是最棒的。"

蟋蟀也唱着优美、动听的歌，自信地出现在舞台上……

这时候，天上的星星、月亮，水中的鱼儿，路边的小树、绿草、花儿、小虫都在这悦耳、动听的歌声中陶醉了。（李航）

夏夜多美

夏天的夜空多美呀！天空布满了一闪一闪会眨眼睛的星星。圆圆的月亮高高地挂在天空。快看！水中出现了一轮轮圆圆的月亮，喔，原来是月亮的倒影。

微微的清风吹过来，感到一丝丝清爽。草丛中，蟋蟀正在拉小提琴，多好听的曲子啊！周围都静悄悄的，好像都在这悦耳的琴声中陶醉了。

萤火虫亮着忽隐忽现的微光，在夜空中飞来飞去，好像在跳舞，又好像在说："小朋友，你们尽情地玩吧，我会照亮你们回家的路。"

池塘里，美丽的荷花睡得真香啊！微风吹过来，散发出一阵阵清香，真好闻。这种香味让人忘记烦恼。青蛙蹲在圆圆的荷叶上，呱声一片，仿佛在进行唱歌比赛，看谁的声音最动听和响亮。（宋嘉威）

《风娃娃》童谣创编

《风娃娃》是一篇看图课文。文章以孩子们喜爱的故事形式呈现，生动有趣，层次清楚。通过风娃娃既乖巧得可爱，又"傻"得可爱的事例，生动形象地向学生介绍了风为人们带来的好处和坏处。选编本课的目的是让学生明白：做事情光有好的愿望是不行的，还得看是不是真的对别人有用。

课文中的风娃娃是怎样的呢？欣赏一下课文的插图，你就会看到风娃娃是一个可爱的孩子，胖乎乎的脸、圆溜溜的大眼睛，仔细读课文会发现风娃娃其实就在孩子们的中间。她既可爱又有些可气。

一、改编童谣

教学课文时，我先让孩子们自读课文，找出课文中风娃娃做了哪些事情，通过阅读课文和小组合作讨论，用上"（在哪里），风吹动（什么），风让/把（什么）（怎么样）"的句式来说说，孩子们很快就能用上文中语句说出风娃娃做的事情：

田野里，风吹动风车，风让风车转得飞快。

小河边，风吹动船帆，风让帆船飞快地行驶。

广场上，风吹动风筝，风让风筝飞得无影无踪。

借此，孩子们找到了感觉，还能根据课文第七自然段的内容，按照"（在哪时），风吹动（什么），风让把（什么）（怎么样）"的句式进行概括：

阳台上，风吹动衣服，风把晾晒的衣服吹跑了。

小路边，风吹动小树，风把新栽的小树折断了。

在孩子们整体了解课文后，我又接着问："风娃娃做了这么多事情，其中哪些是好的，哪些是不好的事情呢？"这个问题也难不倒学生，孩子们根据人们做出的反应一一做出了准确的回答。"是啊，那风娃娃这么可爱，这么懂事，她是有意要搞破坏吗？"孩子们齐声回答"不是！"。"那为什么人们都责怪她呢？你能告诉她，她错在哪里吗？"孩子们争先恐后地举手，个个俨然小大人一般地教育着风娃娃，如此一来，本课的寓意在孩子们的话语中已基本明了——风娃娃啊，风娃娃，你听妈妈的话，是个懂事的孩子，可是做事情光有好的愿望是不行的，还得看是不是真的对别人有用。

二、创编童谣

我引导孩子们通过前面的板书对课文内容进行了回顾和复述，然后故作惊讶地说："同学们，你们发现没有，刚才在大家的共同努力下，我们把课文以这样的句式一串，哈哈，它竟然成了一首可爱的小诗！不信，你们瞧。"于是我一边将黑板的句子变成三行诗句的形式，一边美美地诵读着：

田野里，

风吹动风车，

风让风车转得飞快。（"飞快"和下面一节用词一样，孩子们又改成"呼呼地转"）

小河边，

风吹动船帆，

风让帆船飞快地行驶。

广场上，

风吹动风筝，

风让风筝飞得无影无踪。

同学们，你们真是太棒了！你们就是可爱的小诗人！这样的小诗真有趣，你们还能发挥想象编一编吗？（一边说着我一边将诗句的格式写于黑板）

（在哪里）

风吹动（什么）

风让/把（什么）（怎么样）

这样的"高帽"对于这些"小屁孩"真是太管用了！由于句式的不断呈现和运用，让孩子们找到了作诗的感觉，于是课堂变得热闹而充满诗意。

杨雅茜：树林里，风吹动树叶，风让树叶在树枝上跳起了欢快的舞蹈。（多可爱的话语啊！）

张凯琪：游乐场，风吹动热气球，风让热气球带着小朋友们去旅行。（令人向往的画面浮现在我眼前！）

张耿豪：大海上，风吹动海浪，风让海浪奏响欢乐的乐曲。（平时"淘气"的小家伙也能学以致用，真让人惊喜！）

黄滢：天安门前，风吹动红旗，风让红旗在蓝天上高高飘扬。（还能联系前面的学习内容，真会学习！）

黄梓轩：花园里，风吹动花儿，风让花儿竞相开放。（好一个春暖花开的景象！）

……

《笋芽儿》教学策略

《笋芽儿》是统编版二下的一篇课文，这是一篇拟人体的科学童话，在作者笔下有稚嫩的笋芽儿，有温柔的春雨姑娘，有大嗓门的雷公公，还有慈爱的竹妈妈，温暖的太阳公公。课文形象生动，采用春雨姑娘对笋芽儿的引发力，竹妈妈对笋芽儿的束缚力，以及笋芽儿自身奋发力交错的形式，绘声绘色地叙述了笋芽儿的成长过程，通过本文的学习，让学生体会到笋芽儿在成长过程中受到的关心和爱护，学习笋芽儿奋发向上的精神。本课教学，我主要采取以下四个策略。

一、创设情境，激发情感

上课伊始，我首先用多媒体展示学生常见的竹林图片，让他们说说竹子是怎样长成的。接着出示"笋芽儿"图片，让学生从图中认识"笋芽儿"。然后，启发学生：小小的笋芽儿不到两个月就能长成又高又直的竹子，多么奇妙啊，想知道笋芽儿是怎么一天天长大的吗？随机揭示课题，引导学生好奇地进入文本角色。屏幕上一幅幅栩栩如生的画面组成的动画，配上声情并茂的朗读，很快就将学生带入课文的意境中，了解笋芽儿的生长过程。有了主观的认识，学生读起课文来也格外入情入境。

二、角色朗读，入情入境

"一阵春雨唤醒了笋芽，他们是怎样钻出来又怎样长成一株健壮的竹子的呢？小朋友，你们现在就是一个个可爱的笋芽儿，请根据课文描写，加上动作，让我们钻出来、冒出来、探出头来吧！"霎时，小朋友根据自己对课文的理解或蹲或站，或蹦或跳，孩子们和我一起变成了一个个正从土里钻出来，从草丛中冒出来，从石块下探出来的笋芽儿。特别是学完全文后，孩子们早已将自己当作一个小小的笋芽儿，兴趣盎然地随着课文朗读演绎着笋芽儿一整个生长的过程，并高高地立在凳子——俨然站在高高的山冈上，齐声自豪地喊着："我长大了！"从中，他们深切地体验到了春天里笋芽儿的生机勃勃。

三、对比感悟，境中生情

"春雨姑娘是怎么呼唤笋芽儿的呢？"我启发学生读"春雨"的声音柔和，语气亲切。然后，引导学生体会雷公公和春雨姑娘的呼唤的不同，指导联系生活实际，读出雷公公的粗重和鼓励，并想象，雷公公会和笋芽儿说些什么？

四、读写结合，感受美好

"在温柔的春雨姑娘和大嗓门的雷公公的呼唤下，笋芽儿终于钻出地面了，她睁开眼睛，看到什么？"这环节中，我采用默读的形式，让学生精心来画出描写美好春光的句子，然后在交流中，引导学生发现作者把桃花、柳树都当成了人来写。这时，我又启发学生思考："笋芽儿看到的春天的美景只有这些吗？你是怎么知道的？"这样学生了解了省略号的用法。这时再适时地引导学生："你认为笋芽儿还会看到哪些春天的美丽景色？最好也能像作者那样把它当作人来写。"由于有了前两篇课文的基础和上学期的经验，在这一环节孩子们基本能用拟人的表达方式进行模仿说话，我对孩子们竖起了大拇指，表扬孩子们："原来我们也能像作者那样美美地写春天的景色。"

<h2 style="text-align:center">《难忘的泼水节》教学设计</h2>

【学习目标】

1. 会认 12 个生字，会写 12 个字。

2. 正确、流利、有感情地朗读课文，感悟傣族人民和周总理一起过泼水节的幸福和快乐。

3. 对周总理和人民心连心有一定的认识，对傣族人民的泼水节有初步的感受。

【教学重、难点】

1. 教学重点：了解周总理和傣族人民一起过泼水节的情景。

2. 教学难点：体会周总理和傣族人民的深厚感情。

【教学准备】课件。

【教学过程】

一、课前导入

1. 猜民族

师：我国是一个多民族国家，共有几个民族？其中汉族人数最多，那么你还知道有哪些少数民族呢？每个民族都有自己的文化和服饰，下面我们就来猜猜看他们分别是哪个民族的？（出示图片）

2. 揭题

师：一提到"傣族"大家一定会想起一个节日——

3. 示图，每到傣历的六、七月，火红火红的凤凰花盛开的时候，傣族的男女老少都穿上节日的盛装，端着清水，敲着象脚鼓，聚集在一起，泼水祝福。把越多水泼在他人身上，就表示对他人的祝福越真诚。

4. 今天我们就继续来学习《难忘的泼水节》（板书课题），齐读课题。

二、学习第一、二自然

1. 检测生字

师：首先老师要看看大家对生字是否认识。（读生字）

师：同学们真棒，老师决定要给你们一个奖励，想得到吗？你知道一年一度的泼水节是什么时候开始的吗？（围绕第一自然段）

师：大家想去参加吗？下面就让我们亲眼去看看。

3. 观看视频

师：你觉得这是一个_____的泼水节。

【设计意图：通过一种开放的句式，鼓励学生用不同的词语概括自己的独特感悟理解，既拓展词汇，锻炼概括能力，又鼓励个性化的不同理解。】

师：为什么课题不是快乐的、幸福的泼水节，而是难忘的泼水节？（围绕第二自然段）

板书：难忘。

师：从课文哪一段知道的，应该怎么读，谁来试试看？（"特别"读出幸福的感觉）

板书：周总理。

师：一起齐读第一、二自然段。

师：这个难忘的泼水节是指哪一年的泼水节？

师：人们是怎么欢迎周总理的呢？周总理又是怎样和大家一起度过泼水节的？

请同学们翻开课本自由读课文的第三至第五自然段。

三、学习第三自然段

师：人们是怎么欢迎周总理的呢？

生：人们敲起象脚鼓，从四面八方赶来了。

师：从四面八方你感受到什么？

生：来的人很多，很焦急兴奋。

师：哇，真的呀，瞧，爷爷奶奶、叔叔阿姨、哥哥姐姐、弟弟妹妹都来了。

师：（模拟代入情境）这位小姐，你几点钟起床往这里赶的，为什么来得这么早？（生答）这位小伙子，你的象脚鼓敲得真好，今天的心情怎么样？为什么？（生答）

师：是啊，我们知道周总理公务繁多，能和傣族人民一起欢度泼水节，真是双喜临门啊，怎能不早早赶来呢？

师：人们还是怎么欢迎周总理的？

生：人们在地上撒满了凤凰花的花瓣，好像铺上了鲜红的地毯。

师：凤凰花你们见过吗？

生：没有。

师：那你能猜出凤凰花是什么颜色的吗？

生：鲜红的。

师：你是怎么猜出凤凰花是鲜红的呢？

生：好像铺上了鲜红的地毯。

师：你们见过红地毯吗？在哪里见过的？

生：结婚或一些庆祝仪式上。

师：用鲜红的凤凰花铺地是傣族人民欢迎尊贵客人的一种特殊的方式，象征着喜庆。让我们一起来读一读这句感受这喜庆的气氛。

生读。

师：人们还是怎样欢迎周总理的？

生：一条条龙船驶过江面，一串串花炮升上天空。

师：从这一句我们也同样感受到人们非常喜欢周总理，这句话老师想这样表达——一条龙船驶过江面，一串花炮开上天空，你看看和课文中的表达一样吗？

生：不一样。

师：为什么不一样？

生：一条条，一串串说明非常多，而一条、一串说明少。

师：是啊，加多一个字减少一个字看似简单，表达的意思却不一样。

【设计意图：适时在课堂中穿插说话的练习，有利于提高学生造句的能力。】

师：那你能试着看图用这样的句式来说说话吗？

师：同学们真棒，能学以致用，进行看图说话。通过这一段的描写，你感受到了什么？（很热情，很期待）

师：周总理每天的工作很忙，能停下脚步，从百忙中抽空，和傣族人民共同庆祝泼水节，傣族人民从心底里欢迎他，难怪＿＿＿＿＿＿，难怪＿＿＿＿＿＿，难怪＿＿＿＿＿＿（引读句1，句2，句3）。

师：就是这样一位受人爱戴的好总理来了，人们怎能不欢呼呢？

生读"周总理来啦！"

四、学习第四自然段

师：（出示图片）瞧，敬爱的周总理来到了人群中，你能认出他吗？课文哪一段有具体的描写？

生："周总理身穿对襟白褂，咖啡色长裤，头上包着一条水红色头巾，笑容满面地来到人群中。"

师：课文准确生动的描写，让我们在人群中一眼认出了周总理，通过这一段的描写，你看到了怎样的总理？

生：和蔼可亲，平易近人。

师：从哪个词语中感受到的？

生：笑容满面……

师：我们一起做笑容满面的样子。

师：还有哪些地方看出周总理的和蔼可亲？

生："总理身穿……包着一条水红色头巾"。

师：对了，周总理作为国家领导人平时都会怎么穿着？

生：西服，庄重的衣服。

师：而今天周总理却入乡随俗，穿着傣族服装，让人感觉特别亲切。请女同学一起读读这句话。

师：还从哪些地方感受到周总理的和蔼可亲？

149

生："他接过一只象脚鼓……一起跳舞"。

师：周总理融入傣族人民中间，和大家又唱又跳，真是可敬又可爱啊，请男同学带着敬爱的语气再读这一句段。

生读第四段。

师：同学们，这幅图画得栩栩如生，想象一下，你也在其中。谁能仿照这段话来说说你是哪一个，让我们来猜猜看。

五、学习第五自然段

师：最激动人心的时刻到了！开始泼水了！周总理是怎样向人们泼水表达祝福的呢？请同学们默读第五自然段，用"----"画出描写周总理泼水的句子。

生读第五段。

师：周总理是怎么祝福傣族人民的呢？

生："周总理一手……为人们祝福。"

师：（老师接着说）

师：总理把水泼向像你们一样的孩子，祝福他们——。总理把水泼向那些年轻人，祝福他们——。总理把水泼向那些老人家，祝福他们——。

师：傣族人民呢——

生：一边欢呼，一边向周总理泼水。

师：祝福我们的总理——

生：健康长寿。

师：总理爱人民，人民爱总理，总理和人民心连心，（板书：心连心）是多么温馨而难忘的场面呀！多么让人激动的场面啊！傣族人民永远不会忘记这幸福的时刻，让我们将作者的心情用声音表达出来！

生齐读第四自然段。

【设计意图：抓住重点词语深入思考，适时想象，使学生感受到总理的平易近人、与傣族人民心连心的情谊。】

师：清清的水，泼啊，洒啊！周总理和傣族人民笑哇，跳哇，是那么开心！这笑声中，这水花里，满满的都是总理对人们的——

生：爱。（将心形画在黑板）

师：（模拟代入情境）这位小朋友，你全身都湿透了，为什么还那么开心？这位老奶奶，您怎么流泪了？

师：是的，这吉祥的水，祝福的水呀！这是代表总理对人民关爱的水！

（出示第八、九自然段）

师：多么幸福哇——

生：1961 年的泼水节！

师：多么令人难忘啊——

生：1961 年的泼水节！

师：让我们一起记住这个——

生：难忘的泼水节！

师（总结全文）：通过今天的学习，你认识了一个怎样的总理——（平易近人）你了解了傣族独具魅力的——（泼水节）

师：其实每个民族都有他自己独特的节日，你知道吗？谁来和大家分享一下。

出示周总理名言。

【板书设计】
　　　　　　　　　　　　爱
　　　周总理 ———— 傣族人民
　　　　　　　心连心

《称象》教学设计

【学习目标】

1. 知识与能力：通过课文学习，巩固本课的重点字、词、句。

2. 过程与方法：理解课文内容，能说出曹冲称象的具体方法和步骤。学习曹冲，遇事要开动脑筋，想办法。

3. 情感与态度：正确、流利地朗读课文，会用自己的话讲称象的方法。

【教学重点】理解课文内容，学会曹冲称象的具体方法和步骤，并能用自己的话叙述。

【教学准备】

PPT，大象、石头、船的贴画。

【学情分析】

一年级的小学生有喜欢听故事、爱动手、好奇心强的特点。教学中，教师应充分引导学生在掌握字词、熟读课文的基础上，进行充分的讨论交流，动手实践，培养孩子们的思辨能力、表达能力和创新能力，拓展学生思维的空间。

【教材分析】

《称象》是一个民间广为流传的历史故事。课文通过对曹冲称象的具体方法和步骤的介绍以及与大臣们方法的对比，表现了曹冲爱动脑筋、善于观察、富于联想的品质。故事情节曲折生动、引人入胜，语言通俗易懂。教学时，要避免分析，而应该结合小学生的心理特点，启发思考，鼓励学生创新，同时注意挖掘语言表达的训练点，培养学生的思维和表达能力。

【教学过程】

一、谈话引入，激发兴趣

1. 引入课题：同学们，课前我们一起来玩个脑筋急转弯怎么样？

请问要把大象装进冰箱总共分几步？

2. 导入课题：我们知道这只是个玩笑。那么如果真要称出一头大象的重量，又需要几步呢？

3. 板书课题：今天我们就继续来学习第21课《称象》（板书课题：称象），齐读课题。

二、自读课文，了解内容

1. 检测生字：瞧，小象肚子饿了，谁来帮帮摘苹果吃？小火车谁来开？（出示生字词课件）

2. 指导朗读：在大家的帮助下，小象吃得饱饱的，变成了一头大象（出示图片）。

这是一头怎样的大象？课文里是怎么描写的？（出示句子：大象又高又大，身子像一堵墙，腿像四根柱子。）

谁的朗读能让我们感受到大象的高大，请你来试试？

3. 句式练习：看看图，还能说说别的吗？

（出示句子填空：大象又高又大，_____ 像 _____，_____像_____。）

官员们也和你们一样。（出示句子：官员们一边看一边议论："象这么大，到底有多重呢？"）

谁"一边干什么一边干什么"呢？ （出示句子：一边_____一边_____）

请完成教学后测学习卡句式练习。

三、师生互动，学习称象

1. 寻找方法：这么高大的大象，大家想出了几个称象方法呢？请自由地读一读课文第三、四自然段。

2. 学习方法：大家想出了几个办法来称象？都是谁想出来的？

（1）官员们想出了哪些称象方法？在第几自然段？（读第三自然段）

第一个方法是？（师板书：造大秤）

第二个办法呢？（师板书：宰象称）

哪个办法好？为什么都反对？

指导朗读：有了大秤也不成啊，谁有那么大的力气提得起这杆大秤呢？（读出反对的语气）

还有谁也反对？（曹操）指导理解"曹操听了直摇头"。

造大秤不行，宰象称也不行。（师擦板书）这可怎么办啊？

（2）曹冲称象的办法是怎样的？

自由地读第四自然段，用横线画出称象的方法。

（出示第四自然段）齐读称象方法。

想看看曹冲称象的方法吗？（教师播放微课视频演示）

明明是称大象，怎么变成称石头了？（贴大象和石头贴画）

怎么就知道石头和大象一样重呢？

曹冲真厉害，利用水的浮力原理，如果船上分别载着石头和大象同样下沉

到画线的地方，就说明石头和大象一样重。果然是个好办法。（师板书：象＝石头）

（3）练习说话：那怎样把这个方法说明白呢？我们用上表示顺序的关联词"首先……再……然后……"。一边读一边加上动作来试试，这样就更容易理解了。

（出示句子填空：只留下"首先＿＿＿＿再＿＿＿＿然后＿＿＿＿"）变成这样还会说吗？同桌互相练习说。

（4）实验演示：请三位同学用上"首先……再……然后……"帮助老师做称象的实验。

（5）排序练习：按称象的方法完成学习卡中的排序题。

3. 辨析方法：

（1）曹操认为曹冲的办法好不好？

采访曹操。（用船代秤，解决"提不动"的问题，用石头代替大象解决"宰象"的问题，既称出大象的重量，又不伤害大象，是一种科学的称象方法，与官员们笨拙的称象方法形成鲜明对比。）

（2）采访曹冲：请问你是怎么想出这个办法的？（你真是个认真观察事物，善于动脑思考的孩子）板书：动脑筋。

（3）曹操叫人照曹冲说的办法去做，果然称出了大象的重量。曹冲当时才几岁？曹冲年龄虽小，但遇事善于动脑筋，7岁就想出了科学的称象方法，真了不起。

4. 拓展方法：

大象到底有多重呢？想了解一下吗？（出示图片）

你还有什么方法称象？（出示图片）现在科技发达，这是吊钩秤、这是地磅秤，直接把大象赶上去就可以知道重量了。这都是人类开动脑筋发明创造出来的。

四、拓展延伸，点明主题

同学们，本单元的学习主题是"动脑筋想办法"，生活中遇事善于观察，多多思考，一定能想出好办法。

最后送给大家一首儿歌《人有两个宝》，祝愿大家能用自己的手和脑创造出生活中更多的奇迹！下课！

《纸船和风筝》教学设计

【学习目标】

1. 有感情地朗读课文，体会松鼠和小熊之间的真挚友情。

2. 通过学习课文，对怎样交朋友和维护友谊有一定的感受。

3. 理解"飘"与"漂"的区别。

4. 巩固生字，完成练习题。

【教学过程】

一、复习导入

上节课我们学习了第23课——《纸船和风筝》，认识了一对好"朋友"，松鼠和小熊住在一座山上画山。松鼠住在山顶，小熊住在山脚。（板书：朋友）

二、学习第二至第五自然段

1. 从山顶到山脚，这么远的距离是什么让他们成了好朋友的呢？（齐读幻灯片内容：课文第六自然段）板书：纸船 风筝。

风筝和纸船是怎样让他们俩成为好朋友的？请同学们自由地读读第二至第五自然段就知道了！

2. 漂、飘的教学

读——课文中有两句话特别有意思，老师把它们变成了两句诗，你能用你的朗读让纸船和风筝飘（漂）起来吗？我们一起让这承载着友谊的纸船和风筝轻轻地，慢慢地飘（漂）起来。

辨——这两句话中都有飘（漂），细心的你有没有发现它们之间藏着一个秘密？

（点击课件，"漂""飘"变红）怎样区别这两个字呢？

教师（小结）：你看，这两个字读音相同，意思却不一样，这个"漂"是三点水旁，和水有关，表示在水上"漂"；而这个"飘"是风字旁，和风有关，表示在风中飘。

练——是不是真的弄明白了呢？练练小状元的第四题4—5

（幻灯片展示）：选字填空。

3. 指导朗读，感受"乐坏了"。

天空中飘荡的风筝，小溪里漂流的纸船，让松鼠和小熊成为好朋友。小熊收到了纸船，松鼠收到了风筝，他们俩的心情怎么样？

文中哪一个词写出来了？（生答：乐坏了）哪两个自然段有这个词，请你把它圈出来。（出示第三、五自然段）

你瞧，小熊和松鼠都乐成什么样子了？来，我们一起加上动作再读。

小熊和松鼠"乐坏了"仅仅是因为他们收到纸船和风筝吗？（回顾板书"朋友"）

此时，老师仿佛听到山林间真的响起了他们祝福对方的呼喊。

三、学习第七至第十一自然段

1. 自读感悟：多么美好的，多么温馨的友情啊！可是有一天，他们俩为了一点小事吵了一架（幻灯片出示后半句话）：他们再也不是朋友了。

2. 引导学习"受不了"。不再是朋友了，他们俩的心情怎么样？（很难过）就这样，一连几天过去了，他们谁也没有放纸船和风筝，松鼠再也——（受不了了），他主动伸出友谊的双手，在一只折好的纸船上写了一句话（出声齐读：如果你愿意和好，就放一只风筝吧！）

3. 升华情感：带着渴望，这只代表着友谊的纸船出发了。傍晚，松鼠看见了一只美丽的风筝朝他飞来，高兴得哭了。他连忙爬上屋顶，取下纸船，把一只只纸船放到小溪里。同学们，多么感人的场面啊！纸船和风筝让他们又成了好朋友！

4. 学文明理：

同学们，有人说，

朋友是天，

朋友是地，

有了朋友你才能顶天立地。

朋友是风，

朋友是雨。

有了朋友你才不怕风雨。

你认为朋友是什么？

《丑小鸭》教学设计

【学习目标】

1. 认知目标：会认"烘"等14个生字，会写12个字，巩固个别一类字的书写指导；联系上下文和自身体验理解课文，积累好词好句。

2. 能力目标：正确、流利、有感情地朗读课文，进而学习抓住重点词句的方法，体会丑小鸭的心理变化过程。

3. 情感目标：让学生懂得只要坚持追求梦想，坚强面对困难，逆境是会改变的。

【教学重、难点】

1. 教学重点：有感情地朗读课文，抓住重点词句、展开想象，理解课文，积累好词好句。

2. 教学难点：通过想象和朗读，借助原著译文，体会丑小鸭在逆境中的心情，了解丑小鸭成长的过程，学会正确看待自己。

【教学准备】

课件、丑小鸭、天鹅图片。

【教材分析】

《丑小鸭》是人教版小学语文二年级下册中的第28课。这篇课文是丹麦作家安徒生写的一篇童话。文章塑造了一个丰满的童话形象：面对艰难曲折的生活环境和前程，仍然一心一意地追求美好的理想的丑小鸭。故事写得十分感人，贴近儿童生活，符合低年级儿童的心理特点。本组教材主要是围绕"要正确看待问题，善于思考"选材的，而本课是本组教材的最后一课，在前几篇课文学习的基础上主要引导学生领会"正确看待生活中的困难，坚强面对困难"这个主题思想。另外这还是一篇打开学生想象之门的好文章，文中有好几处可以进行补白想象、延伸，结合原著译文，拓展阅读，引导学生深入感悟丑小鸭的内心，学生的思维会更深刻，对丑小鸭的认识更深刻。因此，本文教学，我根据教材的特点，结合语文课程标准对第一学段的要求及二年级学生的认知特点，以生为本，以讲带读，激发学生与经典进行个性对话。

【教学过程】

一、巧设游戏，揭示经典

1. 请读一下这三个词（皇帝　火柴　女儿），你想到了哪位童话作家？

2. 你还读过他的什么故事？老师也给大家推荐几个安徒生的故事（幻灯片出示），有兴趣的同学课后可以去找来读一读。

3. 这节课就让我们再次走进安徒生的童话世界，共同来品读由他的经典童话改编的课文——《丑小鸭》。（板书课题）

重点指导写"鸭"，齐读课题。

二、随文识字，走进经典

1. 师旁述第一自然段，随文出示蛋壳上的生字词。（幻灯片出示：鸭妈妈有这么多宝宝呢，你能准确响亮地叫出它们的名字吗？）听到大家热情的呼唤，一只只鸭子都从蛋壳里钻出来了。

2. 就剩最后一个特别大的蛋了，过了好几天，这个蛋才慢慢裂开，从里面钻出来一个又大又丑的家伙，（最后一个生字蛋破开，出现丑小鸭的形象）他就是我们今天要学习的故事的主人公——（丑小鸭）。这篇课文讲了丑小鸭的什么故事？（丑小鸭变成美天鹅的故事）（板书贴丑小鸭、天鹅图）

三、顺学而导，对话经典

1. 美丑对比，训练语言

（1）文中怎么写丑小鸭的丑的？（生答）我们一起来认识一下丑小鸭。（幻灯片出示）师生互动：他的毛……嘴巴……，身子……和别的鸭子长得不一样吗（幻灯片出示）？请生答：别的鸭子的毛＿＿＿＿的，嘴巴＿＿＿＿的，身子＿＿＿＿的。相比之下，丑小鸭确实长得——（很丑，很难看，很与众不同）。

齐声读出这种感受。

（2）正是这只又大又丑的鸭子长大后却变成了——（美天鹅）文中怎么描写他的美？生有感情地读句子。其他学生品评感悟。齐读赞美这只美丽的天鹅！（齐读课文：他扑扑翅膀……美丽极了！）

2. 讲述"亲历"，感受不幸

（1）丑小鸭变成美天鹅，那是多么幸福的事情啊，然而他的成长经历却是（艰难曲折、受尽欺负）的。请自由地读课文第三至第六自然段，用横线画丑小鸭成长过程中经历的不幸遭遇（生自由阅读）。以学习小组为单位互相分享找到的句子。

（2）现在，想象我们就是丑小鸭，请根据课文内容来和我们分享你的成长经历。

预设1：第三自然段——丑小鸭的孤单。

生讲述第三自然段内容。

你有什么感受，这是一只怎样的小鸭子？（生抓住文中字句解读其内心）

家本应该是温暖的、幸福的，就因为长得丑，连最亲密的家人、朋友都欺负他，丑小鸭感到非常（孤单），非常（难过），带着这种感受，读第一段，体会丑小鸭的心情。（齐读）

预设2：第四自然段——丑小鸭的害怕。

生讲述第四自然段内容。

你当时的心情一定很（害怕）？什么叫"讥笑"？

小鸟会怎样讥笑丑鸭子？猎狗又是怎么追赶丑小鸭的？请学生描述一下当时的情形。（生说）

离开家的丑小鸭也难逃厄运，也许他还会去哪里，受到谁的欺负？想象说话：丑小鸭来到……

这只可怜的鸭子，处处受人欺负，所以他白天只好……到了晚上……（生接）

渐渐的，秋天到了，树叶黄了，这只可怜的丑小鸭只能躲在芦苇里过日子。

预设3：第六自然段——丑小鸭的坚强。

生讲述第六自然段内容。

同学们，在这冰天雪地里，你的脑海中出现怎样的景象？（生描述）

（幻灯片出示）这就是趴在冰上的奄奄一息的丑小鸭，如果你就在丑小鸭的身边，你会怎么做？

你感受到了一只怎样的鸭子呢？（板书：坚强勇敢）

也许老天真的被这只可怜的，顽强的鸭子感动了，他被一位农夫看见了，带了回家。

（3）我们一起回忆了丑小鸭苦难的成长经历，一同感受了这只丑小鸭的孤独、害怕、坚强，其实他的心中一直怀着一个美好的梦想。他的梦想是什么呢？（生读第五自然段）你又感受到了这是一只怎样的丑小鸭。（板书：追求梦想）

3. 再品"美丽"，升华情感

（1）历经磨难的丑小鸭，最终实现了梦想吗？如果你也为丑小鸭感到高兴，感到幸福，就请放声读一读最后一个自然段。（生读）

（2）冬去春来，丑小鸭在磨难中完美蜕变，瞧，他那（雪白雪白、长长的脖子）真是美丽极了！（播放天鹅视频）

此时，你有什么想对他说的？他的内心会怎么想呢？

（3）他简直不敢相信自己的眼睛，他想告诉那些欺负过他的家人朋友，（生齐读最后一句）其实他最想把这个好消息告诉依然深深爱着他，日夜牵挂着他的——鸭妈妈，请用上本课的生字替丑小鸭写一封信给鸭妈妈吧。（谁来替小鸭把信读给妈妈听）

四、揭秘经典，感悟人生

1. 安徒生的这篇童话还藏着一个秘密，（幻灯片出示）他曾说："我这一辈子就是一个美好而曲折的童话故事。"（出示安徒生成长经历，请学生读）听了他的介绍，你发现了什么？其实丑小鸭写的就是他自己！

2. 现实生活中，我们每一个人都是"丑小鸭"，都会遇到各种困难，那是不是所有的"丑小鸭"都会成功呢？（要勇敢地面对生活，努力地追求梦想才会成功！）

只要我们也像安徒生一样，勇敢地面对困难，执着地追求梦想，丑小鸭也会有飞翔的一天！

【板书设计】

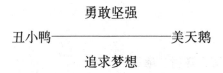

勇敢坚强

丑小鸭————————————美天鹅

追求梦想

《逃家小兔》教学设计

【学习目标】

1. 师生共读,了解绘本阅读的方法,感受语言文字和图画的魅力,在享受快乐阅读的同时激起阅读的欲望。

2. 学会用发挥想象力、角色体验等多种形式阅读,培养口头表达能力、创新想象能力等。

3. 感悟图画内容,体会母爱的伟大。

【教学准备】

PPT、创编任务单。

【教材分析】

绘本讲述了一个关于母爱的故事。有一只小兔,他很想离家出走,兔妈妈知道后,没有责备和埋怨,而是陪着小兔在想象中展开了一场欢快而又奇特的追逐游戏,让小兔明白了她对他深深的爱,从而使小兔打消了这个念头。

【教学过程】

一、激趣导入

同学们,今天老师带来了一位好朋友,想认识他吗?快点和他打个招呼吧。

今天老师就和大家讲讲关于小兔的一个绘本故事。

二、介绍绘本结构

绘本其实就是图画故事书,有封面、环衬、扉页、正文和封底几部分。

这本绘本出版于 1942 年,至今已经有 77 年的历史了,名字叫《逃家小兔》,讲述了一只小兔和妈妈玩语言捉迷藏的温馨故事。故事中兔子妈妈和小兔之间的奇妙对话充满创造性想象，让我们一起走进绘本，从细节中充分体验故事中的情感吧。

三、指导认识封面、环衬、扉页

1. 封面：瞧，这是我们进入故事的第一道大门——封面，你看到了什么？（一只小兔和他的妈妈在家门口的草丛里聊天呢！它们在说什么呢？）

2. 环衬（蝴蝶页）：翻下去就进入了故事的第二道大门——环衬，哦？什么都没有吗？哦，不是的，这是一个淡黄色的蝴蝶页，淡淡的黄色给人一种温暖的感觉，这一定是一个温馨的故事喽！绘本的前后环衬往往是相呼应的，不信我们一起来看看。

3. 扉页：快点儿进入故事吧！啊？还没进入。别急，这是第三道大门，叫扉页。千万不要错过它哦！它会告诉我们许多信息呢——文/玛格丽特·怀兹·布朗，图/克雷门·赫德，译/黄毓……少年儿童出版社。

4. 啊，这只可爱的小兔就是故事的主人公逃家小兔喽！看，它静静地蹲在地上，望着远方，他在想什么？（生答）一定在想：我想离开家，可是我要逃到哪儿去呢？你想不想知道故事中的小兔逃到哪里去？那就注意看，认真听，下面让我们一起来听听这个故事吧。

四、共读故事

1. 初识故事：变小鱼

出示黑白图：从前有一只小兔，他很想要离家出走。有一天，他对妈妈说："我要跑走啦！""如果你跑走了，"妈妈说，"我就要去追你，因为你是我的小宝贝呀！"

出示彩图：瞧，在一条清澈的小溪里，小兔变成了小鳟鱼，开心地游着！而妈妈呢？变成了捕鱼的人，穿着黑色的大雨鞋，站在冰冷的水里，抛出了那么长的渔线在钓小鱼，咦，为什么妈妈用一根红萝卜作为诱饵呢？知子莫如母啊！这根红红的胡萝卜中可藏着妈妈浓浓的爱呢！（板书：小鱼　渔夫）

2. 了解结构：变石头

顽皮的小兔可不想被妈妈就这么抓回家了，他又变了！猜猜他还会变成什么呢？

出示黑白图："如果你变成捕鱼的人"，小兔说，"我就要变成高山上的大石头，让你抓不到我。""如果你变成高山上的大石头"，妈妈说，"我就变成爬山的人，爬到高山去找你。"

出示彩图：好陡的山，好高的山呦！小兔子灵巧地爬到了山顶，妈妈的年龄好像很大了，身体也有些笨重，走路一定很吃力的，她正冒着危险爬山去追小兔呢！爬山可能会被石头绊倒，磕破！（板书：石头　登山人）

3. 学习创编：变小花　变小鸟　变帆船　变空中飞人

小兔可带劲了，他简直就像孙悟空一样变变变！你们猜猜他还会变什么？（生自由想象互动）

课件出示图 4 幅（变小花、变小鸟、变帆船、变空中飞人）

哦，你们的想法和玛格丽特很像哦，你们太有想象力了。原来小兔想变成小花、小鸟、帆船、空中飞人，那妈妈会变成什么保护她的宝贝？

请和你的同桌根据以下句式进行创编课件出示：

"如果＿＿＿＿＿＿"，小兔说，"我就＿＿＿＿＿＿。"

"如果＿＿＿＿＿＿"，妈妈说，"我就＿＿＿＿＿＿。"

4. 对照原文：感悟母爱

男女生对读原文变小花、变小鸟、变帆船、变空中飞人

回顾课文。板书：小花 小鸟 帆船 空中飞人，对应下面板书：园丁 大树 大风 走钢索的人

小兔为什么变来变去的？妈妈为什么也变来变去的？她为什么每次都能抓到小兔？（小兔变来变去，想离开家，离开妈妈，想长大。妈妈爱小兔，所以变来变去，一路追随。）

读故事结尾：所以兔宝宝最后还是回到妈妈的怀抱。

故事中的小兔和妈妈都在变，那有没有不变的东西呀？是呀！妈妈不怕山高路远，不顾危险，一路追随！这就是伟大的母爱！（板书：母爱）

五、深化主题

1. 亲爱的孩子们，其实你们就是一只只可爱的小兔子，总有一天也会长大

离开家，但无论你走到哪里，永远走不出妈妈爱的怀抱！此时，你的脑海中是否也浮现了妈妈的身影，她在做什么？（生发言）

2. 让我们把故事变成小诗，永远记住妈妈的爱。（出示老师改编的儿童诗）

3. 出示创编纸：大家也可以像作者一样创编我们班的《逃家小兔》哦。

六、推荐绘本

孩子们，像这样关于爱的图画书还有很多很多！《爷爷一定有办法》《猜猜我有多爱你》《爱心树》等，只听书的名字，都那么诱人，大家都可以去找来看看。

《小猪变形记》教学设计

【学习目标】

1. 借助《小猪变形记》绘本的情境，激发想象兴趣，让学生用自己的话表达自己的想法。

2. 指导学生看图说话，看清楚，想明白，按一定顺序，用一段通顺的话来表达自己的所思所感。

3. 在阅读中懂得：做自己，最幸福。引导学生努力做最好的自己，才能获得快乐幸福。

【教学重、难点】

1. 激发想象兴趣，让学生乐于用自己的话表达自己的想法；培养学生的写话兴趣及求异思维。

2. 在阅读中懂得：做自己，最幸福。引导学生努力做最好的自己，才能获得快乐幸福。

【教学过程】

一、情境猜想，激趣表达

师：小朋友，你最喜欢什么小动物？为什么？

师：今天老师就把这只小猪变进了一本与众不同的书里——电子书《小猪

变形记》（出示幻灯片），对，这本书就是叫《小猪变形记》，我们来一起读读这本书的名字，读完后，你有什么问题想问吗？（你猜猜这本书会写什么？）

预设：

小猪为什么变形？（你真会猜想）

小猪怎么变形？

变形后会怎样？（师相机板书）

师：有这么多孩子还有问题，你们想知道的这本书一定都会告诉你们，那我们一起去阅读这本书，一起走进小猪的故事。

二、情境体验，习得方法

（一）阅读小猪的"第一变"后，进行说话练习

1. 为什么变

师：很久很久以前，有一只小猪，生活得很幸福。每天都吃得饱饱的，躺在树下晒太阳，可是日子老这么过下去，小猪开始觉得无聊了。有一天，小猪觉得特别特别的无聊。

师："真烦。"他嘟囔着："烦、烦、烦、烦、烦！"小猪为什么会这么烦？

（指导学生读好这些话：厌倦了做小猪、非常无聊、没有认识到自己的长处。）

师：原来小猪想——变呀，他后来真的会变了吗？都变成了谁？想知道吗？

2. 变成什么（用句式规范表达）

师：他走呀走，来到路边，他停住了脚，快看看他碰上了谁！（故作神秘）

课件出示图1。

生：长颈鹿。

师：孩子们，请你再仔细看看图片，你看到了什么？（生汇报）

师：我们再仔细看看这只小猪是什么表现？他露出什么样的眼神啊？

师：假如你就是此时的小猪，当你看到这些场景的时候，你心里会想：哇！——（指名3—4人说），（引导学生体会小猪的心理活动）。

生：长颈鹿的脖子真长啊！长颈鹿的个子真高呀！（一抬头就能吃到树上的叶子。多神气呀！）

师：你真聪明，一下就找到长颈鹿的特点。（相机板书：抓特点）

出示课件：小猪来到路边，看到……，他想：哇！……

师：谁能用上老师的提示，用一段话说说这幅图上的内容？指名 2—3 人回答

3. 怎么样变（借助想象练习表达）

师：小猪想变成长颈鹿，可怎么才能变高呢？谁愿意帮他想想办法？

预设：把脖子拉长长的。（你可真会想象）

做一个很长的腿。（你的办法可真绝）

师：小猪真的变成长颈鹿了吗？

师：（课件出示图 2）啊！小猪真的长高了！快看，我们聪明的小猪采用了什么办法变的呢？

生汇报。

4. 变后故事（阅读原文欣赏表达）

师：他乐坏了！小猪踩着高跷，继续往前走。就在这时，他遇到了斑马。（课件出示图 3）仔细看图，图中斑马和小猪正在说话，他们之间会说些什么呢？你们来猜猜。（做思考状）

生汇报。

师：我们来看看他们到底说了什么？——（出示原文）咱们来演一演吧！你们扮演小猪，我是斑马，你们可以称呼我斑马大姐，也可以叫我斑马小姐，或者斑马妹妹，都行！老师与 1 名"小猪"进行对话。

师：你们都是踩着高跷的小猪，我是斑马，来跟我打招呼吧！（出示对话）

师：那现在请孩子们与同桌相互模仿他们的对话——（边板书边说"让我们用对话的方式来表达"）是呀，从他俩的对话中我们知道了小猪的心情是多么的高兴，同时我们也知道了斑马的看法。所以我们可以用对话来帮助我们表达出自己内心的想法。（板书：用对话）

师：欣喜若狂的小猪后来怎么样了？猜猜看！想不想知道？（出示图 4）小猪乐坏了！他踩着高跷到处跑，结果"砰！"的一下，小猪不小心摔倒了，现在他才知道变长颈鹿——不好。

（二）阅读小猪的"第一变"后，进行说话练习

感知故事，学习表达方法

1. 课件出示小猪第一变的四幅图，对照图画，试着大声把小猪的第一次变形的故事讲给自己听。

我们按照顺序来试着回顾这四幅图。（板书：按顺序）

2. 不过，这是一只不愿轻易放弃梦想的小猪，虽然这次失败了，可他还想变！接下来他又想变成谁呢？快猜猜看！

学生猜测：大象老鹰、猴子、孔雀、斑马、大鱼、小鸟……

他是怎么变的？变形后又发生了什么故事？

学生先自由讲述，然后抽学生讲。

小猪来到路边，看到（谁在干什么），他想：哇！_____。

于是（他去怎么做的？变成了什么动物?）_____，后来它遇见了（哪个动物？他们有什么对话?）_____，结果（小猪怎么样了?）_____。

3. 咱们来看看书上的小猪又是怎么继续变形的？师讲故事。

4. 你还想让小猪继续变吗？现在老师要把这只可爱的小猪请到你们身边，这回小猪要怎么变呢，由你说了算，请你拿起创作的笔帮小猪变一变。把这个故事编下去，让我们一起来编我们班的一本与众不同的书——（出示封面）

聪明的小朋友，你能把这个故事编下去吗？

5. 那这周周末小朋友就一起来完成这个"写绘"作业，把你想到的小猪变形经历先画下来，然后讲给爸爸妈妈听，让他们帮你们写下来，好吗？

三、阅读结尾，揭示中心

1. 最后，小猪找到真正的快乐了吗？让我们再去泥潭里看看吧！

（出示小猪打滚图，出示配音文件）

2. 孩子们，这会儿小猪的心情如何呀？小猪为什么会觉得当自己最快乐呀？（"太棒啦!"小猪高兴得大叫，"原来当小猪是最开心的事情呀!"）

是呀，现在小猪再也不会摔倒了，也不会被水冲，更不会被倒挂在树上。在泥潭里他想滚多久就滚多久，想怎么滚就怎么滚，多么自由呀！小猪终于找

到自己特有的快乐了。原来，只有做回自己，才是最幸福的呀！

其实，我们班的小朋友也各有各的优点，虽有些调皮但很善良，在老师的心中，你们都是最棒的，老师希望小朋友们都做快乐的自己，健康成长！所以也请大家对自己说句：做自己，最快乐！

课件出示：做快乐的自己！

四、情境交流，总结表达

小朋友，小猪找到了自己也找到了快乐，咱们的故事也读完了，这是一本有趣的绘本吗？（出示封面）作者是英国的儿童作家本·科特，中国的儿童作家金波叔叔把它带给了我们，还想读一读更多这样有趣的故事吗？

出示《小猪变形记》的封面及开头和结尾，把已经展示的作品当作正文加进来，请同学们下去后，把自己的习作交给老师，像这样装订成一本书，这就是我们创作的童话故事《小猪变形记》，它的作者是我们班的全体同学，好吗？希望写书这样的经历也会让大家体验：做快乐的自己。

《孤独的小螃蟹》教学设计

【学习目标】

1. 根据阅读计划按时完成阅读，初步养成爱护图书的好习惯。

2. 结合阅读记录单，关注动词，有条理地将自己感兴趣的内容分享给大家，体会阅读的快乐。

3. 激发想象，提高对整本书的阅读期待，尝试进行童话创编。

【教学过程】

板块一　交流展示，了解情况

1. 读封面，了解书籍基本信息：书名、作者、出版社。

2. 猜故事，为什么"孤独"，到底发生了什么？

3. 根据阅读记录单自由读故事，完成填写。

板块二　暗语互动，感知秘密

1. 对"暗语"，找到相应的故事标题。小朋友们，认真读童话的人都会发现童话特有的语言，说到这个词我们马上就知道讲的是什么内容，这就是读者与童话的秘密，我们可以叫它"暗语"。

骨碌碌，冬冬冬——《冬冬鼓》

咔嚓咔嚓——《咔嚓咔嚓剪头发》

扑扑扑，啪啪啪——《小纸鸟》

轰隆隆，轰隆轰隆——《小螃蟹的梦》

2. 读"暗语"，感知藏在声音里的友谊

（1）配合手势播放音效"冬，冬"，对一对暗语。

（2）出示相关的语句，体会"冬冬"声中的情感。

（3）在故事中感知友谊，进一步体悟情感。在《小螃蟹的梦》和《树的眼泪》这两个故事里发现小螃蟹的思念还藏在梦境和幻想中。

板块三：交流分享，寻找足迹

1. 示范引领，学习分享故事的方法。

（1）结合阅读记录单选择一个故事先进行自主练习。出示交流要求：遇见谁（角色），做了什么（结果），怎么做的（过程），小螃蟹的感受。

（2）分享《小纸鸟》进行示范引导。老师读《小纸鸟》这个故事时读到结尾很开心，谁和老师的心情是一样的？请你来分享这个故事吧。

（3）总结分享故事的方法。

（4）四人小组轮流分享，并评选出最佳分享人。

（5）小结阅读方法：像这样，把自己感受最深的故事与同伴交流，是一种非常好的阅读分享方式。

2. 激发想象，进一步寻找小螃蟹成长的足迹。

（1）每一个故事都让小螃蟹有了收获。小螃蟹还会遇见谁呢？他们之间又发生了什么呢？让我们展开神奇的想象，为小螃蟹安排一次美好的相遇。

小螃蟹遇见了_____（发生了什么），_____（结果），_____（感受）。

（2）小结：一次又一次美好的遇见，孤独的小螃蟹因为友善，结交了许多新朋友，有了各种美好的改变，在这些改变中他慢慢长大了。

板块四：体会快乐，促进阅读

1. 回顾故事结局，体会快乐。

（1）以绘本形式讲述《小青蟹回来了》这个故事，感受重逢的喜悦。

（2）在对话中感悟小螃蟹的成长。小青蟹真的回来了！读到这里，你的心情怎么样？（快乐、激动、喜悦）此刻，小螃蟹比你的心情要激动上一万倍呢！读一读对话。思考：小螃蟹长大的只是身体吗？还有什么？（内心）

2. 感悟友情：通过这个故事你认识了一只怎么样的小螃蟹？你觉得他孤独吗？怎样的人才不会孤独呢？

3. 推进阅读：孩子们，我们遇见了这样美好的故事，相信一定也会有别样的收获。课后请你将小螃蟹的一次奇遇分享给好朋友或家长，记得用上我们教的方法，还可以进行课本剧表演呢。

第二节　中年段

《花钟》教学设计

【学习目标】

1. 知识与技能：能正确、流利、有感情朗读课文，了解课文内容，积累自己喜欢的词语，背诵自己喜欢的部分，学习运用多样的句式表达，培养学生语言表达能力的有效方法。

2. 过程与方法：读懂课文内容，激发学生观察兴趣，初步培养学生留心周围事物，认真观察和思考的习惯。

3. 情感态度和价值观：激发学生对祖国语言的热爱之情。

【教学重、难点】

1. 教学重点：学生读懂课文内容，感受作者语言表达的多样化与准确性。

2. 教学难点：学习作者用不同的句式表达同一个意思。

【课前准备】

PPT，演示文稿，黑板（画好钟面图）。

【教学过程】

一、创设情境，激趣导入

1. 激趣：同学们，今天就让我们一起走进花的世界，去领略一下花的美丽与神奇吧！（出示鲜花图片，配乐介绍）

2. 看到这些花，你想到一些什么优美的词句来赞美它？

3. 老师想到了这样一些词（出示词组：鲜花朵朵　争奇斗艳　芬芳迷人）谁来读一读，感受鲜花的美丽迷人。（生读）

4. 揭题：花不仅美丽，而且还蕴藏着许多奥秘呢！这节课我们就来学习一篇与花有关的课文，第 13 课《花钟》。（板书课题）

5. 质疑：读了课题，你的脑海里产生了怎样的疑问？

二、自读课文，检查自读情况

1. 自读课文：同学们，读书有疑问很好，请带着你的问题一起来仔细欣赏课文朗读。

同学们请打开书本，自由读课文，看看能不能解开你心中的疑问。

2. 认读生词

（1）课文读完了，文中生字认识了吗？

出示带拼音的词语：

xīn rán nù fàng	mù sè	gān zào	dàn yǎ	kūn chóng	chuán bō	wěn hé	yī zhì
欣然怒放	暮色	干燥	淡雅	昆虫	传播	吻合	一致

（2）借助拼音，自己读读词语。

（3）都会读了，去掉拼音，还能读准确吗？同桌小朋友一起读一读。谁做小老师领着大家读？

3. 认读生字

生字朋友跑到这儿来了，我们再一起读读，比一比，谁最准确。

（随机点击读生字）

生字也读准了，很好。

4. 练读长句

（1）（出示句子）（画好停顿、多音字注音）

我们一起来练一练吧：

长期以来，它适应了晚上九点左右的温度和湿度，到了那时，便悄悄绽开淡雅的花蕾，向人们展示美丽的笑脸。

还有的花，需要昆虫传播花粉，才能结出种子，它们开花的时间往往跟昆虫活动的时间相吻合。

一位植物学家曾有意把不同时间开放的花种在一起，把花圃修建得像钟面一样，组成花的"时钟"。

（2）要想读好这些长句，要理解句子的意思，注意停顿，同时要读准多音字的读音，请自由地读读看。

5. 解疑

同学们，课文读到这儿，你心中的疑问解开了吗？刚才你想问什么，现在明白了什么。（我刚才想问花为什么和钟有关系，我明白了花开放的时间和钟上的时间一样。）

不同的花开放的时间能表示不同的时间，这是你读懂的。

（我问的是为什么课题叫花钟，读了知道了，看到什么花开了就知道是几点钟。）

师：花可以表示时间，所以课题叫花钟。

三、介绍花钟及其设计者

1. 介绍林奈和花钟原理：

这位植物学家太聪明，太有创意了！花钟的创始人是瑞典的植物学家林奈，他根据一定的原理把不同时间开放的花种在一起制成花钟，这些花在 24 小时内陆续开放，只要看什么花开放，就知道大致是几点钟。想看看现在世界各地的

花钟吗？（出示花钟图片）

2. 我们也来尝试做一个花钟好不好？（好）那么我们今天就一起根据课文内容来做一个花钟，首先第一步要知道什么？

3. 是的，不同的花分别是在什么时间开放呢？赶紧在书里找到答案。

四、赏析第一自然段

1. 找花名

（1）请你默读课文第一自然段，把花的名字圈起来。（师板书：大钟面）

（2）都介绍了几种花？谁愿意美美地把这些花名读给大家听？（贴花卡片）

2. 感受时间词准确

（1）贴花钟

这些花都是什么时间开的？老师把它概括了一下，我们一起来看一下这个时间表，齐读一遍。请几位同学来把花贴在钟面相应的时间上。

（2）解原理：这个花钟你们会看吗？假如现在牵牛花刚刚开，是几点钟？

（3）同学们再仔细读读这些表示时间的词，你们有什么发现？

（我发现了这个是按照时间顺序来写的。）

作者按照时间的顺序：从早到晚把这 9 种花开的时间写出来了。你还发现什么？

（我发现了写时间的词语可以放在前面，也可以放在后面。）

这样我们读起来更富于变化，更有节奏了。你有一双善于发现的眼睛。为什么有的词加了左右？

（表示大概的时间。）

师：使用这些词，时间表达就更准确了。

（4）你们瞧，作者的观察多细致啊，发现了一天之内，不同的花开放的时间不同。

3. 品花姿

读了第一自然段，除了开花的时间不同，你还有什么发现？（花开的样子不同）

（1）师生轮读小诗

是的，同样是开花，作者抓住了不同花开放的特点，把它的姿态写得是那样的生动、迷人，看老师把它变成了一首小诗，我们来合作读：

牵牛花吹起了紫色的小喇叭

蔷薇绽开了笑脸

睡莲从梦中醒来

午时花开放

万寿菊欣然怒放

烟草花在暮色中苏醒

月光花舒展开自己的花瓣

夜来香八点开花

昙花含笑一现……

（2）自选分享

你喜欢哪一种花开的姿态，选择一种和你的同桌美美地读一读，请学生说说为什么喜欢（相机出示花开图片并引导朗读）。

（3）欣赏花开视频

同学们，刚才我们一起品味了花开的不同姿态，你们想亲眼看看花开的美丽瞬间吗？

（4）配乐读第一自然段

相信配上优美的音乐和同学们舞动的身姿，一定更加迷人，来，站起来，加上你的动作！（配乐朗诵第一自然段，做动作）

太美了，好一片美丽绚丽的花海！真是鲜花朵朵，争奇斗艳，芬芳迷人啊！

五、拓展仿写

1. 拓展交流

孩子们，同样写花开放，却有那么多不同的表达方法，我们祖国的语言是多么富于变化，多么丰富啊。

本课只给我们介绍了9种花，老师也查找了一些资料，我们一起来认识一下这些美丽而又神奇的花。

2. 仿写练笔

你们能不能也像课文中一样，写一写自己喜欢的花开的样子。

屏幕出示：

_____（什么花）_____（怎样开）。

_____（什么花）_____（怎样开）。

结束语：同学们，今天我们一起走进了花的世界，领略了花的美丽！要想真正做一个花钟，还得知道不同的花为什么开放的时间不同。下节课我们再一起交流。

《麦哨》教学设计

【学习目标】

1. 认识"畔、兜、穗"等8个字。

2. 自主读悟，能正确、流利、有感情地朗读课文，感受田园风光的美好和乡村孩子淳朴自然、欢快清新的童年生活。

3. 感受语言的丰富与优美，积累文中的优美语言。

【教学过程】

一、听田园牧歌

1. 板书课题，齐读课题。给这两个字分别组一个合适的词，想想麦哨是什么？（用麦秆做成的哨子）（PPT图示介绍）

2. 介绍作者，齐读阅读提示，提取要求。

3. 请同学们自由读课文，看看课文有怎样的结构特点？几次写到"麦哨"？是怎样描写的？

4. 认读生字词。

湖畔　肚兜　麦穗儿　裹着　嚼嚼　直沁肺腑　撩起　剥开　吮吮

指导"麦穗儿"和"嚼嚼"的读音。

5. 交流阅读：课文第一、二、七、八自然段写了麦哨。

课件出示：

"呜卟（bǔ），呜卟，呜……"

田野里，什么声响和 [hè] 着孩子的鼻音，在浓绿的麦叶上掠过？一声呼，一声应 [yìng]，忽高忽低，那么欢快，那么柔美。

……

"呜卟，呜卟，呜……"

是谁又吹响了那欢快、柔美的麦哨？一忽儿，四处都响了起来，你呼我应，此起彼落。那欢快的哨声在撩（liáo）起麦浪的东南风里，传得很远、很远……

师：你呼我应，此起彼落，请女同学读第一、二自然段，男同学读第七、八自然段。变化丰富的麦哨声就像一曲曲风格不同的田园牧歌，麦哨的声音那么——欢快，那么——柔美。

6. 文章这样开头和结尾有什么好处——首尾呼应。（板书）

二、赏田园画意

1. 为什么小朋友们的麦哨声那么欢快、那么柔美？（因为乡间美景如画，孩童乐开了花。）请同学们自由读读课文的第三至第六自然段，去欣赏乡野生活里的儿童的"欢快"与景色的"柔美"。把"欢快"与"柔美"标注在相关的句子边。

2. 随机交流所欣赏到的"乐"与"美"的句子，随机板书。

品读"柔美"的句子：

（1）"白竹布衬衫小凉帽，绣花兜肚彩头巾。"

看图品味：碧蓝的湖水边，茵茵绿草地上，小朋友们玩耍割草，就像是绿草地上盛开了无数美丽的花儿，好一幅色彩艳丽的画。

（2）那一张张红扑扑的脸蛋，蒙上了一层晶莹的细汗，犹如一朵朵沾满露珠的月季花。

运用比喻的写作手法，把孩子的脸蛋比作沾满露珠的月季花，比喻形象，写出了孩子充满活力，充满生机的样子。

（3）"前几天，田野里还是鹅黄嫩绿……就是一个跳动的音符。"哪些颜色映入你的眼帘？（圈划颜色词）这些颜色构成一幅千变万化、五彩纷呈的田园风景画。

（4）"……一股甘甜清凉的滋味很快从舌尖直沁肺腑！"草地是天然的垫子，那茅茅针呢？——（是天然的绿色饮料）

"嚼嚼""吮吮"这两个叠词，既充满音乐的美感，又让我们感受到吃"茅茅针"的乐趣。

"一股甘甜清凉的滋味很快从舌尖直沁肺腑"的这种感觉，你在什么时候，在什么情况下也曾经历过呢？

品读"欢乐"的句子：

（1）"前几天，田野里还是鹅黄嫩绿……就是一个跳动的音符。"哪些词语让你看到了丰收的景象？又从哪里感受到了丰收的欢乐？跳动的音符奏出的是什么乐曲？

金黄的油菜花谢了，结出了密密的嫩荚；黑白相间的蚕豆花谢了，长出了小指头似的豆荚；雪白的萝卜花谢了，结出了一蓬蓬的种子。

这是一组排比句。作者抓住了田间最具有代表性的几种作物生动地再现了一种色彩斑斓的田间风光，也营造了丰收在即的喜悦气氛。

每根麦秆都擎起了丰满的穗儿，那齐刷刷的麦芒，犹如乐谱上的线条，一个麦穗儿，就是一个跳动的音符。

比拟的手法，"齐刷刷"这个词用得很好。"擎"字更显出果实的丰硕，突出麦子的自豪与献礼般的郑重。让人感觉在这丰收的季节就如一曲丰收之歌。

（2）小朋友跑到铺满青草的土坡上面，翻跟头……这简直是一个天然的运动场。难怪"那一张张红扑扑的脸蛋，蒙上一层晶莹的细汗，犹如一朵朵沾满露珠的月季花"。

三、抒田园诗情

1. 感悟题目：同学们，文章写麦哨的只有首尾四段，以"麦哨"为题合适吗？

2. 拓展练笔：分析得很好，品味课文清新而富有童趣的语言，我们仿佛看到了一个（丰收、热闹、美丽）的田园，感受到乡下孩子的（勤劳、快乐、自由、无拘无束），实在让人（向往）。其实那让人向往的田园景色何止这一些呢？诗人刘定安用一首首短诗向我们展示了江南田园美景。（同学自由诵读）

惊飞油菜地里/几只鹧鸪/哨音竟沾住了几片白羽——《麦哨》

像俺来时一样/油菜花在拂晓开放/凝露的风/在三月的轻烟里/吹过有梦的村庄——《三月》

你能将我们黑板上的思维导图串成一首小诗吗？

老师把这首属于我们的小诗作为礼物送给你们，希望你们把它们储存到自己的记忆仓库里，有时间多读一读、想一想这篇文章。

【板书设计】

麦哨

割草

麦哨响起　　　玩耍　　　麦哨又响起

吃"茅茅针"

（对田园风光和乡村孩子的喜爱之情）

《为中华之崛起而读书》教学设计

【学习目标】

1. 有感情地朗读课文，深入体会文中人物的思想感情。

2. 通过抓住关键词句和对比的表达方法进行品读，体会少年周恩来立志的原因。

3. 初步感受设疑和呼应的表达效果。

【教学重难点】

1. 教学重点：学会抓关键词，感受"中华不振"。

2. 教学难点：体会对比的表达效果。

【教学准备】

多媒体课件。

【教学过程】

一、导入新课

1. 今天让我们再一次走进《为中华之崛起而读书》这个故事，请你们清晰而坚定地读：为中华之崛起而读书。

铿锵有力地读：为中华之崛起而读书。

题目中的关键词是哪个？文中与之相反的词是——（板书：中华不振）

2. 在《为中华之崛起而读书》这个大故事中包含了三个小故事，谁记得？

板书：耳闻　目睹　立志。

二、研读"耳闻中华不振"

（一）感受作者这样安排故事的用意

1. 前两个故事，一个是"耳闻中华不振"，一个是"目睹中华不振"，你最想走进哪个故事？

2. 通过这两个故事的题目我想到了一句俗语"耳听为虚，眼见为实"，让我们一个一个地读，一个一个地品味。

（二）初读第一个故事

1. 边读边勾画自己有疑问的地方。（可以是一个词，可以是一句话）板书：边读边问。

2. 一开头我们就有了这么多疑问，此时你会产生什么想法？有这种想法的不光是你们，还有周恩来，文中是怎么说的？女生读疑问，男生读周恩来的想法。

3. 作者一开头设计了这么多的问题，这就叫作"设疑"（板书：设疑），就是要引起读者兴趣，勾起读者探索答案的欲望。

4. 小结：这一连串的问题只要你把故事读完就能找到答案了。

（三）分析"中华不振"

1. 现在让我们静下心来，默读第一个故事，细细地品一品，你从哪些地方感受到"中华不振"。不动笔墨不读书这是一种好的学习习惯。（板书：品）

2. 交流句子，并说说自己的感受。当学生不能谈论时引导：你读书很认真，能找到相关的句子，那如何才能将句子中感受到的中华不振表达出来呢？

3. 一个很好的读书方法就是抓关键词去细细品味（板书：抓关键词），和老师一起把这些词语读到心里去，由此就会产生一些想法。

4. 学生继续交流并把自己的感受读出来。（板书：读）

三、自学"眼见中华不振"

（一）复习学法

好的学习方式不仅仅是认真听讲，更重要的是还会举一反三。在学习第一个故事的时候，我们用了哪些方法？

（二）自学第二个故事

1. 接下来，请大家自己尝试读读第二个故事。读出自己的疑问。提出的疑问，可以怎么解决？（联系上下文来理解）还可以小伙伴们互相帮助解答，解决了的就把问号去掉。还有些实在不能理解的地方，课后再去查资料寻找答案。

2. 品读第二个故事：细细地品品"中华不振"，和同桌交流一下自己的感受，再带着自己的感受读读文章，就读出滋味来了。

3. 交流，了解对比的表达形式。这个故事的结尾说"这时周恩来才真正体会到伯父说的中华不振的含义"，现在你体会到的"中华不振"是什么意思？抓关键词说说。

【幻灯片展示】

1. 嘿！这一带果真和别处大不相同：一条条街道灯红酒绿，热闹非凡，街道两旁行走的大多是黄头发、白皮肤、大鼻子的外国人和耀武扬威的巡警。

2. 他们急忙奔了过去，只见人群中有个衣衫褴褛的妇女正在哭诉着什么，一个大个子洋人则得意扬扬地站在一旁。

（1）刚才从大家找的词语中我发现了作者的一种独特写法，看谁是善于发现的孩子，谁和老师志同道合？

（2）生交流自己的发现。

（3）是的，同在中国的土地上，而中国人和洋人，本国领土和租界之间却存在着如此的不同。我倒要问问：这是为什么？

（4）看来，作者用了样子和神情的对比让你也产生强烈的感受——中华不振。（板书：对比）来，让我们继续交流。

（5）生交流。

（6）小结：是啊。作者用了外貌、神情、动作的对比让你深深地感受到中华不振，国民敢怒不敢言的无奈。

4. 感受呼应的表达效果。

孩子们体会得真好。还记得在第一个故事中，作者吊足了大家的胃口，而在这个故事中，作者揭开了第一个故事中设置的悬念，这就是呼应。（板书：呼应）大家按顺序读故事，感受一下作者的写法。

四、宣泄心中的理解和感受

1. 周恩来从租界回来后一直在沉思。他究竟在想什么？（可能是他听到的那一句句叮嘱；又可能是他看到那一幕幕而产生的想法；还可能是 ……）请你们把少年周恩来心里的话写出来。

2. 交流。

3. 小结：学习语文就应该把心中的感受用精彩的语言表达出来，再读读自己写的话，并修改一下。

4. 正是因为周恩来"耳闻、目睹中华不振"，才有了在修身课上清晰而坚定的抱负"为中华之崛起而读书"，恩来我们明白你这句话的意思了……

《寓言两则》教学设计

【学习目标】

1. 正确、流利、有感情地朗读课文。联系有关词句，体会人物的想法，体会到"学习要练好基本功"和"要防微杜渐、听取别人正确意见"的道理。

2. 练习提出问题和小组合作学习，发表自己的想法和看法。

【教学重、难点】

1. 整体把握课文的内容，联系上下文、理解重点词句。

2. 体会人物的心理，理解两则寓言的寓意，鼓励学生发表自己的见解。

【教学过程】

一、揭示课题，了解大意

同学们，今天我们开始深入地学习本单元的课文，一同走进故事长廊的第一站——第29课《寓言两则》（板书课题），什么叫寓言呢？

1. 揭示特点：寓言是文学作品的一种体裁，常带有讽刺或劝诫的性质，用假托的故事或拟人手法说明某个道理或教训。"寓"有"寄托"的意思。

2. 看图猜寓言。

3. 今天我们就来学习第 29 课《寓言两则》——《纪昌学射》《扁鹊治病》。

4. 回忆一下，两则故事分别讲了一件什么事？谁能准确而又简练地告诉大家？

5. 大家喜欢先学哪一篇？

二、学习《纪昌学射》

（一）介绍出处

（二）小组合作学习

1. 纪昌几次拜飞卫为师？飞卫提出什么要求？纪昌如何练习？

（小组填表）汇报（介绍梭子）。

2. 如何评价纪昌和飞卫？用"——"划出相关语句谈一谈。

列出描写纪昌和飞卫的句子，体会刻苦坚持和严格要求的人物性格特点。

3. 纪昌取得成功的原因是什么？

（自身的刻苦坚持加上老师的严格要求）

4. 从这则寓言中明白了什么道理？

（学任何一项本领，都要有扎实的基本功。举例如下……）

5. 寻找身边的"纪昌"和"飞卫"。

6. 拓展名言警句。

三、学习《扁鹊治病》

刚才我们一起认识了古代的射箭高手，现在我们再来认识一位杏林高手，名医扁鹊与蔡桓公的故事。

（一）介绍出处和扁鹊

（二）小组合作学习

1. 扁鹊几次拜见蔡桓公？都说了什么？结果怎么样？

（纪昌三拜飞卫，终于成为射箭能手，名医扁鹊又是几次拜见蔡桓公劝他治病的？）小组填表，小组汇报。

（扁鹊不是名医吗？怎么没把蔡桓公治好？——要防微杜渐，不要讳疾忌医）板书：防微杜渐。

2. 如何评价扁鹊和蔡桓公？用"——"划出相关语句谈一谈。

读对话，想象扁鹊心里怎么想？

扁鹊：医术高明，为人机警。（拓展医术高明的词）

齐桓公：固执傲慢、自以为是。

3. 这个寓言讲述了什么道理？

千里之堤，溃于蚁穴，但如果当时亡羊补牢，为时未晚。

4. 如果能跨越时空，你成为蔡桓公的大臣，你想对蔡桓公说什么？

5. 拓展《扁鹊治病》原文。

【板书设计】

<pre>
              《纪昌学射》   刻苦坚持

29. 寓言两则   练眼力   严格要求   百发百中

              《扁鹊治病》   防微杜渐   病 病 病   讳疾忌医
</pre>

单元整合·群文阅读"生命"主题教学设计

【设计理念】

以"单元整合·群文阅读"策略为指导，以知识树为线，实现教学内容、教学时空、教学方法的全面开放，使学生在学习内容，学习方法上相互渗透，有机整合。

【教学内容】

1. 人教版课标教材小学语文第八册第五组课文：《触摸春天》《永生的眼睛》《生命生命》《花的勇气》。

2. 人教版《同步阅读》教材第八册第五组课文：《假如只有三天光明》《我看见了大海》《爱的声音》《永不道别》。

【教学重点】

1. 感受对生命的渴望和热爱。

2. 培养学生自主探究、思辨、感悟、语言表达及感情朗读的能力。

【教具准备】

黑板画知识树；多媒体PPT课件；学生准备一张便笺纸，剪成树叶、花朵、果子的形状。

【教学步骤】

一、主题回顾

1. 同学们，今天老师给大家带来了一组图片（本组课文中的插图），看看你们能不能说出它是第五单元的哪篇文章的？（指名说，贴课题）这四篇课文都有一个共同的主题——（板书主题：热爱生命）这节课，我们继续走进书本，一起来感受生命的多彩和对生命的热爱。

2. 这是同学们自己建立的本单元的生命之树，是那么的多姿多彩，充满生机！（展示几份学生作品）今天，大家让我们一起让这棵"生命之树"，更加枝繁叶茂、硕果累累。

二、阅读概览

1.《百合花开》中，也选编了多篇以生命为主题的文章，我们重点阅读了其中的4篇，分别是——（齐读课题）。现在以小组为单位互相分享一下，并选择你们喜欢的一课待会进行小组汇报。

2. 小组汇报：大家好，我们分享的是《……》，本文的主要内容是或者本文让我感受到……（四人小组轮流汇报，结合汇报学生完成黑板知识树的主题建立。）

《假如只有三天光明》：海伦·凯勒多么渴望自己能看见这美丽的世界，告诉我们要珍惜自己所拥有的一切。作者是谁？你了解她吗？——介绍海伦·凯勒。总结主题——珍视。

《我看见了大海》：父亲的爱让自卑的阿真走向社会，走向独立。总结主题——自立。

《爱的声音》：感受到了一个父亲对自己身患残疾孩子的爱心与耐心。总结主题——爱心。

《永不道别》：爷爷让我明白要乐观地面对生命中的生离死别。总结主题——乐观。

3. 通过阅读，我们对"生命"又有了一些认识和感受。这几篇文章又是从不同的角度给我们展现了一个又一个属于他们的生命和一种又一种生活,那就是……(核心的一些词语)。

三、片段分享、精彩赏析

1. 这四篇文章一定有一些地方能打动你们的心,请各小组互相交流,可以谈谈感受,读读共同喜欢的句子,也可以提出问题一起讨论。(结合读书笔记进行交流)

2. 同学们讨论得真热烈,现在谁愿意来和我们分享一下第一课?(引导学生按课分享,先读再说自己的理解,注意朗读指导。)

《假如只有三天光明》:

预设:我多么渴望看看这世界的一切。如果说我凭触角能得到如此大的乐趣,那么能让我目睹一下该有多好。

(1) 从中感受到了什么?从哪些词里感受到的?——感情朗读。

(2) 你还能从哪些地方感受到她对生命的热爱和渴望?请你大声地读出来。

(3) 海伦——虽然盲聋,但对生命充满了热爱,珍惜自己拥有的一切;作为健康人的我们呢?(熟视无睹,不懂珍惜)

(4) 假如只有三天光明,你会如何安排?这对于海伦·凯勒而言却是一个不能实现的奢望,她是如何设想的呢?(《假如给我三天光明》中就有答案)

本课的主题是:珍视

《我看见了大海》

预设1:每当我做了什么我原来不能做的事的时候,继父总是欣喜若狂,仿佛我做了件惊天动地的大事。

(1) "惊天动地"的含义是什么?对我来说这些事是不是"惊天动地"的?你还能在文中哪些地方感受到,请你读出来。

(2) 营造情境,感情朗读这句话,感受继父的爱。

(3) 还从哪里感受到了伯父对我的爱和鼓励?

预设2:伯伯,我看见了大海,真的,我看见了……

(1) 真的看到了吗?(分为正方、反方)(尽量让学生进行辩论,同时促使对人物的感悟理解走向深处。)

（2）继父是一开始就说了谎吗？从哪里看出？那明明不能带阿真去为什么还要编制谎言？

本课的主题是：自立

《爱的声音》

预设：他正用尽全力，使劲地震动声带，发出既不准确也不动听的"爸爸"声。大人微笑着看看孩子，握着条手绢，不时在孩子下巴上抹一把。

（1）孩子是不幸的，为什么？

（2）孩子又是幸福的，为什么？

（3）所以当作者看到这一切，在文章的结尾处这样温情地写到……（指导学生感情朗读，并领会"一切景语皆情语"的妙处。）

本课的主题是：爱心

《永不道别》

预设：爷爷缓缓地站起来："比利，今后永远不要说再见。千万不要……特别是记住第一次问好。"

（1）什么情况下爷爷这样对我说的？如果是你，难受吗？

（2）你懂爷爷的心吗？知道了什么？（乐观……）

（3）永不道别——是与什么永不道别？（美好的回忆）

本课的主题是：乐观

四、主题拓展

1. 视频拓展——孩子们，我们刚才又进一步丰富了对生命的理解。其实生活中就有不少像海伦·凯勒、杏林子、阿真一样热爱生命的人。（播放视频）

2. 抒写生命——只要拥有自尊的生命，就可以奏响人生的最强音。每个人都能活出自己的精彩！此时你有什么感想呢？请结合我们本单元学习的课内外的 8 篇文章，写下你对"生命"的感悟，署上名，就成了你的名言了！（音乐中学生抒写感想）

3. 点名上台分享感悟并联系实际谈谈个人的理解。制作感言贴在黑板的知识树上。还有很多同学也想分享，下课后把这棵生命之树建在后面，大家贴上感言共同交流。

4. 同学们，瞧，在我们的共同努力下，这棵生命之树更显得生机盎然。

总结：生命是如此美丽。人生的分分秒秒，我们都应该心存感激，一起热爱生命，让生命怒放！

《爱的故事》习作教学设计

【学习目标】

1. 引导学生通过阅读，理解书中的内容，从中感受爱，感知爱。

2. 在感受爱的同时，体会自己身边存在的爱，并学会去爱。

3. 懂得爱无处不在，学会如何去珍惜爱，表达爱。

【教学重点】

能深刻体会到日常生活中，所蕴含的爱，知道爱无处不在，能够学会去爱，并以诗文的形式抒发"爱"。

【教学过程】

一、共读绘本，体会爱

1. 绘本导入：同学们，今天老师给大家带来一本温馨的绘本，书名很有意思，叫《爱是一捧浓浓的蜂蜜》（幻灯片出示）。

2. 欣赏绘本：我们一起来欣赏吧！请同学们边欣赏边用心捕捉那个最吸引你的画面（绘本配乐欣赏）。

3. 分享印象：这就是小熊一天幸福的生活，喜欢这个故事吗？哪个画面深深吸引了你？（提示说话的句型：最吸引我的是……因为……）

师总结。

伴我入睡：你的爸爸妈妈也一定是这样伴你进入甜美的梦乡的？爱是爸爸轻轻地一抱，妈妈甜甜的一吻。

伙伴玩耍：爱是和好朋友一起玩耍、一起分享。

星星月亮：这个画面让你感觉好——温馨，爱就是这种温馨、幸福的感觉。

雨中踩水：雨中踩水，多潇洒啊，即使浑身湿透也义无反顾，对吗？

4. 揭示主题：那么这个故事紧紧围绕着一个主题、一个字来写的，你知道是什么吗？（爱）对吗？是的，（出示：爱）就是——（生齐读——爱），（师板书）那就和老师一起写出这个爱字吧。请发自内心地，深情地再读一遍——（生齐：爱）。

总结：今天就让我们一起来谈谈爱，写写爱的故事吧。

二、回忆生活，发现爱

1. 生活中的爱：对于小熊来说，爱是一捧浓浓的蜂蜜，是和爸爸妈妈在一起的温馨感觉，爱是和伙伴快乐地玩耍，爱就在我们身边，就是生活中一件件平凡的小事，对于你来说，生活中哪个爱的故事，让你感动？请仔细想想，像放电影一样，让这一个个爱的画面、爱的故事在你眼前一一呈现，请闭上眼睛沉醉在幸福的回忆中，去追忆、去搜索吧。（生追忆）

请睁开双眼，请你来说说。

学生回答，相机引导。

生1：爱是妈妈的唠叨。

师：你的妈妈都唠叨些什么？

师：（面向另一个同学）你的妈妈会唠叨吗？

生2（微笑）：会。

师：（面向全班）其他同学呢，你的妈妈会唠叨吗？会的请举手。（全体学生举手）看来我们的母亲也是爱唠叨的。

师：那么你讨厌妈妈的唠叨吗？能读得懂妈妈的唠叨吗？

生3：能，那是对我的关心。

师：对，无微不至的关心是爱，唠叨也是爱呀！只是爱的方式不同。

师（总结）：爱就是妈妈的唠叨，请你将唠叨写在黑板。

生2：爱是雨中的伞。

师：你看到雨中的妈妈是怎样的？

生发言。

师：这位同学给我们分享了雨伞背后感人的故事，讲得太精彩了，把掌声送给他。那么我想风雨中妈妈的形象一定深深印在你的脑海中，能给我们描述一下吗？

生发言。

师：多伟大，多无私的爱啊，爱就是那把雨中为你遮风挡雨的——（雨伞）

生3：爱是一顿丰盛的午餐。

师：妈妈都给你做什么好吃的？

生发言。

师：太幸福了！听得老师都垂涎三尺，你们的妈妈也一样吗？

师：这一道道菜里包含了妈妈多少的心血，爱就在一顿顿丰盛的晚餐里。刚才同学们讲的都是妈妈的爱，除了妈妈的爱，还有谁也爱着你们？

师：刚才几位同学讲的都是妈妈温柔的爱，那么生活中有没有一些爱，当时我们无法接受？

生4：爱是爸爸的一顿痛打。

师：痛打怎么是爱呢？应该是恨才对啊。

师：当时你是怎么想的，后来是怎么想明白的？

师：是啊，打着你身上，疼在爸爸的心上。看似冷酷无情的痛打中承载着爸爸对你无限的希望。

师：除了爸爸妈妈无微不至的爱，还有谁也爱着你们？

生5：爱是老师耐心的教导。

师：是啊，除了家人，老师的爱同样是无私的。爱就是老师悉心的——（教导）。

我们的校园就是一个大家庭，老师就是我们的妈妈，同学们就像兄弟姐妹一样，相亲相爱！

三、例文启示，描写爱

1. 例文学习：在这雨伞、晚餐……（板书：省略号）后面都是一个个感人的，爱的故事。你看有个聪明的同学就是这样写出妈妈的爱的。请看（出示例文）请自由读读。

在这个片段中哪些语句是你喜欢的？（感受到了什么？怎么体会到的？）

动作：这是什么描写？（板书：动作）片段中的动作描写还有哪些？从这些细节中你体会到什么？动作是无声的语言，一连串细致动作的描写栩栩如生地再现了当时的情景。让我们如临其境，如见其人。

神态：这一句是妈妈表情、神态的描写？（板书：神态）哪些词描写了神态？从这些神态描写中，你读懂了什么？细致的神态描写彰显了妈妈复杂的内心世界。描写神态的语句还有吗？

语言：这是妈妈说的话，像这样的语言描写还有吗？来齐读一下妈妈说的两句话，你感受到什么？简简单单、朴朴素素的话语，让我们"如闻其声，如见其人"，这里面包含着妈妈浓浓的爱。语言描写常常会伴着动作的描写，透过这个动作，你又体会到什么呢？

心理活动：这些语句是我内心的独白，是我的懊悔，内疚，才会有后来的感动与热泪。（板书：心理活动）这样的描写渲染了当时的气氛，让我们更加感动。

板书：语言　动作　神态　心理活动。

四、自主写作，表达爱

自主写作：这个聪明的同学短短的一个片段抓住了人物的语言、动作、神态、心理活动的细节来描写，写得那么生动，那么感人，（板书：抓住细节　生动感人）老师相信你的故事同样动人，请选取生活中一个爱的场景，把这个故事写下来，写出你的感动，你的爱。有信心吗？（出示写作要求）

好！由于时间关系，文章的开头和结尾不写，这节课只写中间的片段，限时：10分钟，音乐一停就请停笔，开始！

写完的同学自由地读一读，看看自己有没有抓住细节进行细致的描写。

五、自改互评，感谢爱

1. 集体评改：静静的课室，大家都沉醉在回忆的思绪中，一幕幕动人的情景在你们笔尖涌现，所谓三分文章七分读，谁愿意和我们分享你的故事。

你们喜欢哪一篇，请根据标准来评一评？（出示评价标准）

你同意大家的建议吗？那就向这些同学说声谢谢吧！抓住细节，写具体，就会让我们有身临其境的感觉。请你根据同学们给你的建议，进一步进行修改。

2. 自改互评：这位同学真幸福，得到了这么多同学的帮助，接下来就请根据评价标准进行同桌互改吧。改完后在四人小组内自豪地读读自己的作品，小组内选出优秀习作。

3. 习作展示：请每组的优胜者举手。谁愿意把你修改好的作品拿上来展示一下？（生读）你最欣赏自己的哪个语句？所谓"文章不厌百回改"，同学们，她的作文改得好吗？文章就是改出来的，读一读，想一想，改一改，文章越写越精彩。

改好后我们就收集起来，像小熊一样，也有了属于我们的爱的故事集，可以互相分享彼此的感动，大家说好不好？

总结：同学们，爱是大海、是阳光、是雨露，我们在爱的怀抱中幸福地长大，让我们对所有爱我们的人说一声：谢谢！（音乐起）下课！

【板书设计】

爱的故事

动作　语言　神态　心理活动

《花的联想》习作教学实录

【教学目的】

1. 引导学生学会观察，学会欣赏，结合生活的实际，展开丰富的联想，想象自己在赏花，把想到的画下来，培养学生热爱大自然的情感。

2. 创设情境，引导学生读懂例文，并从中得到启发，学会清楚明白地表达自己的想法，并把它有条理地写下来。

3. 引导学生通过自读、自改、自赏、互改，层层深入，培养学生学会修改作文的习惯。

【教学重、难点】

引导学生展开联想，把想到的有条理地写下来。

【教学要求】

花是大自然的精灵，看到它们，你想到了什么？蓝天白云，青山绿草？翩翩起舞的蝴蝶，枝头鸣叫的小鸟？快拿起画笔，把你想到的画出来。想象置身于画中的美景，然后把你感受到的写一写，写完后念给自己听听。

【课前准备】

1. 准备多媒体课件。

2. 准备习作卡。

【教学过程】

一、创设情境，激发联想

1. 师生互动，激趣导入

师：同学们，我们珠海是个美丽的花城（演示：珠海图片），鲜艳的花朵把她装点得五彩缤纷。（演示幻灯片）这是火红的木棉花，多像小喇叭在吹奏着春天的乐章；这是——

生：菊花！

师：哎呀！多美啊，像夜晚绽开的绚丽多姿的烟花。这是——

生：桃花！

师：看，美丽的桃花还引来了——

生：小蜜蜂！

师：在"嗡嗡嗡"地采蜜呢。这是——

生：紫荆花！

师：这是——

生：水仙花！

师：闻一闻，这花儿多香啊，春节到了家家户户都摆上一盆，真是清香扑鼻。还有这个呢？

生：杜鹃花！

师：这是——

生：荷花！

师：这幅照片让老师想起了一句诗——小荷才露尖尖角——

生：早有蜻蜓立上头！

师：（演示幻灯片）你们猜猜，在这么多美丽的鲜花当中，老师最喜欢的是什么花?

生: 水仙花。

师摇头。

生: 桃花!

师摇头。

生: 荷花!

师: 是啊,这些花当中老师最喜欢的就是——荷花。(边放录像边介绍)你们瞧,这夏天的荷花,亭亭的身姿,淡雅的面容,真叫人喜爱。这么多的荷花,一朵有一朵的姿态,有的含苞欲放像个害羞的小姑娘,有的迎风盛开露出了灿烂的笑脸,你们瞧,有的还是花骨朵呢。你看到如此的美景,最想说些什么?

生: 我觉得这荷花太美了,我就像那朵含苞欲放的小荷花。

师: 怪不得你的小脸蛋都羞红了。

生: 我真想把它拍下来!

师: 这是个好主意!

2. 引用例文,启发联想

师: 你们的想象真丰富!是啊!著名的作家叶圣陶爷爷,看到这满池的荷花,也情不自禁地展开联想写下了这样一段话。(听配乐朗读)

师: 叶圣陶爷爷看到了荷花,他想到了什么?

生: 他觉得自己就是一朵荷花。

师: 你真会读书!还有呢?

生: 他还想到蜻蜓飞过来告诉他清早飞行的快乐,小鱼在脚下游过告诉他昨夜做的好梦。

师: 你真是个会学习的孩子!如果是你,你还会想到什么?

生: 我会想到——小青蛙"呱呱呱"地叫着,好像在告诉我它昨天生了好多小宝宝。

师: 多可爱的小青蛙。(学生举手)好,你说。

生: 我想到——小蝴蝶飞过来告诉我:"荷花姐姐,你真美!我可以和你跳个舞吗?"

师: 是啊!美丽的荷花引来了可爱的蝴蝶!

生：我想到——小鸟飞过来，唱着动听的歌，为荷花伴奏，美丽的荷花扭动着身姿跳着好看的舞蹈。

师：多么美妙的情景啊！（学生陆续举手）还有这么多的同学想说，你们真棒！老师觉得你们已经展开想象的翅膀飞起来了！欣赏了老师最喜欢的荷花，那你最喜欢的又是什么花呢？

生：我喜欢菊花，因为菊花不仅美丽，还有许多药用功能！

师：哎，你知道的真多。

生：我喜欢梅花，因为就算是寒冷的冬天它仍然开得很灿烂。

师：是啊！多勇敢的桃花呀！

生：我喜欢木棉花！／我喜欢兰花！

3. 绘画交流，激发想象

师：每个同学都有自己喜欢的花，那，现在，就让我们围绕着自己最喜欢的花（板书：花的联想），展开联想（出示习作要求：幻灯录音）。来吧，赶快拿起画笔，把你想到的画出来！

生画画。

师：你们都画好了吗？

生：（举起自己的作品）画好了！

师：哇，太美了，赶快和小组的同学交流吧。

生交流。

师：谁愿意上来给我们介绍你想到的？

生：我画的美丽的荷花池就像一个舞台，这里正在举行着音乐晚会，小青蛙在打着肚皮鼓，小鸟在"喳喳"地唱歌，小蝴蝶在翩翩起舞，小蜜蜂在"嗡嗡"地飞，荷花是这个舞台上的主角，正在给这些小动物们作指挥呢！

师：好热闹的演唱会呀！还有吗？（学生举手）好，请你来！

生：我画的是我做的一个梦，我梦见我来到了一个百花园中，好多五颜六色的鲜花，突然从天上下起了一阵花瓣雨，好美呀！好香啊……

师：多美的花瓣雨啊！看来，你还陶醉在这花瓣雨中。

二、营造气氛，自主写作

师：同学们，你们的想象力太丰富了，欣赏了你们的想象画，聆听了你们的描述，老师仿佛觉得画面动起来了，真是太精彩了！如果你能把你说的变成文字写下来，那该多好啊！你们愿意吗？别着急，现在呀，请闭上你的小眼睛，在脑海里把你想到的像放电影一样地过一遍（放音乐）……

生闭眼。

师：好，一、二、三，请睁开你的眼睛。你看到了什么？听到了什么？想到了什么？

生跃跃欲试。

师：来，快拿起笔把它写下来！（放音乐）

生写作。

师：写字时要做到——

生：头正，身直，臂开，足安（边说边纠正自己的动作）。

师：如果你在写作的过程中，遇到困难请悄悄地举手告诉老师，老师会帮助你们的。

生写作。

三、自读自赏，指导修改

1. 自读自改

师：同学们，写得真投入，一定对自己的作品很满意吧？

生：（齐答）是！

师：来，请同学们把自己的作品拿起来，仔细地读一读。读不顺的地方打个小问号，特别满意的地方画上用波浪线。（板书）

生自改。

师：怎么样？在读的过程中，你肯定又发现了一些小问题吧？

生：是！

师：来，赶快动笔改一改，能改一个句子、一个词语，哪怕是一个错别字，一个标点，老师都要表扬你。我们还可以用上平时使用的修改符号。（板书）

生自改。

2. 指导修改

（1）展示习作

师：谁愿意把你修改好的文章读给我们听听？其他同学你们都是小评委，可要认真听哟。

生读自己的作文。

师：能告诉我们你觉得自己哪个地方写得最好吗？

生：我觉得我想象的部分写得比较好，我还用了许多优美的词语。

师：你很自信，确实写得很不错。

（2）师示范改

师：小评委们谁来说说？

生：我觉得蔡扬同学的词语用得很准确。

生：老师，我觉得她的字写得很漂亮。

师：是啊！看得出她写得很认真。你看，她还会分段来写呢！

生：老师，我发现她"含苞待放"的"待"写成了"代表"的"代"，是错的，应该是"等待"的"待"。

师：你真细心。（对作者说：你能自己把它改过来吗？）

生：能。（当场修改）

生：老师，菊花不是秋天才开的吗？她怎么写春天呢？

师：你读得很认真，但是春节的时候我们不是也看到菊花吗？

师：好了，在大家的帮助下，我们来看看文章是不是改好了？你能再把你的文章读一读吗？

生（作者）读自己的文章。

师：同学们，你们瞧，好文章就是这样改出来的。还有哪位同学愿意上来读读你的作品？（举手）好，你来！

生读自己的文章。

生：我觉得小乔的想象力很丰富，但是前面写得有点突然，她说："爸爸买了一盆水仙花"，然后就说"我突然觉得自己仿佛就是一朵水仙花"。

师：你读得真仔细。那，你说该怎么改呢？

生：我觉得应该在"爸爸买了一盆水仙花"后面加上一句"每天放学我都喜欢站在水仙花前欣赏，有一天，我站着站着"，然后才说"我突然觉得自己仿佛就是一朵水仙花"，这样就没那么突然了。

师：真是个爱动脑筋的孩子。（对作者说：你接受他的建议吗？）

生（作者）点头。

师：好，希望你待会儿回位后能改过来。

3. 互赏互改

师：下面请同学们采用刚才的方法，和你的同桌互相交换文章，进行修改。

生同桌互改。

四、共赏习作，分享快乐

师：同学们，你们学会了合作学习，老师真高兴。相信经过仔细的修改，文章一定很美。谁愿意来把自己修改后的文章读给我们欣赏一下？老师还给你们配上音乐呢！

请三名学生上台来配乐读自己的作品。

师：老师相信还有许多同学的作品经过修改，也同样很精彩，来，让我们把自己的文章美美地读一读。

生（全班）自豪地读出自己的文章。

师：同学们，今天我们一起走进了花的世界，展开了丰富的联想，完成了自己最满意的作品，来，为我们的收获喝彩吧！

《学会观察》习作教学设计

【学习目标】

1. 知识与技能目标：学会观察并能用心感受。

2. 过程与方法目标：通过游戏，运用多种感官进行观察，并能按一定顺序写文。

3. 情感态度与价值观：用心感受，表达自己的真情实感。

【教学重、难点】学会利用多种感官进行观察与感受，并能按一定的观察顺序写文，表达自己的真情实感。

【课前准备】

多媒体课件、盒子、白鸽。

【教学过程】

一、激趣，揭示主题

1. 谈话激趣，创设情境

同学们，上课前老师要送给大家一件礼物（出示盒子）。猜猜看是什么？

2. 摸放大镜，揭示主题

（1）讲明规则，学生上台游戏。

请一位同学上来摸，如果他能猜出来，那么，这份神秘的礼物就送给他了！

一生摸并揭晓谜底——放大镜。

（2）名言揭示观察的重要性。

（课件：出示罗丹名言）老师送给大家一个放大镜，是希望同学们能用心去观察生活（板书：观察），体验生活！（生齐读课件）。

二、增趣，指导观察

1. 神话渲染，趣味观察

（1）同学们，有谁知道这个故事？（课件：潘多拉的盒子）

（2）生讲故事。

（3）欣赏动画。

（4）虽然人间充满无数灾难，但人类并没有失望，因为还有一样东西留在盒子里，今天，老师就把这只神秘的盒子借来了，那盒子里最后一样东西到底是什么呢？（生猜）

（5）究竟是不是你们所猜想的答案呢？老师想请两位同学亲自上台来，这次上台的同学，只能摸，不能来看，然后用动作和语言提示大家来猜？

（6）（两生上台）待会儿他们的任务是仔细地摸（板书：摸），同学们的任务是仔细观察，看他的表情、动作、神态……（板书：看）

（7）游戏开始。（一生摸完交流）

引导观察学生表情的变化。

引导观察学生动作并进行细致的描述。（板书：听）

引导学生体会心理。（板书：想）

（8）再现情境：刚才同学们观察得很仔细，如果能把刚才的活动过程用语言生动地描述一下就更棒了！（同桌互说）

2. 生生互动，揭开谜底

（1）谜底到底是什么？下面就请两位同学用动作和语言提示大家，但不能说出与谜底有关的字眼。

一生做动作：指导观察他的动作并进行描述。

一生做提示：引导学生猜并说出原因。

（2）想知道谜底吗？请你来揭晓。（生上台揭开盒子）

三、孕趣：升华情感

1. 观察小鸟，激发情感

（1）噢，是一只鸽子，想摸摸它吗？（生摸：引导感受）

（2）这是一只怎样的鸽子？

（3）是啊！蓝天才是鸽子真正的家！同学们你们知道吗？虽然人间充满无数灾难，但人类依然自强不息，正因为这只潘多拉的魔盒里还留着世人一直期盼并追求的——希望！今天就让我们一起放飞鸽子，放飞希望吧！

2. 师生放飞，祝福鸽子

四、记趣：自主写文

多么难忘的课堂啊。老师提议，大家拿起笔，把这精彩的瞬间记录下来（出示课件：写作要求）。

写作要求：在下面任选一个片段写作（题目自拟）。

片段 1. 摸白鸽猜白鸽的游戏过程；

片段 2. 放飞白鸽时你的所见所闻所思所感。

温馨提示：注意抓住人物的表情、动作、语言、心理……

五、赏趣：讲评作文

1. 讲评片段一（重点讲评表情和动作）

（1）请写片段一的同学举手，谁愿意来展示一下自己的作品。（生上讲台读）

（2）生评价他的作品，师相机指导、补充

2. 讲评片段二（重点讲评心理）

（1）请写片段二的同学举手。生评价他的作品，师相机指导、补充

（2）同学们，你最欣赏的是哪一句？让我们有感情地读一读吧。（齐读）

六、点题：用心观察

1. 朗读莫言名句：同学们，我们的生活多么美妙啊，观察就是我们的第三只慧眼，正是因为善于观察，我们的文章才会写得如此精彩！首位获得诺贝尔文学奖的中国籍作家——莫言，也是这么告诉我们的。（齐读莫言评语）

2. 总结全课：同学们，让我们一起做个写作的有心人，用眼看，用耳听，用手触摸，用心灵感受，美丽的世界，就在我们大大的眼睛里，在我们美好的心灵里，在我们的灵动的笔尖里，让我们调动一切可以调动的感官，观察生活，体验生活！

【板书设计】

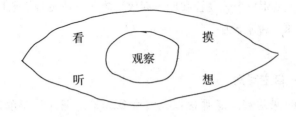

看　　摸

观察

听　　想

第三节 高年段

《地震中的父与子》教学设计

【学习目标】

1. 有感情朗读课文。

2. 领悟抓住人物外貌、语言、动作进行描写，表现人物思想品质的方法。

3. 从课文的具体描述中感受父亲对儿子的爱和儿子从父亲身上汲取的力量。

【教学重、难点】

1. 教学重点：有感情地朗读课文，引导学生从课文的具体描述中感受父亲对儿子深沉的爱以及儿子从父亲身上汲取的巨大精神力量。

2. 教学难点：领悟作者抓住人物外貌、语言、动作特点进行描写，反映人物思想品质的表达方法。

【教学过程】

一、检查生字，联想导入

师：同学们，上课前我们一起来玩个游戏，读下面的一组词语你想到了哪个词？

（PPT 出示：爆炸 混乱 废墟 瓦砾 砸伤 颤动 洛杉矶）

师：想到什么——地震（板书：地震）。通过课文的学习，你知道这是一场怎样的地震吗？

师：地震，一个令人沉痛的字眼，1994 年 1 月 17 日，美国洛杉矶的这场里氏 6.6 级大地震，不到 4 分钟，2500 多座建筑物倒塌，320000 人不同程度受伤，25000 人无家可归，大地震后引发的大爆炸吞噬着人们最后的希望；昔日美丽的家园变成了一片废墟，许多人被生生地压死在废墟中。而其中，却有一对父子创造了生命的奇迹。今天我们就继续来学习第 17 课《地震中的父与子》，一起去认识这对——《地震中的父与子》（板书，齐读）。

师：通过第一课时的学习，谁来说说文章讲了这对父子的一件什么事？这是一对怎样的父与子？你能用文中的一个词来概括一下吗？

（了不起的父与子）

师：你从哪里找到这个词？你真会读书。

出示中心句：这对了不起的父与子，无比幸福地紧紧拥抱在一起。

二、集中讨论，合作探究

你从哪里看出了父亲和儿子的了不起？请默读课文，划出描写父亲和儿子了不起的句子。

师：下面以小组为单位交流一下各自找到的句子，并说说你的理解。

父亲的了不起

爱的承诺

他顿时感到一片漆黑，大喊：阿曼达，我的儿子。跪在地上大哭了一阵后，他猛地想起自己常对儿子说的那句话：无论发生什么，我总会跟你在一起。他坚定地站起身向那片废墟走去。

生：因为他从眼前的一片漆黑转到坚定地站起身，向那片废墟走去。

师：面对突如其来的灾难，自己心爱的儿子被压在废墟下，作为父亲的他，会是一种什么样的心情？

生1：特别悲伤。

生2：特别绝望。

师：是啊，此时的他有着撕心裂肺的痛，所以才会有那一声撕心裂肺的大喊。

全班齐读。

师：是什么让这个过度悲伤的父亲转而坚定地向废墟走去。

生：是他对儿子说的那句话语。

师：哪句话语？

生："无论发生什么，我总会跟你在一起。"

师：请同学找到这句话，把它勾下来。

生勾画。

师（板书后）：好一个"在一起"，正是这句爱的承诺，让这位父亲 心理 发生了变化，从悲痛中振作起来的，真是——（了不起）

师：来读得斩钉截铁一些。

生再次齐读。

师：继续谈，还从哪些地方看到父亲的了不起？

精神失常

就在他挖掘的时候，不断有孩子的父母急匆匆地赶来。看到这片废墟，他们痛哭并大喊："我的儿子！""我的女儿！"哭喊过后，就绝望地离开了……精神失常了。

生：我从这句看出他要救儿子的坚定和勇气。大家都在劝他，可是他没有听大家的劝阻，他依然没有停止挖掘。

师：都有哪些人劝说父亲？

生：有消防队长、警察，还有路过的人。

师：是啊，大家看到一片废墟，都痛苦后绝望地离开，而这位父亲，面对他们的劝阻又是怎么回应的。（课件出示）请同学们再读读这三句话，你有什么发现？

生：我发现父亲的三句话都是差不多的意思。

师：父亲的回答就是简单而且有点重复的三句问话。

师：我想问问阿曼达的父亲，难道你真的是悲痛过度，精神失常了吗？震情这样严重，人们这样劝阻，为什么不离开？

我们分明看到了一个争分夺秒，一心救儿，把危险置之度外的伟大父亲的形象。他是失常的，他所表现出来的是面对危难的超常潜能；他是不失常的，因为这是一个父亲急切救助儿子，争取最后一丝希望的人之常情！他心中只有一个念头——儿子在等我！他多么希望有人能帮他，除了语言上感受到了他的渴望，还从他的什么描写上感受到？（神态——直直的眼神）所以，当有人劝他时，他是（恳求）地问——

生：谁愿意帮助我？

师：当消防队长劝他时，他（急切）地问——

生：你是不是来帮助我的？

师：当警察来劝他时，他是（崩溃）地问——

生：你是不是来帮助我的？

师：反复的三句语言描写，我们真真切切地感受到这是一位——

生：了不起的父亲。

36 小时

他挖了 8 小时，12 小时，24 小时，36 小时，没人再来阻挡他。他满脸灰尘，双眼布满血丝，浑身上下破烂不堪，到处是血迹。

我从这儿看出父亲不在乎身上已经被钢筋和瓦砾挂破了，他还是想着儿子。他已经忘记了自己身上的痛。

师：这是对父亲什么的描写（动作、外貌）父亲的哪个动作，给我们留下深刻的印象？（板书：挖）

师：他挖了多少个小时啊？

生：36 小时。

师：作者这样罗列时间描写进程，他为什么不直接写出挖了 36 小时呢？

生：这样写，更能体现他挖了很久。

生：这样写更能表现父亲的坚持。

危险的 36 小时（急切）。

师：这是怎样的 36 小时？

生：危险的 36 小时。

师：在这 36 小时也许会发生——

生：大爆炸。

师：也许会发生——

生：塌方、余震。

请用你的朗读，让我们感受到这是危险的 36 小时。

漫长的 36 小时（缓慢）

师：这位父亲不吃不喝，没日没夜，就是靠着一双手不停歇地挖（板书）——

生：8小时，12小时，24小时，36小时，没人再来阻挡他。

（指名说）

师：挖到8小时的时候，父亲的手臂（被玻璃划出个大口子，鲜血顿时涌了出来，他……）

师：挖到12小时的时候，（强烈的疲劳占据了父亲整个身体……）

师：挖到24小时的时候，父亲（依然没有找到自己的儿子，他……）

师：挖到36小时的时候，父亲（已经体力不支倒在废墟中……）

师：这哪里是一个父亲，这分明是一架不知疲倦的机器，这分明是一尊高大的塑像。

师：36小时过后，我们看到的是怎样一位父亲。女同学，读。（出示课文片段）

全体女生："他满脸灰尘，双眼布满血丝，衣服破烂不堪，到处是血迹。"

师：就让我们记住这位历尽艰辛，疲惫不堪，伤痕累累的父亲。

师：男同学，读（上面的语段）。

生死攸关的36小时（紧急）

师：时间就这样在推移，每一秒钟都那么珍贵，这位年轻的父亲，承受着肉体的伤痛和精神的重担，但他绝不放弃。是什么力量支持着他这样做？

生：是父亲对儿子深深的爱。

生：是父亲对儿子的承诺。

师：他常对儿子说——（课件出示：不论发生什么，我总会和你在一起。）

师：就让这位了不起的父亲的形象永远定格在我们心中。

儿子的了不起

苍天有眼，皇天不负有心人，挖到第38个小时，他突然听见瓦砾堆底下传出孩子的声音："爸爸，是你吗？"阿曼达终于得救了，而且有14个同学都活着！那么文章又是如何体现阿曼达的了不起的呢？

（1）我告诉同学们不要害怕……在一起（指名读，谈感受）

师：一个7岁的孩子，在这漫长的38小时里，在这伸手不见五指的废墟下，面临着饥饿与恐慌，还能镇定自若，安慰同学，他会想些什么，说些什么？

205

师：是什么给他信心和力量去鼓励自己和同伴战胜困难，等待生的希望？

生：是父亲的承诺——不论发生什么，我总会跟你在一起。

生：即使在危难的时刻，儿子对父亲的信任依然没有动摇。

（2）不，爸爸……在一起（指名读，谈感受）

师：父亲的一个"挖"字让我们感受到了他的了不起，儿子哪一个动作也不由得让人敬佩，让人感动呢？（让）

师：在废墟下，余震不断发生，这一让可能让出去的就是——生，也许下一秒就面临死亡。是什么信念给了阿曼达如此大的信心，在这生死关头把生的优先权"让"给别人？

生：是父亲的承诺——不论发生什么，我总会跟你在一起。

师：在一起，在一起，一句承诺，让废墟上的父亲信守承诺拼死挖出儿子；一句承诺，让7岁的孩子在废墟下居然懂得鼓励同学，承让同学，这句承诺就是——

生（接读）："不论发生了什么，我总会跟你在一起。"

师：这真是一对——

生：了不起的父与子。

齐读课文最后一节：

"这对了不起父与子，无比幸福地紧紧拥抱在一起。"

师：让我们真诚地祝福这对父子（齐读课题），让我们永远记住这对了不起的父子（再读课题）。

三、拓展延伸，品读感悟

文中有一句话贯穿全文，是哪句话？"不论发生什么，我总会跟你在一起"反复出现，有什么样的作用？（这句爱的承诺，是父亲坚持到底绝不放弃的原因，是儿子在绝境中巨大的精神力量。）

当父亲看到儿子的学校变成废墟，悲痛欲绝时，这句话支撑着他。

当父亲孤军奋战，伤痕累累地坚持挖了整整38小时时，这句话支撑着他。

当阿曼达饥渴难耐，对待救援的时候，这句话给了他希望和信心。

师：英国莎士比亚说过——爱，可以创造奇迹。正是这句爱的承诺使这对父与子创造了生命的奇迹。

师：此情此景，让我想起 2008 年的汶川地震，一个个生命的故事萦绕在我脑海中。同学们请看（课件音乐起，陆续出示汶川地震的一幅幅图片）：这个婴儿的妈妈，用血肉之躯顶住坍塌的天花板，护佑这个小生命甜甜的梦，却只是在临终前留下这样的一则手机短信：亲爱的宝贝，如果你能活着，一定要记住，我爱你……

师：父爱如山，母爱如山！灾难无情，人间有爱，面对突如其来的灾难，我们中国人永远在一起生死不离！此时此刻，你对爱一定又有新的感悟，谁来和我们分享一下。（学生在音乐中书写心灵感悟并朗读。）

师：是啊，爱可以创奇迹！我们永远在一起，生死不离，最后送给大家一首汶川大地震时创作的诗歌《生死不离》。

【板书设计】

地震中的父与子

挖　　　　让

了不起———在一起

爱的承诺

《冬阳·童年·骆驼队》教学设计

【学习目标】

1. 通过联系上下文的方法，理解"咀嚼"，领会"嚼"字在口语与书面语中的不同读法；通过教师范写，学生书空与练写结合的方法，牢记"嚼"字字形。

2. 通过反复朗读、分角色朗读，体会文章描写的细腻，感受小英子的天真可爱。

3. 在反复朗读与揣摩中感受林海音对童年生活的思恋，体会她对第二故乡北平的苦念。

【教学重、难点】

1. 教学重点：通过反复朗读、分角色朗读，体会文章描写的细腻，感受小英子的天真可爱。

2. 教学难点：在反复朗读与揣摩中感受林海音对童年生活的思恋，体会她对第二故乡北平的苦念。

【教学过程】

一、初解课题，走近林海音

1. 板书课题，请生念课题。

师：同学们有没有发现这个题目很奇怪。由这个题目，你能想到什么呢？

生说，师点评。

2. 师：一个题目，三个关键词，这其中到底包含着什么呢？我相信学了课文之后，我们一定能更明白。

3. 师：这篇课文的作者是林海音。课后"资料袋"中有关于她和这篇课文的介绍，大家读读，看看我们能从中了解到哪些信息。

二、解构文本，历数童年事

1. 师：是呀，《城南旧事》是一本自传体小说，而《冬阳·童年·骆驼队》便是它的序言。既然是自传，这文中的主人公小英子其实就是林海音，而这文章就是对过去生活的——回忆。那么，今天就让我们走进林海音的回忆，随着她的思绪去感受小英子的生活。

2. 请学生自己读读课文，看文中回忆了小英子的哪几个有关骆驼的片段。

3. 交流。

板书：学咀嚼（相机指导"嚼"字字形，请学生把"学咀嚼"写在相应段落的旁边；相机指导学生找出除了"咀嚼"之外，另外一处用了这个"嚼"字的地方，了解其口语、书面语的不同读音。）

谈驼铃

剪驼毛

念骆驼

三、沉浸往事，解读林海音

1. 师：一件件往事，那都是林海音美好的追忆。在几十年来林海音一直念念不忘的往事中，你又能读到些什么呢？请同学们自己选择自己感兴趣的事读一读，并做上读书记号，可以是划出自己喜欢的句子，也可以是标注自己不懂的地方，还可以是写下自己一时的感受……

生自读。

2. 交流"学咀嚼"。

（1）请研读了"学咀嚼"这件事的同学举手示意。

（2）请学生读这个自然段，所有学生再一起读读。

（3）请学生说说从中读到了什么。

预设：①读到了林海音的"呆"。

A. 师：知道什么是"呆"吗？（眼睛直视一样事物，一动不动，目不转睛。）是什么让她"呆"了？

B. 请学生读好关于骆驼的描写。体会她观察的仔细，体会"那样"中的情感色彩。

C. 师：看着看着，小英子竟然看——呆了！竟然学着骆驼——也咀嚼起来。

想象当时小英子的神情，讨论——这"呆"还是我们平时讲的意思吗？齐读本段。

D. 你看到了一个怎样的小英子，请学生看插图，猜测小英子大概几岁了。

——体会小孩子的好奇、专注。

E. 师：五六岁的年龄，正是对什么东西都充满好奇的时候，看到从没看过的骆驼，怎能不看呆呢？可是三四十年过去，如今她还会因为骆驼而看呆吗？她还会在冬阳底下，学骆驼咀嚼吗？课文中哪儿告诉你的？

生读课文第十六自然段相关句子。

师："夏天过去，秋天过去，冬天又来了，但是骆驼队又来了，但是童年却一去不还。冬阳底下学骆驼咀嚼的傻事，我也不会再做了。"在后来林海音认为，这"学咀嚼"的事，实在是一件——傻事。因为这好奇的呆、专注的傻只属于孩子。

师：就让我们带着对往事的怀恋，再来读这第四自然段吧。

②读到了骆驼的有趣。

3. 交流"谈驼铃""念骆驼"。

（1）师：这几段文字与"学咀嚼"这一段不一样，同学们发现没有？（对话描写）

（2）师：我们来分角色读一读。

师：可是爸爸的话没有直接写出来，你们能猜到爸爸是怎么说的吗？（指名说）

（3）学生同桌互练，指名一桌桌分角色读。师点评。

（4）师：对于为什么系驼铃，爸爸的观点是——，小英子的观点是——那你更喜欢谁的观点呢？

（5）师：从这里你又看到了一个怎样的小英子呢？

（6）师：这就是童年的小英子，一个对所有不懂的事都要问一问的小英子。课文中除了讲她问爸爸驼铃的事，还讲了她问什么？（生答）

（7）指名学生分角色读小英子与妈妈的对话。

（8）课文中妈妈怪小英子"总是问"，你猜小英子还会问些什么事呢？

（9）师：可是，夏天过去，秋天过去，冬天又来了，骆驼队又来了，童年却一去不还了。冬阳底下和爸爸——谈驼铃的事，我也——不会再做了；问妈妈骆驼去向的事，我也——不会再做了……

4. 交流"剪驼毛"

（1）师：课文中还有一件事——剪驼毛，谁愿意来读读？（指名读）

（2）大家也读读，看看你们又从这段文字里看到了一个怎样的小英子呢？

（3）交流：天真、可爱、充满童趣。

说说从哪儿看出来的？并读好相关句子。

（4）师：读着这段文字，我有一个疑问——文章中写"拉骆驼的人也一样，他们身上的那件反穿大羊皮，也都脱下来了"，你们说拉骆驼的人像谁一样？

师：按常理，我们一般是说骆驼像人一样脱了旧驼绒袍子，可是文章中怎么写人像骆驼一样脱了反穿大羊皮呢？这不是写反了吗？

指名回答，进一步体会小英子的天真。

（5）师：多么天真可爱的小英子呀！可是夏天过去，秋天过去，冬天又来了，骆驼队又来了，童年却一去不还了。想给骆驼剪旧毛皮的想法，我也——不会再有了。

四、链接拓展，最念往昔

1. 师：可是，她是多么想念童年住在北京城南的那些景色和人物啊！写这篇文章的时候，林海音已经42岁了，而且早已身居台湾，可是童年的一幕幕却依然清晰地在她的眼前浮现，请回忆你们的童年，你的脑海中又出现了什么画面？能不能也像这篇课文的题目一样给回忆的画面取一个名字？

师：是呀，这些或许都会在她的脑海里浮现，她写这些景写这些人写这些事，又何尝不是在抒发自己的情呢！

2. 同学们，虽然她早已身居台湾多年，可是50多年后的她，却依然固执地保留着北京口音，从来不曾有丝毫的改变，有朋友说她比北京人还北京人，你们知道这是为什么吗？她怀恋的仅仅是童年吗？

交流。

师：是的，她怀恋那个留下了她最美好时光的故土，怀恋那里的点点滴滴，有她的文章为证。

出示：《苦念北平》相关语句。

不能忘怀的北平！那里我住得太久了，像树生了根一样。童年，少女，而妇人，一生的一半生命都在那里度过。快乐与悲哀，欢笑和哭泣，那个古城曾倾泻我所有的感情，春来秋往，我是如何熟悉那里的季节啊！

……

离开北平的那年，曾赶上最后一次的"看红叶"，冰鞋来不及拣出，我便离开她了。飞机到了上空，曾在方方的古城绕个圈，协和医院的绿琉璃瓦给了我难忘的最后一瞥，我的心颤抖着，是一种离开多年抚育的乳娘的滋味。

这一切，在这里何处去寻呢？像今夜细雨滴答，更增我苦念北平。

生读。

3. 师：就这样，每一景每一物，只要是与北平相似的，都会令她触景生情，勾起她对故土的思恋，以至于一发不可收拾。

师：于是，正如文中所说的："我对自己说，把它们写下来吧。就这样，我写了一本《城南旧事》。"

生："我默默地想，慢慢地写，又看见冬阳下骆驼队走过来，又听见缓缓悦耳的驼铃声。童年重临于我的心头。"（播放：背景音乐《送别》）

《自己的花是让别人看的》教学设计

【学习目标】

1. 认识 3 个生字，会写 7 个生字，正确读写"天性、宇宙、真切、脊梁、家家户户、莞尔一笑、花团锦簇、姹紫嫣红、应接不暇、耐人寻味"等词语。

2. 有感情地朗读课文，背诵课文第三自然段，积累课文中的优美语言。

3. 了解作者所介绍的德国风景与风俗特点，结合上下文与生活实际体会含义深刻的语句，从中受到启示与教育。

【教学重点】

朗读课文，感受异域风情。

【教学难点】

理解课文内容，结合上下文与生活实际体会含义深刻的语句，从中受到启示与教育。

【设计思路】

以跟随季羡林先生展开"异域风情之旅"的课堂展开形式，贴近作者视角，选择"变化是有的，但是美丽并没有改变"一句中的"美丽"为切入点，以"寻找美丽—感悟美丽—内化美丽"为贯穿课堂学习活动的线索，引导学生品读文本，在感情诵读、角色体验、情境想象、联系生活、随文练笔等形式多样的语言文字训练中感受德国风情，体会异国文化，领悟"人人为我，我为人人"的人生境界，实现语言与精神的同构共生。

【教学准备】

学生搜集有关德国的民情风俗；了解季羡林先生的资料。

【教学过程】

一、导入

1. 单元主题回顾：本单元我们学习的主题是异国风情。

2. 今天我们继续来学习第 25 课，随着国学大师季羡林去感受德国独有的风情。

3. 板书课题，齐读。

4. 上节课，我们已经读准了生字，读通了课文，这些词语都认识了吗？开火车来读一读。

脊背　莞尔一笑　花团锦簇

姹紫嫣红　目不暇接

应接不暇　颇耐人寻味

5. 通过上节课的学习，我们知道了季老去了几次德国？（两次）是什么独特的风情，让他如此留恋那片异国的土地，请同学们翻开课本第 150 页，自由地读一读，画一画。

二、授课

（一）爱花

1. 谁能找出一个词概括一下德国人最大的特点是什么？——爱花。（板书：花）

2. 爱花之心人皆有之，有什么稀奇的呢？他们种的花是给别人看的，（板书：自己　别人）那我们种花呢？是给自己看的。

3. 插入写作背景的介绍

4. 时隔多年，重回故地，迎接他们的主人问他："你离开德国这么久，有什么变化没有？"他的回答是——（出示 PPT：变化是有的，但是美丽并没有改变）

5. 这不变的"美丽"到底是什么？从课文哪些地方看出？请以四人小组为单位讨论一下。

（二）景美

（出示课件：走过任何一条街，抬头向上看，家家户户的窗子前都是花团锦簇、姹紫嫣红。许多窗子连接在一起，汇成了一个花的海洋，让我们看的人如入山阴道上，应接不暇。）

1. 读着这段文字，你脑海中出现了一个怎样的画面？

2. 哪些词写出了美？（花团锦簇、姹紫嫣红）它们写出了颜色的多彩和艳丽。

3. 除了写出花的美，还写出花怎样——（多）哪些词写出多？（家家户户、花的海洋、应接不暇）

4. 山阴道——什么叫山阴道？

5. 作者漫步在这样的大街，两边的楼房像开满鲜花的山壁，让看的人好像走入了——山阴道上，左边的房屋花团锦簇、姹紫嫣红，右边的房屋花团锦簇、姹紫嫣红，前方的房屋花团锦簇、姹紫嫣红，后方的房屋……花朵从四面八方扑来，汇成花的海洋，你的眼睛才会——（应接不暇）

6. 这样的美景，想看看吗？（以 PPT 展示图片）

7. 看到这样的美景，你有什么想法？老师的想法是把这段话变成一首诗。（准备文字稿）文章是一段段的，诗是一行行的，怎么变？

8. 景如画，文如诗，让我们一起来美美地读一读我们改编的诗。

（三）人美

除了景美，还有什么美？

（出示课件：家家户户都在养花。他们养花不像在中国那样，养在屋子里，他们是把花都栽种在临街窗户的外面。花朵都朝外开，在屋子里只能看到花的脊梁。）

1. 家家户户养：我们呢？可见如文中所言，作者也为他们爱花之真切感到吃惊。

2. 花朵朝外，只看到花的脊梁：脊梁是指哪里？

3. 为什么这样种呢？你从哪里找到答案？

4. 莞尔一笑：说明在他们看来这是很平常的。

5. 正是这样：到底怎样？我们种花是给——自己看的，他们种花是给——别人看的，用箭头怎么表示？（生板书：箭头）

6. 所以，作者感慨这种境界颇耐人寻味——人人为我，我为人人。

7. 这是一种什么精神——懂得分享。

8. 多么美好的心灵啊。

三、总结

1. 所以，作者在时隔多年重回德国，他认为——

出示填空：_____改变了，但_____没有改变。

2. 同学们，在季老的《重返哥廷根》中，有这样的一些文字，我们来读一读。

出示补充资料：

我今天重返第二故乡，心里面思绪万端，酸甜苦辣一齐涌上心头。感情上有一种莫名其妙的重压，压得我喘不过气来，似欣慰，似惆怅，似追悔，似向往。小城几乎没有变。市政厅前广场上矗立的有名的抱鹅女郎的铜像，同三十五年前一模一样。一群鸽子仍然像从前一样在铜像周围徘徊，悠然自得。说不定什么时候一声呼哨，飞上了后面大礼拜堂的尖顶。我仿佛昨天才离开这里，今天又回来了。我们走下地下室，到地下餐厅去吃饭。里面陈设如旧，座位如旧，灯光如旧，气氛如旧……总之，我看到的一切都同原来一模一样。我真的离开这座小城已经三十五年了吗？

但是，正如中国古人所说的，江山如旧，人物全非。环境没有改变，然而人物却已经大大地改变了。……我仍然坚持怀着沉重的心情去访问。首先我要去看一看我住过整整十年的房子。我知道，我那母亲般的女房东欧朴尔太太早已离开了人世。但是房子却还存在，那一条整洁的街道依旧整洁如新。从前我经常看到一些老太太用肥皂来洗刷人行道，现在这人行道仍然像是刚才洗刷过似的，躺下去打一个滚，决不会沾上一点尘土。

师：从这两段文字中你体会到了什么？

师：过去，德国人爱花，到处花团锦簇，姹紫嫣红，你看我的花，我看你的花，作者感叹——（出示，读）多么奇丽的景色！多么奇特的民族！

师：而今，季老重回德国，德国人依旧爱花，到处依旧花团锦簇，姹紫嫣红，我的花给你看，你的花给我看，作者感叹——（出示，读）多么奇丽的景色！多么奇特的民族！正是这种境界，"人人为我，我为人人"，让季老把德国

当作自己的第二故乡，所以他做了一个花的梦，一个思乡的梦，而这个故乡就是——德国

师：今天，我们领略了德国独特的民族风情，让我们收获了满街馨香的愉悦，更让我们收获了"人人为我，我为人人"的美德。

《童年》教学设计

【学习目标】

交流《童年》一书中的三个主要人物形象（阿廖沙、外祖母和外祖父），引导学生通过抓住描写方法等对人物形象进行分析，并从中受到启发，珍惜生活。

【教学准备】

1. 初步了解高尔基，了解《童年》写作背景。

2. 熟读《童年》一书，对阿廖沙、外祖母和外祖父有自己的分析。

【教学过程】

一、畅谈童年，激情导入

有人说童年是蓝色的因为它值得回忆；也有人说童年是红色的因为它美丽；还有人说童年是白色的因为它纯洁——你呢？你觉得童年是什么样的呢？有没有想过把自己的"童年"写成一本书，可以是自传小说，可以是日记记录。今天我们来共读一本关于童年的书《童年》（介绍书籍的写作背景与作者）。

1. 介绍基本情况：今天，就让我们走进高尔基的一本经典名著《童年》。高尔基以自身经历为原型创作的一部自传体小说，讲述了阿廖沙（高尔基的乳名）3 岁到 10 岁这一时期的悲惨童年，生动地再现了 19 世纪七八十年代，处于俄国大革命前夕，苏联下层人民的生活状况，偷窃在村民中已形成一种风气，已经不算是罪恶，而且对于半饥半饱的小市民来说差不多是唯一谋生的手段。儿童没钱上学，沦落街头，靠捡破烂为生。这本书写出了高尔基对苦难的认识，从中又可看到作家童年和青少年时代在暗无天日的社会里寻找光明的奋斗历程。字里行间涌动着一股生生不息的热望与坚强。

2. 介绍作者：高尔基（1868 年 3 月 16 日—1936 年 6 月 18 日），原名阿列克塞·马克西莫维奇·彼什科夫，苏联作家，当过学徒、码头工、面包师傅等，流浪俄国各地，经验丰富，是社会主义、现实主义文学奠基人，政治活动家，苏联文学的创始人。《童年》《在人间》《我的大学》是高尔基自传体三部曲。代表作还有长篇小说《母亲》和剧本《小市民》等。1927 年 10 月 22 日苏联科学院决定就高尔基写作 35 周年授予他无产阶级作家的称号。此后不久回到苏联他得到了许多荣誉：他被授予列宁勋章，成为苏联共产党中央委员会成员。他的诞生地被改名为高尔基市。

二、介绍著作，初步感知

要想快速了解一本书，你有什么方法？

（板书：整本书阅读第一步——封面、序言、目录、封底）

1. 看封面：了解书名、作者、出版社等。

2. 看序言：了解故事大意和写作背景。

3. 看目录：了解故事的发展（学画情节绳）。

第一章　幼年丧父

第二章 遭受毒打

第三章 小茨冈之死

第四章 染坊失火

第五章 新家的生活

第六章 可怕的争斗

第七章 两种上帝

第八章 "好事情"

第九章 彼德大伯母亲回来了

……

第十一章 在病床上的日子

第十二章 母亲结婚了

第十三章 艰难的岁月

4. 看封底：了解对书籍的评价等。

三、看图预测，学会品读

1. 有了全面的了解，小说篇幅再长，内容再多，也能做到心中有数，要想进一步了解故事那就得进入——（板书：整本书阅读第二步——通读全文，厘清人物关系及人物性格特点）

2. 作者着力写了哪些人物？他们之间发生了什么故事？表现出人物的什么性格特点？主要刻画的人物，分别是——（板书：阿廖沙、外祖母、外祖父、好事情、小茨冈、彼得大叔、继父等）

3. 今天我们就一起借助插图这小小的窗户，提前看看厚厚的书本里隐藏着的故事。（板书：整本书阅读第三步——品语言，感悟人物性格）

插图一：遭受毒打

1. 看图，图上画的是什么？

2. 请人读下面的文字，通过批注，读一读、画一画：哪些词语或句子让你受到触动，在旁边写一写自己的感受。

晚祷之前有人叫我到厨房去一下。

厨房里很黑，外面下着绵绵不断的秋雨。昏暗的影子里，有一把很高大的椅子，上面坐着脸色阴沉的茨冈。

姥爷在一边摆弄些在水里浸湿了的树条儿，时不时地舞起一条来。嗖嗖地响。

姥姥站在稍远的地方，吸着鼻烟，念念叨叨地说：

"唉，还在装模作样呢，捣蛋鬼！"

雅可夫的萨沙坐在厨房当中的一个小凳上，不断地擦着眼睛，说话声音都变了，像个老叫花子：

"行行好，行行好，饶了我吧……"

旁边站着米哈伊尔舅舅的两个孩子，是我的表哥和表姐，他们也呆若木鸡，吓傻了。

姥爷说话了。

"好，饶了你，不过，要先揍你一顿！"

"快点快点，脱掉裤子！"

说着抽出一根树条子来。

屋子里静得可怕，尽管有姥爷的说话声，有萨沙的屁股在凳子上挪动的声音，有姥姥的脚在地板上的摩擦声，可是，什么声音也打破不了这昏暗的厨房里让人永远也忘不掉的寂静。

萨沙站了起来，慢慢地脱了裤子，两个手提着，摇摇晃晃地趴到了长凳上。

看着他一系列的动作，我的腿禁不住也颤抖了起来。

萨沙的嚎叫声陡起。

"装蒜，让你叫唤，再尝尝这一下！"

每一下都是一条红红的肿线，表哥杀猪似的叫声震耳欲聋。

姥爷毫不为所动：

"哎，知道了吧，这一下是为了顶针儿！"

我的心随着姥爷的手一上一下。

表哥开始咬我了：

"哎呀，我再也不敢了，我告发了染桌布的事啊！"

姥爷不急不慌地说：

"告密，哈，这下就是为了你的告密！"

姥姥一下子扑过来，抱住了我：

"不行，魔鬼，我不让你打阿列克塞！"

她用脚踢着门，喊我的母亲：

"瓦尔瓦拉！"

姥爷一个箭步冲上来，推倒了姥姥，把我抢了过去。

我拼命地挣扎着，扯着他的红胡子，咬着他的胳膊。

他嗷的一声狂叫，猛地把我往凳子上一摔，摔破了我的脸。

"把他给我绑起来，打死他！"

母亲脸色刷白，眼睛瞪得出了血：

"爸爸，别打啊！交给我吧！"

姥爷的痛打使我昏了过去。

桓来以后又大病一声，趴在床上，待了好几天。

我待的小屋子里只在墙角上有个小窗户，屋子里有几个入圣像用的玻璃匣子，前头点着一个长明灯。

这次生病，深深地铭记于我记忆深处。

因为这病倒的几天之中，我突然长大了。我有一种非常特别的感觉，那就是敏感的自尊。

3. 读完这一文段，你有什么想说的？这里面出现几个人物？你对他们有什么印象？从哪些词句中感受到？

（板书：精读品味法　语言 动作 神态 心理　列出人物及个性表格）

插图二：奇怪的房客

1. 图上画的是什么？

2. 读下面的文字，批注：对"好事情"的印象？大家为什么不喜欢他（抓住人物的外貌、语言、神态）？

最让我感兴趣的是一个叫"好事情"的包伙食的房客。他租的房子在厨房的隔壁。

他有点驼背，留着两撇黑胡子，眼镜后面的目光十分和善。

他不太爱说话，不大被人注意，每次让他吃饭或喝茶，他总是说：

"好事情。"

姥姥也就这样叫他，不管是不是当着他的面：

"辽尼卡，去叫她事情链喝茶！"

或者：

"好事情，您怎么吃得这么少？"

他的房间里塞满了各种各样的箱子，还有许多用非教会的世俗字体写成的书，一个字我也不认识。

还有许多盛着各种颜色的液体的瓶子、铜块、铁块和铅条。

每天他都在小屋子里忙来忙去，身上沾满各种各样的颜色，散发着一股刺鼻的味道。

他不停地熔化着什么，在小天平上称着什么，有时候烫着了手指头，他就会像牛似的低吼着去吹，摇摇晃晃地走到挂图前，擦擦眼镜。

有时候，他会在窗口或随便屋子中的什么地方站住，长时间地呆立着，闭着眼抬头头，一动不动，像一根木头。

我爬到房顶上，隔着院子从窗口观察着他。

桌子上酒精灯的表色火势映出他黑黑的影子，他在破本子上写着什么。

他的两片眼镜像两块冰片，放射着寒冷的青光，他干什么？这太让我着迷了。

有时候他背着手站在窗口，对着我这边发呆，却好像根本就没看见我似的，这很让我生气。

他会突然三步两步地跳回桌子前，弯下腰像是在急着找什么东西。

如果他是个有钱人，穿得好的话，也许我会望而生畏，可他穷，破衣烂衫的，这使我放了心。

穷人不可怕，也不会有什么威胁，外祖母对他们的怜悯以及姥爷对他们的蔑视，都潜移默化地让我认识到了这一点。

大家都不大喜欢"好事情"，谈起他都是一副嘲笑的口吻。

那个成天高高兴兴的军人妻子，叫他"石灰鼻子"，彼德大叔叫他"药剂师""巫师"，外祖父则叫他"巫术师""危险分子"。

3. "好事情"是阿沙童年时期认识的第一个知识分子朋友，他全身心置身于科学事业，即使被周围的人误解、排斥，也热情不减，信念弥坚。而且，他童心未泯，友善乐观，既是阿廖沙的挚友，更是他的良师，从他身上，阿廖沙学会了要用美的眼睛观察世界，做任何事情都要讲究技巧，要善良、乐观地面对生活。关于这些，也是我们要学习的。

4. "好事情"是一个什么样的人？宅子里的人为什么都不喜欢"好事情"。从"好事情"的身上，阿廖沙学会了什么？这对你有何启发？

插图三：幼年丧父
批注：从文中，你看到了一个怎样的姥姥？（关于外貌、语言、神态）
姥姥坐在我身边，皱着眉头梳头，她不停地自言自语地念叨着。
她的头发特别多，密实地盖住了双肩、胸脯、膝盖，一直耷拉到地上。
她用一只手把头发从地上揽起来，费力地把那把显得很小的木梳梳进厚厚的头发里。

她的嘴唇不自觉地歪着，黑眼睛生气地盯着前面的头发；她的脸在大堆的头发里显得很小，显得很可笑。

她今天不高兴，不过我问她头发为什么这么长时，她的语调还像昨天一样温柔："这好像是上帝给我的惩罚，是他在让我梳这些该死的头发！"

"年轻的时候，这是我可供炫耀的宝贝，可现在我诅咒它了！"

"睡吧，我的宝贝，天还早呢，太阳刚出来！"

"我不睡了！"

"好，不睡就不睡了，"她立刻就同意了，一面编着辫子，一面看了看在沙发上躺着的母亲，母亲躺在那儿，一动不动，像根木头"好了，你说说，昨天你怎么把牛奶瓶给打碎了？小点声告诉我！"

她说得温和甜蜜，每个字都是那么有耐心，我记住了每个字。

她笑的时候，黑色的眼珠亮亮的，闪出一种难以言表的愉快，她牙齿雪白，面孔虽然有点黑，可依旧显得年青。

她脸上最煞风景的大概就是那个软塌塌的大鼻子、红鼻子头了。

她一下子从黑暗中把我领了出来，走进了光明，还为我周围的东西带来了美丽的光环！

5. 介绍写作背景：看了三幅图，品味了三段文字，你对阿廖沙的童年留下了什么印象？（悲惨、不幸）为什么？

四、升华主题，感悟人生

1. 如此不堪的童年，依然成就了一位伟大的作家。高尔基在《童年》中也一再说明，"每当我回忆起俄国令人压抑的龌龊野蛮的生活，我常常问自己：这种丑陋的行为有必要去写吗？我每次都怀着充分的信心回答自己：有必要！因为这就是活生生的丑陋的生活现实，这种现实目前还存在着。要改变这种现实，要从人们的记忆和心灵中，从我们沉重龌龊的生活中清除它的影响，就必须透彻地了解这种现实。"高尔基写童年的悲惨经历，目的不是向人显示他是多么值得同情与可怜，也不仅仅是简单地回忆童年生活，而是用自己童年的亲身经历，告诉读者，无论环境多么恶劣，生活多么艰难，总有一些善良美好的人。只要向上，在龌龊的环境下也能培养出健康、正直的心灵。

2. 因此 10 岁的阿廖沙走向了人间写下了《在人间》经历的种种苦难，最终还上了学读了书，16 岁的他想继续深造结果却遇到重重困难，只能在社会这所大学中不断学习，《我的大学》写的就是 16 岁以后的高尔基。三本书结合起来就是高尔基的自传体三部曲。这样悲惨的人生，却造就了伟大的作家和政治革命家，可见命运掌握在你自己的手中。

3. 送给大家一句名言：人生的游戏不在于拿了一副好牌，而在于怎样去打好坏牌，世上没有常胜将军，勇于超越自我者才能得到最后的奖杯。人们精神上的解毒药，消除恐惧最有效的方法，就是用勇敢的精神，正确的思想，自信乐观的态度击溃一切恐惧心理，只要你抱定这样的想法，你就可以打倒恐惧，走向快乐人生。

五、整本书阅读的作业

1. 师：爱阅读，还要会阅读，今天老师教给大家整本书阅读的方法，还记得吗？

师：复习整本书阅读的四步，希望同学们在阅读的过程中学会批注和列表记录，把握书本的脉络，品味语言的魅力。

2. 师：最后送给大家一句高尔基的名言——书籍是人类进步的阶梯。请大家一同走进书的世界，感受高尔基的童年和生命的力量。

第二章　学习反思

第一节　阅读实践，向教学开一朵自己的花
——《理想课堂的三重境界》读后感

老僧三十年前未参禅时，见山是山见水是水。及至后来，亲见知识，有个入处，见山不是山见水不是水。而今得个修歇处，依前见山只是山，见水只是水。

——［唐］青原惟信禅师

古今之成大事业、大学问者，必经过三种之境界："昨夜西风凋碧树。独上高楼，望尽天涯路。"此第一境也。"衣带渐宽终不悔，为伊消得人憔悴。"此第二境也。"众里寻他千百度，蓦然回首，那人却在，灯火阑珊处。"此第三境也。——王国维《人间词话》

——题记

阅读《理想课堂的三重境界》最喜欢前言中的那一句：放弃漫步，练习舞步——用新教育有效教学框架约束自己、规范自己，以期达到教育的自由之境，即从心所欲而不逾矩。

有幸拜读了干国祥老师的《理想课堂的三重境界》，读其书，如听其课，其语文课堂，有如坐看行云流水之闲适惬意，又如雷霆万钧般敲醒我几乎沉睡的灵魂，听生命开花的声音，听生命欢唱的声音，仿佛这不是课堂，而是大自然的一幅幅画卷在孩子们的心灵慢慢舒展，一切都那么自然、和谐，润物无声，

水到渠成。干老师深厚的文学积淀，对教材的把握、挖掘、拓展，对课堂的驾驭、对学生的引领，让我叹服。

一、理想课堂的三重境界

我们老师听课时往往会看到这样的课堂：课上老师激情饱满，学生小手如林，兴趣盎然，一节课的教学就在这样的氛围下落下帷幕。这样的课堂成了老师和学生共同的才艺展示会，那么像这样的课堂是不是就是理想的课堂呢？这种课堂只能称之为流于形式的表演课。而怎样的课堂才是理想的课堂呢？干国祥老师在《理想课堂的三重境界》给出了自己的回答——它以扎实的教育理论为根基，以深厚的文化底蕴为养料，以大量真实的课堂教学案例为土壤，提出理想课堂的三重境界：第一重境界是落实"有效教学框架"规定的教学内容，即通过"有效教学框架"表格，将课堂教学过程细化成若干步骤，具体到每一分钟师生同步该做什么，怎么做，让师生有条不紊，循序渐进。第二重境界是发掘知识的内在魅力，是学生重现探索知识的神奇过程。第三重境界是实现课堂知识、师生生活与生命的深刻共鸣。

二、三重境界的阐释的启示

（一）实现三重境界的基础——有效的教学框架

教学框架体现了教什么和写什么，怎么教和怎么学的两大教学元素，是一个既能帮助我们有针对性地描述课堂，又能帮助我们反思课堂、讨论课堂的基本结构模型，它的作用是让所有参与课堂的人——教学双方都有一个统一体系可参照，所要实现的，是一个极为远大的理想：让教学扎实、有效、有生命活动。它将课堂教学清晰地划定为若干板块，并在每一大板块及核心部分的不同小板块叙述后，注上本板块要解决的目标序号及可能所需的时间。让每一分钟都有所计划，都不被老师随意的、漫不经心的讲解所取代。最影响我的是"左手教，右手学"的教学板块，真正体现了课堂大容量、小步子、快节奏的特点，使我们课堂的每一分钟都有计划、有目的。尤其是右手拦的学生学习清单，改变了以往教案只写教师教的部分，让每个教师在思考教学的时候，去思考明确学生的学习，确保在教学中每个学生拥有足够的、完整的、有序的训练，真正体现"教"为"学"服务的教学思想。

（二）找准文本在教材中的坐标——"教什么"和"怎么教"

拿到一篇课文，大多数老师已经习惯于一开始就想"怎么教"，而忘了这个问题是服务于"教什么"，而"教什么"又是服务于"这个文本有什么可教?"，要了解这个文本有什么值得教，需要教师首先把自己当成一个读者尽可能全面、深入地去解读文本，对文本进行再度创造，自觉地把它转化成有清晰教学内容的语文教材，最终确定教学目标和内容。文本解读的能力，是教师的基本素养。在本书所介绍的案例中，我时时为干国祥老师的文本解读之功底所折服。特别是对《游园不值》一诗，以《寻隐者不遇》为引子，道出鉴赏古诗的密码——屐齿、柴扉、小扣，引经据典地联系相关联的诗文典故，让学生从字面上理解诗意，尔后再引导学生一同寻找诗中的文眼——"关"字的妙用，最后带领学生悟诗之主旨，明现代之隐喻。如果没有深厚的语文功底，对诗文进行深度和广度的剖析，又何以将简简单单的28个字上得如此丰满而精彩?

（三）定向预习——课堂不再从零开始

如果说教学目标本该是一切课堂教学的统帅性概念，那么对预习的重视，以及采取的特殊处理，则是新教育有效教学框架的一大特色。如果说教师对教材的解读是针对教师自身的预习，那么定向预习则是针对学生，培养学生独立学习的唯一机会。只有两者被扎实有效地落实，才能实现第二、第三重境界。新教育预习的设计有别于我们传统的读文识字的简单操作，是在确定三类教学目标的基础上引导学生细读文本，直指教学重难点而设计的全面、立体的预习单。它的目标是通过预习引导学生细读文本，让学生带着独立的观点进入课堂，确保每个学生都能够直接地接触问题与知识，因此，这样的课堂就不再是从零开始，而是成了学生思维碰撞的场所，课堂是学生能力展示及提高的地方，能有效地对学生独立学习的效果进行检测。

（四）训练有素——行为上和思维上的专门训练

新教育所倡导的"训练有素"，既指学习行为上的训练有素，包括上课的某些程序，学习的一般流程、一节对话规则等，也指学生思维上的训练有素，就是养成一种比较专业的敏感度，能够迅速对问题进行归类，搜索出最接近问题解决的工具和方案，尝试解决。从定向预习的布置、运用、检测、评估，到课堂小组研讨的分工、主持、效度评估，课堂对话的聆听与应对以及做笔记，课堂练习的时间、准确度、评估，尤其是课堂上思维的渐进过程到课外独立完成某些延伸作业，新教育无不在强调对学生进行思维上的专门训练。（在《景阳冈》对武松是怎样一个人的解读中，批注方法的指导尤为突出。）所以，"训练有素"四个字在有效教学中有着不可替代的重要作用。

（五）理想的课堂是什么样的——探索知识的神奇旅程

课堂的中心，应该是一个问题的提出、理解以及解决的过程，优秀的课堂教学要重视这一神奇的创造过程，是师生围绕着"问题—知识—文本"（由教材、考试所提出，与背后深广的学科，以及更为深广的人类生活相联系），展开一段发现问题、理解问题、解决问题的旅程。这段旅程将充满着怀疑、困惑、挑战，也不能完全没有机械记忆、挫败感、羞辱感。但它的核心是智力的挑战、思维训练，是知识作为问题解决的工具而涌现时的惊喜和喜悦，是对复杂问题形成新的理解时的豁然。

这是理想课堂的第二重境界，阅读此章节，感受到了干老师的神奇，他能够在不知不觉中带领孩子们探索出一片他们未知的领域，而这片领域或许是大多数老师都认为孩子们无法达到的境界，而他做到了！比如，他可以将《月光启蒙》中母亲的形象与月光的意象叠加，让孩子很容易就理解"月光"与"母亲""母亲"与"故乡"之间和谐的统一，能细细体味这诗样的意境下作者对母亲的怀念与崇敬，感受故乡文化对作者的滋养。他借一根哨棒，就能唤出一位真实的民间英雄——个性鲜明的武松；一池荷花，就将《论语》中"君子务本……孝悌也者，其为人之本也"儒家的"孝"、《易经》中"天行健，君子以自强不息"的"自强精神"以及《爱莲说》中"出淤泥而不染"的"君子"这些抽象的概念浅显地还原在王冕的个性中……

（六）理想课堂的终极追求——知识、社会生活与师生生命的深刻共鸣

在干老师看来，理想课堂的终极追求，应该达到这样的境界：知识、社会生活与师生生命的深刻共鸣，是一种教学中的顿悟，这是需要有一个漫长的，甚至深刻的修炼。干老师所理解的课堂终极目标需要实现的最后一个维度是：

课堂与社会生活息息相通，课堂与人类命运的息息相通。在此过程中，教师不仅是用高超的应对水平在组织课堂教学，他还要能够认识到知识内在的魅力，并以一个真诚的探索者，一个智慧的求知者的形象把学生带向一个至少他领略到的理想境地，他理解的高度也就是课堂以及课程所能达到的高度，从而产生师生间、生生间、学生和文本间的共鸣，实现真正的对话。我肤浅地理解为教育应该有一种人文关怀，教育应该更多地关注人精神生命的成长。

课堂上，他能让词语复活，让文本复活，让课堂是一池生命泛活的春水。他与学生的对话是那么天然去雕琢，又处处牵引学生走向更高阶级。这种牵引，没有丝毫痕迹，似乎学生的领悟本来就在那里，毫不费功夫，自然天成。始终关注学生是他课堂最大的特色，他的智力挑战，他的现场性与对话能力，均与始终关注学生密切相关。他能够审视整个课堂，迅速地判断学生的发展情况并随时做出反应与调整。他是将课堂从关注"教"转移到关注"学"的观点真正落到实处的人。而且这种关注始终紧密结合着学生的思维发展，使得学生在他的课堂上很不容易分神，而是始终保持一种轻松愉悦感。

课文无非是个例子，这个例子能够说明哪些"道理"（语文知识）？课文不仅仅是某个道理的举例，它还是一个语文全息图，它包容了几乎全部层面的语文问题。我们真正关注的，不是一堂课，而是整个课程。课程，就是我们行走的这段旅程中的全部：意愿、计划、资源、行动、反思、建构下的经验。课程就是"道"，就是被我们用脚走出来的道路。课程，就是通过这条道路，走到道路终端的那个人。反思自己所走过的教育之路，对照《理想课堂的三重境界》，我渴望在教育中努力提升自己的文学积淀，通过自己的学习与努力去练习属于自己的教育舞步。即便过程艰苦，但我愿意付出努力，不为别的只为向世界开出一朵属于自己的花。在那朵花里或许有笨拙的模仿、或许有不成熟的实践，但那又有什么关系呢？只要我努力去经历、去实践，我终归会收获那朵属于自己的花。

第二节 个性的讲台，智慧的课堂

——听金丽娜《乡下人家》课例有感

昨天打开视频，认真地观摩了深圳福南小学金丽娜老师的课例《乡下人家》，真的佩服金老师的勇气和孩子们的智慧。

课室里，桌椅按小组的形式围在一起，学生分成若干个小组在组长的带领下，逐一登台和全班同学分享他们自己的"备课心得"，一节50分钟的课，老师授课时间只有十几分钟，真正起到了"穿针引线"的作用，剩下的时间由学生来给台下学生"讲课"并进行互动和探讨，这样的课堂真正改变了教与学的方式。当我看到屏幕上孩子们的密密麻麻的标注和贴满标签的课本，聆听了孩子们妙语连珠的发言和极富创意的个性展示时，老师对孩子们前期预习的细致引导和孩子们从容自信的表现，震撼了我，特别是生生互动时，孩子们所表现出来的分析能力、表达能力、沟通能力深深打动了我。我喜欢这样的课堂，这样的课堂是那样的真实，孩子们是那样的投入。新课堂，新方式，激活了学生自主探究的精神；激活了学生主观能动的兴趣；激活了学生发现创新的灵感；激活了教师自我完善的内驱力；激活了教师向善至美的责任心；最终激活了整个灵动鲜活的课堂！

我想孩子们如此自信与个性的展示一定源于老师对学生预习的引导，只有"精心准备"才能"沉着应战"，要想真正把讲台、把课堂还给孩子们，让孩子们人人参与，首先就要把孩子们培养成在讲台上有话敢说，有话可说，有理可说的"小老师"，老师在引导孩子们"备课"上真是下了不少的功夫。观摩了这节课，我有以下三点印象：

一、有话敢说——小组形式展示个性

虽是同一个班的孩子，但仍会存在着各种差异，这样的课堂形式，让孩子们分成学习小组上台展示，给了每个孩子锻炼的机会，同时采用"心理辅导"团体课的方式，每个组都起了一个属于自己组的个性名字，这样无疑增加了孩

子们课堂表现的积极性和有趣性。留意了一下孩子们的组名，都是特别积极向上的：无畏无惧组、勇往直前组、飞跃组、超越组、响彻云霄组，孩子们上台介绍自己组名的劲儿，那真叫齐心合力啊。

二、有话可说——设定必选和自选汇报项目

看着孩子们如此大方镇定地站在讲台上，有板有眼地"讲课"，真是训练有素啊，要想打破传统，就得给孩子们架一座新桥，以《乡下人家》为例，老师抛出一个问题：乡下人家如何独特，如何体现她的迷人，哪个小组来展示你们的成果？在纵观几个小组的汇报后，发现还是有"章"可循的。

1. 介绍自己组的组名：大家好，我们是……

2. 介绍本组喜欢的自然段和原因：我们组喜欢的是第 * 自然段，请翻开书本第 * 页，因为这一段……

3. 宣读段落大意，询问台下同学有没有意见。

4. 生生互动：我们来考考大家（以对课文的理解为主，如"小老师"问：为什么说乡下的瓜比门前的石狮和旗杆可爱多了？又如台下一生反问台上"老师"：为什么说乡下的花朴素又华丽？于是师生和生生进行了深入的探讨，这样的课堂是多么的富有灵性，又是那么的和谐。）

5. 创意朗读：齐读和个别读融合在一起，朗读前说明要读出怎样的感觉（这也从侧面分享了对文本的感悟）。印象最深的是"勇往直前"组还自主制作课件——乡下的鸡和鸭作为背景滚动播放着进行朗读展示，赞叹他们的"备课"功夫和综合素养）

6. 人人分享读后感：读完这一段，我仿佛……

7. 自选（创意展示）。

仿写："勇往直前"组组员根据第三自然段描写的乡下的鸡鸭，将自己仿写的练笔作品——牛和大家进行了分享。

编导游词：飞跃组则将第三段编成导游词，俨然一个小导游对乡下美景进行了身临其境的解说，棒极了。

绘画展示：响彻云霄组展示了自己画的"田园晚餐"来表现他们对本段的理解。

孩子们就是这样一步步地以小组的形式将自己组对课文某段的理解和感悟进行展示和分享。每一组都是那么的自信又各具创意。

当然，这只是就一堂课所看到的采取的点滴做法，要让孩子们的课堂通过展示和互动，闪耀智慧的火花，功夫在课外。这对学生和老师都提出了极高的要求。

三、有理可说——师生深入研读文本

对于学生，除了要知道基本的预习要求和汇报的步骤之外，还要主动深入地研读文本，收集资料，排练汇报表演。这种新的教学模式使孩子的预习能力和自学能力都得到了提升。这样"有备而来"，在课堂的"交锋"中才能有理可说。预习是为了更好地展示，而展示的目的是把学生的说、写或者其他动手的学习活动，放在同伴或者班级的视野下进行。这样学生自然就会有了双倍的责任，而这份责任正是他们主动学习的动力。只有有效预习，才会有课堂的精彩展示。这样的课堂才是幸福的课堂，才是灵动智慧的课堂。

而对于老师来说，真是勇气可嘉。虽说老师把讲台让给了学生，"讲"得也不多了，但是在备课方面要花更多的时间研读文本，还要用心研读学生，预想会出现的种种可能。因为学生是一个个自主的个体，一旦你把主动权交给了他们，就意味着作为老师你变得"被动"了，而要把"被动"变成"主动"，就要更加全面地学习，不断地拓展自己的知识面，这样才能应对孩子们提出来的你无法预料的问题，做到有理可说。教师适时、有效的引导会让课堂生成许多智慧的火花，反之，这样的课堂，老师不做足功课将无力招架，从而变成一盘散沙。

印象中，自我从教以来就一直在进行"教改"，其实这也是小组合作学习的一种形式，只是老师信任学生有能力而勇敢地向前跨了一步，放手的尺度更大了，把课堂的自主权更多地交给学生，课堂上师生地位发生了变化。这样的教学极大地调动了学生自主学习的积极性，激发了学生潜能、培养了学生自信、独立和自主学习的习惯。

这样的做法非常值得借鉴，自己所任教的是小学二年级的语文，结合前一篇博客对"高效课堂"的思考，我想首先就是要培养孩子的自主预习的能力和

习惯，在生字识写方面，因为学生已经有了一年的学习经验，可以让学生提前预习再到课堂上汇报和互动纠错，变老师枯燥地教为学生自主地学，主动地探讨；在课文讲解方面，在预习的基础上，变老师的逐段分析为学生自主分享自己的感悟和理解，并做好课后的拓展阅读，从而提高孩子们的阅读理解能力。

新方式，新课堂，让我们相信学生，放手让他们的个性与智慧在课堂上飞吧！

第三节　用爱心与智慧雕琢属于我们的美玉
——读尹建莉老师的《好妈妈胜过好老师》有感

紧张、忙碌一个学期终于在拼搏中告一段落了，放暑假了！我以"两耳不闻窗外事"的闲心休整了快一个月，怎一个"爽"字了得！

当然，这个月里还是不忘读读"圣贤书"。恰逢局里正在开展教师"与书为友"的活动，《好妈妈胜过好老师》的书名就深深吸引了初为人母又为人师的我，正希望能从中受到启发。

正如钱理群教授说的，这是一本有勇气、有思想、有智慧的书，是一本难得的家教读本，既敢直面教育的问题，又深入地思考；有独到的教育理念，更有教育智慧，最重要的还有无处不在的爱心。一天时间里，我一口气看完了这本书，还忍不住拿起笔来圈圈点点，记下许多重要的细节。

尹老师是一位成功的妈妈，她的女儿品学兼优，乖巧懂事、快乐和健康、成熟和自立，曾两次跳级，16 岁参加高考，取得了超过当年清华录取线 22 分的优异成绩。女儿为什么会有这样的表现，我想最主要的是拥有来自妈妈的爱心与智慧，来自妈妈有心无痕的引导。

书中的前言深深打动了我：年轻的父母会得到一块玉——可爱的孩子——多年后的结果却是，一些人得到了令人满意的作品，一些人眼睁睁着玉石的变化越来越失望。二者的区别，就是后者使用的，常常是锄头。作为和孩子接触时间最早、最长的关键人物，家长在日常生活中，在每件小事上如何引导、如何处理和孩子的关系，几乎每一个细节都蕴含着教育的机缘。对细节的处理水平，区分出家长手中握着的是锄头还是刻刀——它使孩子的世界和未来全然不同。尹老师的这本书讲述了自己在女儿成长道路上出现的种种问题,通过细节的描述,翔实地介绍了许多具体的操作方法,真是受益良多。其中感触最深的是以下两点:

一、阅读成就一生——被魔杖点中的孩子学习能力强

"魔杖"是什么?就是课外阅读。本书用了很大的篇幅,好几个章节反复强调阅读的"神奇",这一点我十分认同。凡从小进行大量课外阅读的孩子,他的智力状态、学习能力会更好。好的阅读能力将会促进其智力才能的发展。这是一个良性的循环。而那些除了教科书什么也不阅读的学生,他们在课堂上掌握的知识就非常肤浅,并把全部负担转移到作业上去。由于作业负担过重,他们就没有时间阅读课外书,这就形成了一种恶性循环。特别到了高中,学习能力和阅读积累将直接成为考查的重点,爱阅读与否将成为他们学习出现差异的主要原因。

(一)古诗滋养孩子

尹老师是从女儿四五岁开始和孩子一起朗读、背诵古诗的,通过"少讲多读",让"其义自见",要相信孩子会逐渐感悟,慢慢理解。被古诗滋养的孩子,得到的不仅仅是诗情和文才,实际上也成为被生活和命运多一份垂青的人。在平凡的生活中,他更有一个"桃花流水窅然去,别有天地非人间"的世界。

(二)阅读促进识字

不把故事内容转化成"口语"或"儿语",完全按书上的文字,一字字读,别担心孩子对书面语的不理解,对于充满好奇的孩子,给他"读"或"讲"都一样具有吸引力,还丰富孩子的语言词汇。每次给孩子读书,都是一字字指着给孩子读,逐渐地改成孩子指着,妈妈读。孩子指到哪里,妈妈读到哪里,是孩子理解了文字与故事的关系。逐渐地借口"妈妈没时间",通过"诱惑"(自己装作很喜欢看,不断向孩子讲述故事情节)促使孩子自己阅读,通过及时夸奖,使其获得成功阅读的信心。十岁的孩子读完金庸十四部约三四十本,其余中外名著,期刊不计其数。课间,把学习生字融汇到日常的生活中,建立在带量的阅读基础上，是非常有效的方法。这一点，我也深有体会，我的宝宝，刚满五岁，从小就喜欢听我讲故事，小小的她，只要说到"讲故事"，就可以放弃其他一切的玩乐，专心地倚着你，认真地坐上一个小时，直到你口干舌燥，她依然不肯罢休。我也是一字一字地点着读给宝宝听的，有时故意停下，要她接着往下读，并不断鼓励。如今，她已基本能自主阅读，幼儿园老师也惊叹她的识字量，说话像个小大人，我想这不正是阅读的神奇之处。

尹老师提到的"好阅读"与"坏阅读"之区别，也十分具有指导意义：

好阅读尽量用书面语，坏阅读抛开书面文字大量使用口语；

好阅读要求孩子快快读（速度促进阅读量），坏阅读要求慢慢读（读出声、查字典）；

好阅读在乎读了多少，坏阅读计较记住多少（不要提出识记的要求，扼杀阅读的兴趣，如果段落优美，他自然会模仿和记忆，与其背诵一段孩子不喜欢的文字，不如让他用这时间多读一本书）；

好阅读读字，坏阅读读图（读漫画等于看电视）；

读书要读正版的原著，不要读"缩写版"或缩印版。

（三）学"语文"不是学"语文课本"

尹老师对现今的中小学教育提出了质疑：从教材的编排看，现在小学语文大致还是采用先学拼音、生字，再学词汇、句子的一个逻辑框架。对于儿童学习需要的是形象、有趣、整体感知等特点，一上学就从枯燥而抽象的字母和生字上学，孩子无趣，老师费劲，收效甚微。从教材的文本选择上，不少作品都算不得上品，却进了教材。课堂教学仍是按认识生字、解释词语、肢解分析、体味含义这样的程序进行，且有"语文教学参考书"的"标准答案"。这让我不禁想起前段时间看的东莞"名思教研"观摩课的录像，我国著名作家赵丽宏先生的一番话中就提到这一点，如今的教参和教师，对课文分解得过细，甚至连他自己的文章，他也无法像参考书和老师那般解答。

学语文到底该学什么，怎样才能学好语文？学好语文有很多的要素，但是最核心最根本的方式就是阅读，在语文学习上没有阅读量的积淀是不可行的。如果不关注阅读，死抱着教材学语文，那么学生进入中学后就会越来越力不从心，到了高考考场，恐难获得好成绩。

作为一线的低年段的小学语文教师，我也是崇尚阅读促进语文学习的。"语文课本"充其量就是几十篇课文和几百个生字，为什么有的孩子就是学不好，我想关键就是没有"入门"，而这把入门的"钥匙"就是"阅读"。不爱阅读或者说早期没有进行阅读启蒙的孩子，无论是识写能力、理解能力还是表达能力都逊色于那些热爱阅读的孩子。因此，我也在反复向孩子推荐好的书目并进行必读古诗诵读，希望以此通过阅读促进孩子识写和理解能力的增强，但是由于课外阅读主要在家里进行，很多孩子兴致不高，部分孩子根本行动不起来，效果不太理想。看了这本书，更坚定了我的这一想法，在接下来的一学期，我将思考如何更好地高效完成"课本教学"，精简识字和讲解课文的时间，腾出更多的时间在课堂上进行拓展阅读，分享阅读的快乐。

（四）阅读促进写作——不看"有用"的书

在家长眼里，"有用"的书就是能帮助孩子写好作文的作文选或作文杂志，家长认为读这些比读小说更直接和有用，然而这些东西只是习作，不是创作，很难吸引孩子，让其产生阅读的兴趣。它们既不能在词汇上丰富孩子的见识，也不能在思想上引导孩子进步，反而教会孩子在写作中学会照搬毫无真情实感的虚情假意。中小学阅读的延续和量的积淀，最好的方法就是阅读长篇小说，小说就是一个大故事，生动的情节能吸引孩子一口气读几十万字，潜移默化地影响孩子的语感和文笔。因此，选书一定要以孩子的兴趣和接受水平为核心要素。"有趣"和"有用"并不对立，有趣的书往往也是"有用"的书，只有"有趣"，才能让孩子热爱阅读，才能实现真正的"有用"。

二、智慧源于母爱——化解一个个教育的难题

在每个孩子的成长过程中都会出现许多不经意的"小事"或棘手的难题，教育无小事，件件都是大事。本书让我感触最深的第二点就是尹老师源于母爱的智慧，正是因为对孩子这份深沉的母爱，她用爱心与智慧雕刻着这块手中属于她的美玉。为了不错失任何一个教育的时机，她能牢牢地抓住孩子的心理，"诱惑"孩子自主阅读，通过开"小卖部"让孩子在生活中学习加减乘除，化解女儿与同学的矛盾，设立"记功簿"协助培养孩子的品质。她还大量运用"逆向思维"的方法，提出了一系列与我们家长常见的做法截然不同的方法——

"不陪"才能培养好习惯；惩罚你，不让你写作业；学习不要"刻苦努力"；不考一百分；考好了不奖励；"不管"是最好的"管"……这些观点听上去令人耳目一新，又有点令人觉得不可思议，但是细读之后，你会恍然大悟，其实我们同样可以做到，这完全取决于你对孩子的心态。孩子是我们手心里的宝，我们要以尊重孩子个性的发展为原则，不可因家长的功利心而强迫孩子，这样的做法往往适得其反，要站在孩子的角度，真正为孩子的将来好好想想，摆正自己的位置，才能拥有健康的心态，才会想出科学的教育方法。

　　"妈妈是朋友，妈妈是老师，妈妈是孩子的引路人，妈妈教育方法的差别，常常影响孩子的一生"，我不一定是一个高级的玉石雕刻家，但是我珍爱着属于我的这块玉石，我将向尹老师学习，尊重孩子，用爱与智慧、用心雕琢我的美玉！

参考文献

1. 中华人民共和国教育部. 义务教育语文课程标准 ［M］. 北京：北京师范大学出版社，2011.

2. 中华人民共和国教育部. 义务教育语文课程标准 ［M］. 北京：北京师范大学出版社，2021.

3. 钟启泉. 课堂研究 ［M］. 上海：华东师范大学出版社. 2016.

4. 吴忠豪. 小学语文课程与教学 ［M］. 3 版. 北京：中国人民大学出版社. 2020.

5. 陈先云. 课程观引领下统编小学语文教科书能力体系的构建 ［J］. 课程·教材·教法，2019（3）.

6. 温儒敏. 如何用好"统编本"小学语文教材 ［J］. 课程·教材·教法，2018（2）.

7. 何玲. 黎加厚. 促进学生深度学习 ［J］. 现代教学，2005（5）.

8. 玛丽·凯·里琪. 可见的学习与思维教学 ［M］. 林文静，译. 北京：中国青年出版社，2017.

9. 刘月霞 郭华. 深度学习：走向核心素养 ［M］. 北京：教育科学出版社，2018.

10. 陈静静. 学习共同体：走向深度学习 ［M］. 上海：华东师范大学出版社，2020.

11. 周文叶. 中小学表现性评价的理论与技术 ［M］. 上海：华东师范大学出版社，2014.

后 记

　　耕耘语文教坛 22 年，虽从一线教育工作者成长为学校管理者，但心中依旧最为喜欢与学生共处的教学时光，那是最纯粹、最真实、最心无旁骛的。一路走来，经历了几所学校，感受到了不同的学校文化和教师群体，心中依旧深信，只有爱一行，钻一行，才会有不竭的动力和源源不断的成就感与幸福感。在此，特别感谢那些曾经帮助过我和鼓励过我的领导、前辈、亲人和朋友。

　　工作的第一站是拱北小学，一所广东省一级学校。1999 年，乘着澳门回归的希冀，从珠海教育学院毕业的我，光荣地成为一名人民教师。犹记得，陈青校长和邹清川老师亲自开车接我，并亲切地给我介绍学校的情况，鼓励我要发挥所长，好好工作。在拱北小学的 14 年间，学校也经历了三任校长的领导。陈青校长主持的"熟语识字"教学实验，在 20 世纪 90 年代可以说是一次非常前沿的多媒体交互教学尝试，我幸运地成为其中的一员，参与了 6 年的教学实践，并迎接了一批又一批前来观摩学习的团队；严红校长带领我们开展的"读书沙龙"记忆犹新，夜幕降临的校园，各色美食与各组读书交流是绝配，老师们一边畅谈阅读心得，一边游戏探讨，增进了彼此的感情，也收获了许多感悟，我也逐渐走向成熟；参与了朱少儿副校长的"个性化阅读"研究、区教研员袁军老师的"作文'内化能力'"研究以及郭明霞老师的"自主作文教学"研究，得到时任香洲区语文教研员黄达老师的指导，参加了不少的比赛和展示。那段日子累过、哭过，但一直没有放弃，那些挑灯夜战、辗转反侧的日子，那个在前往比赛地的飞机上还在修改教案的时刻，要特别感谢教研主任周萍、级组长宾清、备课组长刘金莲等老师的陪伴与帮助；鲍当洪校长为人爽朗，身体力行，醉心于自己的教学，足迹遍布全国各地。在他的鼓励下，我成为一名大队辅导员，在繁忙的工作中，我对自己的专业也有了新的思考。因为在这期间，我有幸加入香洲区"曹靓名师工作室"，成为其中的一名学员。仍记得工作室顾问，时任香洲区小学语文教研员余志君老师说："做了大队辅导员也不要荒废了自己的专业。"这句话我至今铭记于心。在工作室期间，我如鱼得水，在"创造力"研究的驱动下，我每天都沉醉在教学实验中，得到了全体家长的大力支持。那时，刚休完产假的我，孩子还很小，每每哄完孩子睡觉后，键盘前梳理一天实验心得的时候，才是属于我的美好时光，"诗月新语"新浪博客就此记录了我许多专业成长的足迹，也成就了点击率高达 25 万的纪录。特别感谢余志君校长和曹靓校长的指导，让我在语文教学方面有了方向，而本书记录的大部分研究成果也是在那个时间段积淀下来的，我也成长为一名"珠海市骨干教师"。

工作的第二站是香洲区第十九小学。2013 年，我通过遴选，成了这所学校的副校长。学校创办于 2010 年，张丽慧校长是学校的第一任校长，倾注了全部的心血来促进学校的发展，打造了一所以"竹文化"为特色的窗口学校。在张校长这位师傅的引领下，我从一个大队辅导员转变为一名教学管理者，由懵懂的执行者走向了管理的组织者。进入学校的第二个月，有幸参与了香洲小语的"聚焦课堂，优化课业"的研讨活动，在香洲区小语教研员吴希华老师的指导下，与侯丽娜老师联袂作了《纸船和风筝》的课例展示，让我对课堂教学有了更多新的思考。2017 年，王琳琳校长成了这所学校的第二任校长，在她的支持下，我有了一年斗门莲溪学校支教的经历。她亲自到校探望我，关心我的工作和学习，倍感温暖，而那段与斗门李大生校长共事的支教时光，与那里的师生建立的深厚情谊，也成为我心中珍藏的回忆，那几个曾经不做作业、最为反叛的孩子也成为最后哭着目送我离开的"宝贝"。在这期间，我不断探索，一次培训期间，与时任香洲区教师发展中心副主任周新桥的交谈，激发了我对"学生核心素养"的研究热情，于是，我的"自主微课"和"自主预习"研究开展得如火如荼，在家长的鼎力支持下，我们一同出班报，一同开展实践活动，一起打卡切磋学习，家校合力，温馨而美好，20 多位学生的作文在甘蓝老师的推荐下，发表在《珠江晚报》《南方都市报》上，我也成长为一名"珠海市名教师"。

弹指一挥间，6 年的副校长任期结束了，我通过遴选成为一名校长。2019

年，我在香洲区教育党工委副书记朱韶茵的带领下，来到了这所城乡接合部的小学——广生小学，与李方振校长做了交接。这是一所正在扩建的小学，也是一所香洲区唯一有校车的公办小学，当时是建校第 17 年。任命之初，香洲区教育局朱秀湖局长曾寄予厚望，鼓励我这个"珠海市名师"要带领这所学校取得更大的进步。于是，我成了这里的第四任校长，一边搞扩建，一边搞管理，不断地适应，稳步地推进。从学校的常规管理到教师的专业发展，一步步改进，一点点转变。如何以自己的专业推动学校的发展呢？推广阅读，变革课堂，促进合作！我走进班级，开展阅读活动；我带着老师变革教学，进行"共生课堂"研讨；我申请成为"珠海市名教师工作室"主持人，让更多的资源与平台带动学校教师的成长。因此，"深度学习"成为我又一个研究的专题。工作室的发展，得到珠海市语文教研员储强胜、珠海市教研中心刘文军、香洲区小学语文教研员吴希华、全国语文名师严杏等专家的指导。我和学员们聚在一起，研讨交流，对于如何抓教材重难点，如何设计教学，如何更好地体现以"学"为中心，做了很多的尝试和实验，也慢慢形成了我们的教学风格。激活的内心迸发出前所未有的动力，学校的研究氛围也越趋浓厚，两年下来，老师们有十多个省市区级课题相继立项。

只有爱，才有动力。这份爱，是自己的职业使命，是自己的专业追求。在教育教学的路上，每一天都是崭新的，每一个学生都是可塑的，每一个里程碑都有值得纪念的故事。磨课、比赛、送教、研究……一路走来，心怀感恩，相信只有永葆教育的初心与激情，不断地学习与创造，勇敢地探索与实践，才能收获更多与师生彼此成长的喜悦，让自己的教育人生留存最温暖、最幸福的回忆。

谨以此书记录自己的成长足迹和教学感悟，水平有限，不当之处敬请各位读者指正，不胜感激。

成时娟

2021 年 12 月 12 日于珠海